LOCUS

LOCUS

LOCUS

LOCUS

Smile, please

smile 199

成為獨立小姐的滾錢心法：
12 個打造財富自由之路的簡單投資計畫
Miss Independent:
A Simple 12-Step Plan to Start Investing and Grow
Your Own Wealth

作者：妮可·拉平（Nicole Lapin）
譯者：艾平
責任編輯：蔡宜庭
封面設計：簡廷昇
內頁排版：方皓承

出版：大塊文化出版股份有限公司
105022 台北市松山區南京東路四段 25 號 11 樓
www.locuspublishing.com
locus@locuspublishing.com
讀者服務專線：0800-006-689
電話：02-87123898
傳真：02-87123897
郵政劃撥帳號：18955675
戶名：大塊文化出版股份有限公司
法律顧問：董安丹律師、顧慕堯律師
版權所有 侵權必究

總經銷：大和書報圖書股份有限公司
地址：新北市新莊區五工五路 2 號
TEL：02-89902588 FAX：02-22901658

初版一刷：2023 年 9 月
定價：450 元
ISBN：978-626-7317-68-6
All rights reserved. Printed in Taiwan.

Miss Independent

成為獨立小姐的滾錢心法

Nicole Lapin

妮可·拉平 著

艾平 譯

12個
打造財富自由之路的
簡單投資計畫

A Simple 12-Step Plan to Start Investing and Grow Your Own Wealth

獻給所有荷包滿滿的女人

她們從未停止學習，
也從未停止成長——
無論是人生，
還是財富。

嫁個有錢人，
不如自己成為有錢人。

Miss Independent

目錄

各界好評

「女性在勞動力中的角色正在改變。如今，女性正在顛覆職場，讓職場變得更好。女士們，挺身顛覆你所在產業的時候到了。妮可會告訴你該怎麼做。」

　　——莎拉・布蕾克莉（Sara Blakely），Spanx 塑身衣品牌創辦人兼

　　　　執行長

「妮可向我們示範，照顧自己以及打理自己的財務不只是可以的，更是唯一的成功之道。」

　　——芭比・布朗（Bobbi Brown），Bobbi Brown 彩妝品牌創辦人

「如果你是女人，又愛錢，那麼你一定得讀這本書，馬上。錯過可惜啊，小姐們！」

　　——艾莉・韋伯（Alli Webb），Drybar 共同創辦人

「對於所有渴望獨立、賺錢、在事業上出人頭地的女性，妮可的書應該要被列為指定閱讀。」
——崔西・迪農齊奧（Tracy Dinunzio），二手精品網站 Tradesy 創辦人

「妮可是個狠角色。她發揮了前所未有的影響力，激勵女性認真理財、在職場上力爭上游。」
——蕾貝卡・明可芙（Rebecca Minkoff），時尚品牌 Rebecca Minkoff 創辦人

「妮可的書能幫助你駕馭人生，達成更多你過去無法想像的成就。」
——蘿西・歐尼爾（Rosie O'Neill），Sugarfina 精品糖果店執行長兼共同創辦人

「照顧自己不僅對健康很重要，更是職涯的成功關鍵。妮可深諳此道，她所設計的步驟能助你成為最耀眼的自己。」
——茱莉亞・哈茲（Julia Hartz），活動服務平台 Eventbrite 執行長兼共同創辦人

「妮可給的理財建議總是一針見血！內容切合當下，表達方式真誠坦率，同時極具娛樂性。」
——拉薇妮雅・艾瑞可（Lavinia Errico），高檔健身房品牌 Lavinia Errico 創辦人

「妮可又做到了！你會被她實話實說的真性情給逗笑，彷彿在聽你那位超聰明的死黨說話，向她學習。」

　　——傑森‧費佛（Jason Feifer），《創業家》（Entreprenuer）雜誌總編輯

「終於！這本書夠酷也夠聰明，不管是我那難搞的女兒還是身為執行長的我都能看！」

　　——茱莉‧克拉克（Julie Clark），嬰兒遊戲與教育品牌 Baby Einstein 創辦人

「想成為人生勝利組？有誰不想？！讓妮可告訴你成功的祕訣。所有渴望在事業上發光發熱的女性都該讀她的書。」

　　——芭芭拉‧柯克蘭（Barbara Corcoran），柯克蘭房地產集團創辦人、創業實境秀《創智贏家》（Shark Tank）投資人

「妮可提醒我們，真正的成功由自己定義。我們必須先照顧好自己，然後設定目標，將毫無助益的猶疑拋諸腦後。」

　　——帕雅‧卡達奇雅（Payal Kadakia），線上健身課程訂閱平台 ClassPass 執行長兼創辦人

「妮可以明快的風格提供滿滿的專業理財建議，語氣生動又討喜。」

　　——尼爾‧布魯門索（Neil Blumenthal）＆戴夫‧吉爾博（Dave Gilboa），時尚眼鏡品牌 Warby Parker 共同創辦人兼共同執行長

「無論你想拓展自己新創事業的業務，還是想在目前的崗位上出人頭地，妮可都知道該如何培養必要技能，好讓你心想事成。她是年輕女性的完美榜樣。」

——布麗 · 莫琳（Brit Morin），創意生活分享平台 Brit+Co 創辦人

「夢想登上財富金字塔頂端的二十一世紀女性必讀之作。」

——蕾貝卡 · 泰勒（Rebecca Taylor），時尚生活品牌 Rebecca Taylor 創辦人

「妮可的大眾理財教育完美兼具趣味性及娛樂性，做的太好了。」

——雅莉西絲 · 梅班克（Alexis Maybank），會員制精品網拍集團 Gilt Groupe 創辦人

「妮可總能鼓舞人心，為那些渴望駕馭自己人生的女性提供了關鍵的理財技巧。」

——喬西 · 娜托瑞（Josie Natori），時尚品牌 Natori 公司創辦人兼執行長

「妮可就像是幫你搖旗吶喊的死黨，帶領你經歷她自己走過的理財之旅，同時教你如何實現隱藏的野心。」

——佩姬 · 亞當斯 - 潔勒（Paige Adams-Geller），牛仔褲品牌 PAIGE 共同創辦人

「妮可不只能幫你打造財富，還能助你提升自信，勇敢追逐內心直覺，創造名為『人生』的超強大作。我們每個人都得擁有一本她寫的書。」

——茱莉・斯摩揚斯基（Julie Smolyansky），食品品牌 Lifeway Foods 執行長

「身為實至名歸的女強人，妮可以她一貫機智的文風啟發讀者、賦予讀者力量。」

——莉茲・迪（Liz Dee），Baleine & Bjorn 資本執行長、糖果品牌 Smarties Candy 公司共同總裁

「妮可是當今許多女性都能感同身受的最佳榜樣。將她的指導銘記在心，你的人生將會有所不同。」

——瑪莉安・娜菲西（Mariam Naficy），設計商品購物平台 Minted 創辦人兼執行長

「妮可再下一城！霸氣與人性兼具的女王，完全就是我們的菜（有機的那種）。別再看這些該死的各界好評了，趕快開始讀！」

——佐伊・薩庫蒂斯（Zoë Sakoutis）＆愛瑞卡・哈斯（Erica Huss），冷壓果汁品牌 BluePrint 創辦人

「妮可提醒了我們,如果我們試圖討好所有人,我們便誰都不是。要成為一個對他人有價值的人,唯一的方法就是先成為對自己有價值的人。妮可所提出的十二個簡單步驟能幫助已經很優秀的你成為更棒的自己。」

　　——喬蒂・古博・布魯夫斯基(Jodi Guber Brufsky),運動服飾品牌 Beyond Yoga 創辦人

「對那些野心勃勃又自負,希望能掌控人生、債務及職涯的年輕女性來說,妮可給的建議就像是一記必要的當頭棒喝。」

　　——溫蒂・威廉斯(Wendy Williams),《溫蒂・威廉斯脫口秀》(The Wendy Williams Show)節目主持人

「若有人罵你『有錢的 bi*ch』,你就回她『謝謝』。」

　　——葛洛利雅・史坦能(Gloria Steinem),女權領袖

「每位渴望開創財富的年輕女性都應該將《老娘有錢》(*Rich Bitch*)奉為必讀之作。」

　　——敏蒂・格羅斯曼(Mindy Grossman),健康管理公司 WW 執行長

「理財的道理就跟減肥一樣:偶爾允許自己放縱一下,才不會突然暴飲暴食。妮可所傳授的是可以長久執行的方法。」

　　——桑賈伊・古普塔(Sanjay Gupta),CNN 首席醫藥記者

「過上理想生活不只是在職場上拿出絕佳表現，更是與管理錢財息息相關。現在就開始。妮可的書不羈、機智且非常易懂，將助你確實達成目標。」

——凱特・懷特（Kate White），《柯夢波丹》（Cosmopolitan）雜誌前總編輯

「《老娘有錢》為那些企圖在當今低迷的景氣中仍有所獲的女性提供了入門教程。妮可帥氣地領路前行！」

——凱倫・費曼（Karen Finerman），大都會資產顧問公司（Metropditan Capital）執行長、CNBC《熱錢》（Fast Money）財經名嘴

「女性創業家的比例向來過低。妮可是最棒的嚮導，幫我們縮減創業家的性別比例差距。」

——丹尼爾・盧貝斯基（Daniel Lubetzky），卡恩德休閒食品公司KIND Snacks 創辦人兼執行長

「妮可以淺顯易懂、栩栩如生的方式，解讀複雜世界中致富及成功之路上會遇到的種種陷阱，並提供解決方案。」

——奈吉・崔維斯（Nigel Travis），甜甜圈公司 Dunkin 執行長兼董事長

「妮可直截了當、活力十足的財務建議，適用於任何有心駕馭自己財富藍圖的人。」

——麥可・波利斯（Mike Perlis），《富比士》（Forbes）傳媒執行長

「理財專家妮可‧拉平致力推廣讓聰明女性擺脫債務的簡單方法。相信她：她也是過來人。」

　　——《Glamour》雜誌

「在金錢就是力量的世界中，女人必須掌管自己的財務。妮可‧拉平用她所提出的十二步驟告訴我們該如何做到這點。」

　　——《InStyle》雜誌

「妮可‧拉平是為千禧一代解開金錢神祕面紗的不二人選⋯⋯以她時髦又字字珠璣的風格。她在《老娘有錢》中擔起協助女性明智理財的使命，這是一本輕鬆有趣的個人理財指南。」

　　——《Elle》雜誌

「拉平為ㄚ世代拆解複雜難懂的理財知識。」

　　——《美國新聞與全球報導》（U.S. News & World Report）

「拉平用深入淺出的方式分享存錢祕笈，讓理財變得平易近人，因而得名。」

　　—— Mashable 新聞網

「理財界的萬事通。」

　　——《Redbook》雜誌

前言

我懂、我懂。自從你拿起這本書的那一刻起，凱莉‧克萊森（Kelly Clarkson）唱的那首〈獨立小姐〉就在你腦海中揮之不去。（也許還有尼歐〔Ne-Yo〕的那首！）不過，假設今天你要為接下來這段「投資自己學會如何投資」的旅程選一首洗腦的主題曲，這首歌會是不錯的選擇。

這首歌（以及這本書）所倡議的是，我們最好別浪費時間苦尋真命天子，而是應該擁抱眼前最好的選擇。當然，無論我們如何祈禱或自責，過去那些哀嘆自己沒人疼的大把歲月早已一去不復返。在金融界，我們稱此為「沉沒成本」（sunk cost），也就是指木已成舟——對於已經過去的事情，我們無能為力。不過，我們倒是能主宰當下。我們可以叫腦中那位老是找藉口看衰我們、嗆我們永遠無法成為獨立小姐的聲音閃邊去，讓自己大顯身手。

你永遠無法再像今天一樣年輕，而提升自己獨立自主的能力也永不嫌晚。所以，如果你準備好要花時間提升自我，並且

開始享受財富自主的快感，你就來對地方了；如果你想加強自己的 FQ（財務智商），你就來對地方了；如果你不單只想改善沒藥救的財務狀況，還想好好整頓它，你就來對地方了。本書正是那本能助你心想事成的書。

你很可能已經意識到，自己可以（而且應該！）透過節流與儲蓄收拾自己的爛攤子，但是，這兩者都無法使淨資產增長成手機門號的大小。省再多、存再多，都無法輕鬆支付你心願板上那項年度南法之旅的頭等艙機票，也買不起你覬覦已久的特斯拉，或是帶家人去一直想去的迪士尼樂園——更別提一筆充裕的緊急預備金，以及你隨時想要就要、條件任你喊的富裕退休生活。事實上，我之所以寫這本書，就是因為即便節流與儲蓄是非常優秀的個人理財工具，能為你創造基本的財務穩定，但省錢和儲蓄永遠無法令你致富。然而，透過本書中所教的一切，你便能做到。

成為獨立小姐的定義不僅是賺到多到不曉得該怎麼花的錢，好坐享一切時髦事物及名聲地位（雖然這可以是其中一項好處——如果這是你所希望的話。）成為獨立小姐的意思是：享有金錢所賦予的自由。金錢是你養活自己與家人的手段，也是實現諸多個人及職涯目標的方式，因此，它絕對會是一個不容忽視的焦慮與壓力來源，令你感到無力。這些壓力可能會讓你做出錯誤決定，甚至引發嚴重的健康問題，也很有可能讓你與親戚或重要他人陷入衝突。想像一下，一旦那股壓力消失不見，你在內心和人際關係上將迎來何等的平靜。謝天謝地！這種自由是無價的，而且無論出身何處、年

齡多大、收入多少，都是全然屬於你自己的。你也許從來沒有這樣想過，直到現在。

　　你不一定要讀過我的其他著作才能讀懂這本書（雖然我當然希望你會讀！）我們有可能已經是老朋友了，《老娘有錢》助你努力工作還清債務，銀行裡還存了一筆相當可觀的存款；《老娘有權》（*Boss Bitch*）伴你掌握職涯方向；《做你自己的英雄》（*Becoming Super Woman*）矯正了你的心態和金錢觀。或者，這也可能是你第一次讀我的書，所以我們才剛認識。無論是哪種狀況，我都會在這張開雙手、一步步引導你。而且無論你過往經歷如何，我們的下一步（或者說下十二步）都是藉由本書之力，讓錢幫你賺錢。我的意思是，你已經很努力了——是時候讓錢好好孝敬你了。

　　讓我和你說個小祕密：無論百萬富翁的薪水有多高，她們的財富都不是光靠薪資賺來的。百萬富翁平均擁有七項額外的收入來源，且多為被動收入，也就是說她們的錢就連睡覺時也在為她們賺錢。真心不騙。這些額外收入來源也許是房地產、股票、債券、股利，以及其他許多增加現金流（cash flow）[1]的管道。事實上，就算你月入六位數或更高，沒有人能單單倚靠薪資就達到財富自由，能夠隨意離職、斬斷一段關係或是擁抱新的機會，而無須煩惱自己是否能負擔得起。

---

[1]　如果你在閱讀的過程中遇上不懂的詞，別擔心。我比照前面幾本書的慣例，整理了一份便於使用的名詞釋義表（請見第334頁）。我知道金融術語可能是你通往致富之路上最嚇人的挑戰，所以我會用你無須另外查字典的方式撰寫定義，而且會用邊小酌邊閒聊的語氣來解釋。

天底下怎麼會有這種好事呢？說穿了，就是靠複利（compound interest）。你也許已經從信用卡帳單上與複利打過照面，知道利息是如何像滾雪球般使帳單失控。說真的，複利和自己作對時的感覺真是爛透了。然而，若複利站的是你這一邊、為你出力，那感覺可真是妙不可言。複利被稱為世界上第八大奇蹟：「誰懂它，誰就能賺；誰不懂，誰就得付。」

　　沒錯，這就是我們在接下來的課程中要做的：揮別付利息人生，成為賺利息的人。我們要為你建立一套獨立小姐養成系統，讓你不必額外付出大量工作，也不必賭上全數身家，就能為自己的淨資產添一個零。是的，兩者不僅可能，而且絕對可行。

　　這件事之所以聽起來像是天方夜譚，是因為以前有一些阿貓阿狗對你這麼說。長久以來我們都被灌輸一種觀念，認為投資的世界是高檔俱樂部，而我們不在邀請名單上。至於那些名單上的人，對紅絲絨繩後發生的事都絕口不提。看好了，這會是眾多金融界的謊言中我要為你戳破的第一個謊言。投資也許是個俱樂部，但門口沒有保鏢，而且那些在裡面狂歡的人，其實並沒有比那些在路邊排隊的人懂得多。

　　現實是，在金錢的世界中，關於「鞋匠老是赤腳走路」或是「牙醫總有一口爛牙」等等的老觀念往往所言極是。許多調查顯示，即使理財專員不斷苦口婆心勸你為退休生活存錢，約有一半的理財專員自己卻沒這麼做。這種虛偽的假象就與空洞的知識一樣以假亂真。你的會計師和財務顧問不會教你如何用盡可能揚長避短的方式投資，也不會警告你投資有可能會失去

本金。聽到這，你可能會感到驚訝，但事實就是如此：理財專家自己很可能也一知半解。求助財務顧問和證券營業員與就醫是兩回事。財務顧問和營業員的角色其實更接近房地產仲介，或許有些人比其他人厲害，但最終，她們都只是要靠你這筆業務賺錢，也就是說，她們的所作所為很有可能不是在為了你好。但我是，此外，我還會在這整趟邁向獨立小姐的旅途中，告訴你有哪些人事物值得信賴。

將這趟旅途視為鍛鍊一流致富身材且永不走鐘的密集訓練營吧。抵達終點之後，你當然必須靠自己的力量維持，但那時你也已經具備了一套讓錢自行增長的正確計畫，開始為自己累積一生的財富。真真確確的財富。只屬於你的財富。

我會比照先前幾本書，老老實實交代自己一路走來所經歷的各種失敗，讓你不會重蹈我的覆徹。我也會繼續公開我最有名的「自白」，因為大家總是避諱談錢，但總有人得當第一棒。就讓我來吧，儘管學我，笑我。只要能讓你一想起錢便露出微笑而非皺起眉頭，我犧牲一點也不算什麼。

無論你的目標是要成為包租婆，還是擁有一棟自己名下的房子，或者甚至只是想要有一個自己的家、打造一座家庭的堡壘，接下來的教學會替你解鎖過去不敢高攀的機會。你將能盡情享受人生，不必再對花費斤斤計較。有了一筆充足的緊急預備金後，就算不巧衰事連連，你依然能高枕無憂。你能大膽無懼地在職涯上冒險，因為你知道自己已經有張財務安全網；你能果斷離開一段糟糕的關係，心中確信自己能夠而且將會獨自挺過一切；你能將現有的住處升級為夢想中

的家園，又能安心不會被新的房貸壓得喘不過氣；你能揮別長途巴士、改搭頭等艙——而且是每次，不是偶爾為之的獎勵；你能過上超級富有、充實的人生，活出富有一詞的各種定義，而且全都依你想要的來。

在本書中，我會：

✳ 示範如何創造額外收入，為你和你所愛之人打開機會的大門。

✳ 助你探索多種增進財富的管道。

✳ 帶你避開市面上諸多詐騙——如果那看起來好得不像真的，那麼它很可能就是假的。

✳ 打造（並且開啟自動化）一檔巨星投資組合，讓錢自己長大。

✳ 制定真實到位的財務及法律規劃，就算離世也能守護自己的財富，留給心愛的人。

我的最終目標，是要幫你創造（並且負擔得起）一種你引以為傲的生活。一種你能悠遊其中的生活。一種對金錢感到篤定，對自己做自己的靠山充滿信心的生活。

就算現在的你對這些增長金錢的手法和策略還很陌生，不代表你就無法成為理財界的絕地武士。你絕對可以。而讀完這本書之後，你將會。

變有錢不是一項全職工作。你不必整天看盤，只需要投入你在規劃旅行時會花的時間就行了。拿起這本書是很棒的開始。從這裡，你可以自行決定踏上旅途的方式，看是要一步步跟我走，或是跳著閱讀、自行決定冒險路徑。也許你早就做好

了個人的資產負債表；那麼請直接跳到〈步驟五：自動化你的世界〉，學習如何讓理財生活自動駕駛。如果你想在股票上高人一等，那麼請跳到〈步驟十：指數型基金，佛系化煉金〉。如果你對這些東西一竅不通，請從〈步驟一：發現你的能力〉依序開始，因為每一步驟都與上一階段有關。

在我們開始之前，我想先大力澄清：我從未在銀行工作過，而且我也沒有企管碩士（MBA）學位[2]。我並非生來有錢，家境也並不富裕。我有段時間窮到沒飯吃，離含著金湯匙出生遠得很。在職涯早期大多數的日子裡，我要嘛負債累累，靠著每月進帳的薪水過活，要不就是（或者同時）靠著糙米飯度日（感覺比吃泡麵時髦）。我會告訴你這件事是因為，如果連我都能成為獨立小姐（財務全然自主有保障）那麼所有人都可以，包括你。我保證。

關於財富增長，我的所有知識都是從親身經歷過的考驗、錯誤與爛攤子中學來的。我不是那些無趣的典型財會人員。我是一名女人，和你一樣，渴望擁有一個獨立自主的未來，在那個未來，我不會因為我沒有一筆「去你的我不幹了資金」而被困在一份有著爛老闆的爛工作，進而身陷憂鬱之中；我不會因為需要有地方住而無法離開一段有毒的關係，並且對此感到害怕；我不用因為有錢人養小孩的方式而嚇自己，整天擔心存不到未來生兒育女的費用。我不會像銀行家和股市專家那樣摺行

2　當然，我擁有很多由一堆字母縮寫成的財金證照，其中包含 AIF（Accredited Investment Fiduciary，高階信託業務證照），並且已完成 CFP 課程（Certified Financial Planner，理財規劃顧問證照。）

話，因為那些廢話都是為了不讓他人（尤其是女人）參與他們的談話，最終在資產曲線上落居下風。順帶一提，身為那個世界的一分子，我能告訴你，那群高談闊論的弟兄們（沒錯，多半是男性）多半根本不懂自己在說的鬼話。聊錢就像是任何一種語言。如果你不會說日語就跑去日本，鐵定會一頭霧水；如果你不懂如何說錢的語言就跑去華爾街，鐵定會一頭霧水。當然啦，直到有一天，你學會了它。

是時候讓你一同加入（並且擅長）聊錢的行列了。是時候大步一躍，一舉躍過眼前的財富差距，並且維持不墜。是時候當個獨立小姐了。

步驟一
發現你的能力

你的財務問題出在哪？

　　我討厭的事情不多，但陳腔濫調必定榜上有名，而且名次還很高。為什麼？因為它們實在太廣為流傳，導致人們不疑有他。

　　這麼說好了：我對任何事都心存懷疑。其實，我對格言多半不信（而且還時常駁斥），特別是牽涉到錢的時候[3]。不過，我願意為下面這句實測後證實為真的老話網開一面：金錢就是力量。因為金錢的確就是力量——恐怕還是所有的力量之中最強大的一種。重點是，你能輕易擁有它。

　　請將金錢的力量視為一種工具。正如你能用鐵鎚蓋房子，你也可以用同一隻鐵鎚拆掉它。超能力能助人，也能為非作

3　如同我在過去的書中所做的，我會在每個步驟的最後，針對一些常見的俗語進行反思，好助你理解沒有什麼是至高無上的，尤其是在財經領域。沒錯，也許那些話對你真的適用，如果是那樣的話，祝你好運。我只是希望你停下來想一想它究竟適用與否。別忘了，就算某件事過去一直都是那樣做的，不代表非得那樣做不可。

歹，錢也一樣。你要不是掌控錢，就是被錢所掌控。毫無疑問，我們要成為能掌控它的人，並且妥善運用。在此步驟中，我會協助你重塑金錢觀念，並且示範如何駕馭金錢，好讓它永遠不會反過來掌控你。

搖醒糊塗的自己

很少有其他東西像錢一樣讓人容易情緒激動。政治不行（除非扯上金錢），宗教不行，屈指可數。

對錢懷有罪惡感所以賺錢，這種想法實在有夠糊塗；覺得錢可恥所以不碰錢，這也是一種糊塗。錢的四周到處都是這種陷阱，攻擊來勢洶洶。若想全身而退，唯一正解就是奪走它的力量，並且為自己所用。

當然，人人都是有獨立意志的個體，有權為自己下決定。不過，正如我們在前言中所得出的結論，金錢正是點燃那股力量的關鍵。當你有了錢，能擁有的選項會更豐富，也會更好。當你沒錢，選項則會大大受限。

所以，對你而言，什麼樣的選擇很重要？你希望財富帶給你何種力量？也許是能做一份你想做且熱愛的工作，不是因為非做不可；也許是能恣意決定你想居住或旅行的地方，或是向你愛的人或需要的組織伸出援手；也許是能離開一份糟糕的關係，不再受限於對方的經濟援助而非得和他在一起不可；又或者，像碧昂絲（Beyoncé）那樣，決定統治世界。諸如此類。

金錢所賦予我們的選項，比有錢本身更具價值。這些選項能夠為你帶來自由。就算你還沒有意識到，缺少自由很可能正

是促使你過去做出那些行動以及緊抓關係不放的原因，因為我們很常落入糊塗陷阱。

力量始終在你心中

我之所以非寫這本書不可，其中一個主要原因是，有太多女性告訴我理財是「男人的玩意」。更糟的是，他們還和我說，他們因為沒有自己的錢，所以只能繼續被悲慘的家庭狀況所困[4]。女孩們，搞什麼？！男性當然不是唯一能增加財富或利用財富為自己謀利的人。事實上，數據已經證明，女人是更出色的投資者，這點並不意外，畢竟她們貢獻了 85% 的消費額，因此對於市場需求也更敏銳。需求驅動銷售，而銷售拉抬股票。數字是誠實的，男人根本沒有更擅長投資，他們只是比我們聊得更勤罷了。無論你如何鬼遮眼，以為他們真懂些什麼好料、或是什麼高深的學問，這些資訊你也全都唾手可得。前提是你得先伸手去拿。

我們對金錢的看法之所以與男性同胞不同，絕非出於偶然，而是從小時候就開始了。女孩向來被教導要小心謹慎、要存錢，而男孩被鼓勵去追求好工作、打造自己的財富。雖然這情形並非鐵板一塊，且總有例外，但研究顯示，這是孩童階段

4　統計數據令人震驚又擔憂：調查顯示，離開虐待關係的女性中，有八成五的人最終會回頭。美國反家庭暴力聯盟（National Coalition Against Domestic Violence）指出，許多女性是出於無法獨立養活自己才這麼做。他們的施虐者多半一手壟斷了全家的財務，讓她們離開後別無選擇。在台灣如果你自己或是身邊所愛之人是家庭暴力的受害者，請聯繫婦幼保護專線：113。

最常見的金錢教育觀念。所以，長大成人後，女人省下出外喝拿鐵的錢，選擇自己在家染頭髮（千萬別），同時，男人卻在外尋找投資機會，並且持續關注求職市場。我們也看到，與男性相比，女性在財務及理財方面的態度格外消極。近期一項調查顯示，將近一半的女性將理財與負面詞語連結（例如害怕、焦慮、不足、畏懼）而僅有不到三分之一的男性會這樣。

讓事情雪上加霜的是，當迪士尼公主找到她們的白馬王子，或者當賀曼頻道（Hallmark）電影中可憐沒人愛的女主角找到了真命天子，其中一個構成「從此幸福快樂」的元素是：他會擔起照顧她的責任。他會負擔所有生活費，並且保護她的安全。我們對此照單全收的程度，就像在疲憊的一天結束之際吞下一口棉花糖巧克力冰淇淋一般。但實情是這樣的：那些電影沒有告訴你，有時候，白馬王子其實是隻青蛙，而真命天子不一定會愛你一輩子。你真正擁有的只有自己，直到死亡使你們天人永隔。而且，真正的公主（也就是皇后們）是那些名下有城堡的人。

事情的真相是，像我們這樣聰明、厲害又如假包換的「女權擁護者」，內心有個小角落從小就相信，我們會嫁給一位有錢人，而他會照顧我們。如果你從未有此念頭，那麼你要不比我堅強，要不就是在欺騙自己。

回想那些你交往過的對象（或是正在交往的人），問問自己：假設我今天繼承了豐厚遺產，或自己完全能經濟獨立，我和他在感情中的關係會有所不同嗎？如果我大升官，或大賺了一筆呢？我當時會更常將自己放在第一位嗎？我可以不用每次

都得忍受那些狗屁倒灶嗎？假如不用考慮錢，我會做出不一樣的選擇嗎？

　　對少數幸運的女人來說，答案是「不」，但對於我們剩下的其他人，讓我來搶先回答：會，百分之百會。

　　我們必須打破這個循環。在〈步驟十二：掌控大局〉中，我會深入談談你能為自己和口袋裡的錢採取的預防措施，包括婚前協議、保險和遺囑，但此刻，你只要知道我不會袖手旁觀，不會讓你因為沒有勇氣去做點什麼，直到臨終前才懊悔當初怎麼會留下來受苦，或是後悔錯失追逐此生摯愛的機會。無論是潛移默化，還是驟然巨變，金錢能改變所有關係中的權力平衡，尤其是愛情。（嗨，我有一檔節目叫做《不能說的祕密》（Hush Money）[5]，就是在討論這點。）

　　雪兒（Cher）曾經分享一段有名的回憶：「我媽對我說，『寶貝，你知道嗎，有一天你應該要定下來，找個有錢人嫁了』，而我回她，『媽，我就是有錢人。』」

　　在本書的最後，你將可以自信十足地說自己「很有錢」，而且不只是因為你淨資產上的數字（這個也會有的，親愛的），還有伴隨金錢而來的一切，包含選擇的權力，握有諸多選擇的權力。而一旦這事發生了，你往後也會用更健康的方式進入任何一段親密關係。

5　如果你有興趣的話，《不能說的祕密》是一檔我在 iHeartRadio 與《創業家》雜誌總編輯傑森 · 費佛共同主持的有聲節目，討論那些關於錢財的敏感話題。沒人想碰，我們來碰。

重要資訊

在瑞典，女性的收入中位數很接近男性收入的中位數。結果人們發現，比起全世界其他任何地方，瑞典兩性在家事、育兒及煮飯的分攤上更公平。瑞典女性如今花在家務上的時間也比 20 年前來得少，從 1990 年的一天 5 小時，降到今日僅花 4 小時就能完成。60 分鐘也許聽起來不多，但正如我在過去的著作中所說，無論是在投資上還是生活中，時間真的是你最寶貴的資產。在美國這裡，女性每年花在無償勞動上的全職工作日（一天 8 小時）比男性多了將近 95 天，也就是總計將近 1.5 兆美金（是「兆」）產值的無償勞動。

當然，這不是一本談感情的書。這本書是在教你如何增長財富。然而，為了要了解你為什麼需要在經濟上獨立自主，我們必須好好聊聊究竟、到底是什麼因素耽擱了你這麼久。我相信，我們身上所背負的精神及情感重擔是拖慢且妨礙我們試圖改善財務的最大原因。如果你的包袱和我的很像，那麼還挺重的。是時候放下它們並且看清──容我引用且稍微改寫一下一句電影台詞，台詞出自我最愛的兒童奇幻電影《綠野仙蹤》（劇情與找到王子無關）──力量始終在你心中，親愛的；只是需要你自己發現它。

斷開鎖鏈

有能力左右你的不只是另一半，家人和友情也可能同樣複雜，有各自的立場和責任義務關係。如果你發現金錢正在一段關係中扮演不健康的角色，無論是幫你埋單但因此越線的父母，還是基於從小一起長大的理由就付你不合理薪資的朋友，該是斷開鎖鏈的時候了。

你完全可以接受父母的錢或是為好友工作，一切和樂融融，沒有責任義務，人生就是如此完美。嗯哼，太棒了。但是，請務必對自己誠實。任何事物背後都有代價，那就是，你為了它放棄了什麼。

這麼說好了，假設你父母每個月給你 1,000 美金（約新台幣 3 萬元）的零用錢，但條件是希望你永遠留在家鄉，那麼代價就不只是一年 1 萬 2000 美金（約新台幣 36 萬元）而已，而是你留在那裡所錯失的所有機會，更別提這整項交易所造成的焦慮，而這種焦慮可能還會讓你得花錢看心理醫生。大約有七成的千禧世代（這代人住在家裡的機率也最高）雖然有全職工作，但還是從父母那裡拿錢以支付帳單。這麼做只會讓他們就算成年後也無法脫離父母掌握。

值得嗎？我無法替你回答。你的心理醫生或朋友也無法。只有你能回答。每天必須起床面對生活的是你。所以，捫心自問吧：我過的是我自己想要的人生嗎？我熱愛它，並且引以為傲嗎？對於這個人生該如何發展，我有最終的決定權嗎？

如果你現在在過的人生是某人故事中的配角，我希望你能

鼓起勇氣徹底改寫。讓我再說一遍：時間是你最寶貴的資產，而且也是你增長財富時最不可或缺的戰友。錢賠了再賺就有，但你永遠無法賺到更多時間。你等越久，賠的就越多。而那些鎖鏈只會越來越粗，也越來越難切斷。

你的財務創傷是什麼？

如果你讀過我的上一本書，《做你自己的英雄》，你便知道，我兒時的受虐經歷加上父親用藥過量致死一事讓我患上創傷後壓力症候群。（假如你沒看過，現在你知道了。）我們總以為，創傷必定源自生命中驚天動地的事件。但那些成長過程中曾經挨餓的人、有著自戀的父母的人、受虐過的人或長年被忽視的人，都有可能和那些遭逢過車禍、攻擊或性侵等重大意外的人活在類似的折磨當中。無論是否經醫生診斷確診，那些事件或經年累月的行為都會影響我們成年後的生活方式。我深信，而且我本人就是活生生的證據，我們**能夠**從創傷中復原，但前提是我們能認知到此事件、或是多個創傷事件的存在。一旦你能有所認知，並且拆解、重塑，它甚至會成為一種超能力，如同我所經歷的那樣。

無論規模或大或小，我們每個人對錢都有創傷。總體層面的金錢創傷可能包含：工作上經歷過網際網路泡沫時期、見證過金融海嘯，或是面臨嚴重特殊傳染性肺炎（COVID-19）全球大流行造成的經濟恐慌。個體層面的金錢創傷可能包含：幼時靠救濟過活、老家被強制法拍、錢被偷或遭資遣。

任何潛在的創傷背後，都隱含了某種根深蒂固的金錢觀，有可能是你從小到大聽來的，或是長期在文化中耳濡目染。家庭養成的金錢觀可能有：看父母囤積物品、揮霍無度或是收集優惠券。社會對金錢觀的影響可能是：看朋友欠債、衝動購物或避談一切金錢話題。

不管你在小時候、青少年或該死的成人時期經歷過什麼，通通無關緊要。從現在開始，你有機會決定要讓錢為生活帶來怎樣的影響。你有機會打造文化，制訂標準。也許你想要用和過去成長時完全一樣的方式面對一切，那也很好，只要你記得停下來、好好審視一番，然後拿出獨立自主的態度，有意識地繼續這麼做。然而，要是你仔細審視的時候發現，那套方法已經不適合現在的你，那麼請著手改變。就算一直以來都是這樣做，不代表你非得那樣做不可。你完全可以學習採用一種不同、甚至更好的方法。

關於理財（還有人生）的所有知識，都是我自己透過反思（並且，最終駁斥它）小時候家裡那套方法學來的。甚至可以說，我用自己希望被養育的方式重新教育了自己。所以，我說你可以打破任何循環的時候，是根據一些沉重的經驗（和諮商費用）說的。

心路歷程

禁錮

「妮可，仔細聽我說。」

「媽？你去……」我朝手持話筒說。

「聽我說！」母親用她厚重的以色列口音厲聲打斷我，在她所處的不知哪個房間響起回音。

電話響起時，我才剛踏進我們家公寓的門。放學後我通常會和朋友一起走去圖書館，我媽會在四點鐘的時候去門口接我。但那天，她沒出現（而且那時候還沒有手機。）所以我背著我的背包和書走路回家，擔心又困惑。那時我七年級。

「好，」我說，嚥下像是快哭之前會竄上喉頭的那種緊繃感。

「你立刻去我房間，看一下床頭邊那盞小金燈，底下有保險箱的密碼。快去！你找到了嗎？」

「喔。」我僵住，接著衝去她臥房。

「妮可，這件事很重要。照我說的去做。動作快，你找到了嗎？」

「呃，找到了。」

「把底下那張紙撕下來，然後去我浴室。」

我用顫抖的手撕下那張小小的索引卡，上頭用紅

筆寫了一堆數字。我小心翼翼地撕，生怕一著急就撕破了它。

「去了嗎？打開水槽底下的櫃子。把衛生棉的盒子通通拿出來。保險箱就在那。」

我生於移民家庭。雙親都是從以色列來的，後來在洛杉磯相識。她們在我 3 歲時離婚，場面難看至極，就像電影一樣。我爸拿到單獨監護權，但一年後他就用藥過量死了，那時我六年級。後來，我與母親同住，到現在才兩年，雖然我見她買東西總是付現，但渾然不知水槽下竟然有個保險箱藏在衛生棉後面。

「仔細看那張寫了數字的紙。你得先轉一圈保險箱上的輪盤，然後再照著紙上的數字先往左、再向右轉。」

我的手不只在抖，汗也直流，慢性多汗症完全爆發。我又害怕，又專注，試圖在這看似緊急的情況下搞懂到底怎麼開鎖。我不知道母親究竟發生了什麼事，但我知道現在不是發問的好時機。

「妮可，你在用了嗎？」她尖銳地說。

「嗯，對，我……」我忘了怎麼說話，但倒是搞懂了這個鎖，就跟我學校的置物櫃鎖一樣。

「慢慢來，」她用比較平穩的口吻說，但語氣還是一樣急。

有了。打開了。我、的、天、啊。

「我聽見你打開了。開了嗎？」

「開了，」我輕聲說，盯著眼前整整齊齊包好的一疊疊百元美金紙鈔。

「拿 2 萬 5 出來。一疊應該是 5,000，所以你要拿⋯⋯」

「五疊。我知道。」這和我在數學課上解的應用題有點類似（但非常不一樣。）

「對，五疊。抽五疊出來，然後關上保險箱。確保關門時發出喀嚓聲。你一定要聽到喀嚓一聲才能確定鎖好了。好，然後去我衣櫃，找出那個金鍊黑色大皮包。把錢放進去。再拿幾件毛衣壓在上面，以防它們被吹走。你也穿一件，然後去圖書館。在停車場的另外一邊有間警察局。你進去警察局，跟她們說我的名字，接著把錢拿給她們。」

「好，」我說，並穿上母親的一件毛衣，把太長的袖子捲高，露出我泛紅、汗濕的小手。

我的童年既混亂、充滿暴力又扭曲。在當時，我對警察、社工或法院已經見怪不怪，所以把我媽從牢裡保出來也沒把我嚇壞。聽來有點辛酸。但我永遠忘不了那些藏在水槽下保險箱裡面，衛生棉後面的鈔票。和我失序的生活一比，它們是那麼的整齊有序，乖乖排排站好。

你可能會想：「天，拉平！你的過去也太慘。我也有狗屁倒灶的事，但我從來不需要把我媽從監獄裡保出來。」

嗯，我在我的每本書裡都用了「你先說，我就說」這招，這次也一樣。聊錢這回事，就連最霸氣的女強人都會變得格外敏感。所以，如果得要有人自告奮勇，聊錢才能變得輕鬆，就交給我吧。

還有，你說對了，我的過去很慘。所以我放下了。如果你的更慘，我懂，但你也最好卸下這份重擔。如果你沒我那麼慘，我也不會不高興，但且聽我一勸：除了你自己的煩惱之外，任何你得額外背負的那些，都是過分的要求。

情緒控管＋財富＝獨立

你剛才是不是說，「對啦對啦，但是，拉平，我就不是算數學的那塊料？」我就直說了，想在經濟上獨立自主，你只需要具備小學五年級的數學程度就行了。所以，不要找藉口。我大學可是主修詩詞呢。如果我都能搞懂這些玩意兒，你一定也行。

理財的算數面其實不難，最難的恐怕始終是攸關人性的那面。你可能認為自己對數字一竅不通，那麼，你在數字相關的情緒管理上很可能表現得更為差勁。我們都是如此。

我們向來都被「這玩意很複雜」的假設給制約了。別誤會，我以前也覺得理財很複雜，就像我家電視後面那堆線。唉！我只想高舉雙手說：「我永遠搞不懂這玩意。我不知道該怎麼做。我們還是請人來弄吧。」

現在，我是個聰明人了。我已經搞清楚比插上 HDMI 線更

難的人生課題。說「我搞不懂」是在對自己說謊。假設有一把武士刀抵在我的脖子上，只要我沒把 HDMI 線插進去就一刀斃了我，那我肯定會搞懂該怎麼做，而且還會一秒搞定。但是，要理解所有那些縮寫術語和小道具，聽起來只有「專家」才能做到。雖然我很愛我家的維修人員，愛到有點過頭了，但我不覺得他真的比我更聰明。我只是還沒花時間去學習她所擁有的知識罷了。（而代價可能是，我只得接受她過高的開價。）

　　許多業界都會上演同樣的狀況。舉例來說，醫源病（iatrogenic disease）是指醫護專業人員非刻意為之所造成的疾病。天，好吧。難怪醫療界要拿一個長到沒必要的字來解釋它。金融界也會用各式各樣類似的行話及花俏用語來說明超級簡單的概念。例如共同基金銷售費（mutual fund load）中的「load」其實就只是「費用」的意思。甚至，透支保障（overdraft protection）這個詞聽起來是為你好，實際上卻是在你消費但帳戶餘額不足時，向你收取一筆貴得離譜的費用。使用神祕或過度複雜的語言（重要資訊，這種詞也有名字，叫做「多音節長字」），只是銀行家和提供金融服務的公司要讓我們覺得格格不入的另一招罷了，多半是出於圖利，因為她們知道我們大多數的人會因為尷尬而不敢多問，或是提出質疑。

　　讀完這本書，你就會熟悉這套語言，而且我保證你一定會覺得這比我想的要簡單多了，跟我看完一個 YouTube 影片說明該死的 HDMI 線到底長怎樣（以及怎麼插進去）的感覺一樣。這些東西想像起來很複雜，實際上卻簡單得多。還有，叫你腦中那位準備要說「但是……」的酸民閉嘴。當家作主的已

經不是她了，是你。

承認問題所在

我之所以要在這一階段就戳你痛處，道理就跟其他任何的十二階段課程一樣，步驟一永遠都是承認自己有問題。嘿，關於錢，我們都有問題。唯一一個無解的問題就是，你不承認自己有問題。

所以，讓問題自己說話吧。我相信它已經困擾你、使你分心好一陣子了。聽聽它怎麼說。也許你想投資但不知從何開始；也許你有負擔不起的房貸或是還不完的學生貸款；也許你內心有件人生大事正在醞釀——買房、生子、回去讀書拿個好看的文憑——但是滿腦子都在擔憂你怎麼才能付得起；也許你一毛退休基金都沒存，擔心自己是不是要一輩子朝九晚五做到死[6]。當你不再粉飾太平，認清自己的財務問題後，你八成會發現，情況沒有像你說服自己相信的那麼無可救藥。

我知道這很嚇人。我知道要面對自己的爛攤子很不舒服。不過，就像人生中每一個關鍵的成長契機，你最害怕去做的事，十之八九正是你最應該去做的事。你的問題可能是認定自己永遠不可能變有錢，而這個念頭則是根據你過去人生某個階段的所見所聞而來。這很合理，尤其是考慮到以下這些令人沮

6　理想上來說，你在讀這本書時身上應該沒背債、戶頭有些存款。但假使你還沒抵達這階段，我也不會叫你別讀了。本書應該是本激勵人心之作，就像不是所有讀《Vogue》雜誌的人都在物色訂製禮服一樣。做做夢、幻想當你實現夢想的那一天會發生什麼事，也挺好玩的。

喪的數據：

* 七成民眾的存款低於1,000美金（約新台幣3萬1千元。）
* 戶長年齡位於 35 到 64 中間的美國家庭中，有四成會在退休前口袋空空。
* 四分之三的美國人臨終前將一毛不剩。
* 五個美國人中就有一人沒為退休或緊急狀況存錢。

可以肯定的是，累積財富一事上確實存在嚴重的系統性問題。透過本書的課程，我將告訴你，局外人是如何被金融體系壓著打。[7] 我會大聲抱怨這些不必要的複雜語言和手續。相信我：我想要讓金融體系變得更好，我也會盡我所能去做，或者至少鞠躬盡瘁。然而，直到系統真正開始轉變之前，我們必須學習善用系統，讓系統對我們有利。所以，我會教你解法，因為解法確實存在，而且適用於你能想像到的任何理財問題（承認吧，這些問題你都有。）

此刻的你可能已經猜到，沒錯，解法得從你自己開始。當然，我會教你如何打造最不可思議的投資組合和系統，讓錢在低風險中成長，並且漂亮地節稅。我會給你技巧和工具——但我無法改變你的人生。我做不到，我鐵定會像個管太多的老媽子一樣，一路為你加油打氣。我會給你框架，但我不是靈媒，無法預測你接下來在大環境與個人生涯中會遇上何種財務狀

7　在本書能處理的範疇內，我會將重點放在華爾街用來排擠潛在投資人——尤其是女性——的種種作法，像是多餘的行話和進場的限制。但請別誤會：金融界打從一開始就以無數更大的系統性手段排擠許多族群，特別是有色人種與身心障礙人士。

況。所以，基本功要靠你自己。只有你自己能改變你的人生，而且你將不斷這麼做。

市場起起伏伏，職涯也是，但你要沉得住氣。賽道會變，但運動員的身分不變。不管湯姆‧布雷迪（Tom Brady）[8]人在大雪紛飛的波士頓，還是陽光明媚的坦帕灣，她都是湯姆‧布雷迪。完美的條件並不存在。歷史上從來沒有只升不跌的股票或市場，我也不看好未來會有。但，我看好自己會殺出一條血路，讓我達到自己設下的目標（在步驟二，我們會找出你的目標是什麼。）而你也應該看好自己。因為那正是最棒的投資，也是長期下來保證能回收最多利息的唯一標的。

資訊力量大

……但也很難搞。外頭的財經資訊到處都是。財經網站成千上萬，談論錢財的文章更是數百萬計。然而，我們之中約有七成五都是財經文盲。怎麼會這樣？

答案其實很簡單。這跟決策理論有關，也就是說，當我們眼前的選項太多，反而不知如何是好。此時，慣性會出面接管。讓我舉一個實際案例來解釋決策理論。我吃素，當我走進一間普通的餐廳，而菜單上只有一兩項我能吃的選擇時，我很快就能決定要點什麼，而且還吃得很開心。然而，我進到一間素食餐廳時，會因為眼前琳瑯滿目的選項而興奮起來（線上點餐！前菜！甜點！）足足花了 45 分鐘才點好餐點，而且吃的時候還

8　一位已退役的美國職業美式足球四分衛，曾效力於 NFL 球隊和新英格蘭愛國者和坦帕灣海盜。被同時冠以驚人湯姆及球隊棟梁的稱號。

撇步

記錄你的（時間）開銷

你有多常抱怨自己缺錢？「你說這輩子嗎，拉平？很常。」我聽見你說。好，那麼，你花了多少時間去實際採取行動？「很少。我沒空。」也許你會這麼說。恰恰相反，我未來的獨立小姐。試試這個：

事項	花費時間（小時）
規劃假期	8／每次假期
搜尋新靴子	40／每年
辦派對	8／每個派對
滑社群軟體	2.5／天
開投資帳戶	0.5／天
理財	0.03／天
閱讀理財資訊	0.03／天

你下次抱怨自己沒錢，或是抱怨自己缺少錢能帶來的那些好處時，好好捫心自問，你是否真的有花時間採取行動。

會一直懷疑自己有沒有點對，有時甚至都吃飽走人了還在懊悔。

你覺得你被外面五花八門的財經資訊給弄昏頭了嗎？你在網路上滑得越久，頭就越痛、內心越焦慮嗎？（我們就先別提

社群軟體了。）這正是讓我想提筆寫下本書的另一個主因。和你口袋裡的錢不同，說到資訊，多多不一定益善。

唯有當你承認自己的財務有問題，並且清楚定義它時，你才能去追逐那早就存於你心中的力量。一直都在那裡，在你心裡。只是不易察覺。它不會喋喋不休，而是低聲細語。唯有當你讓問題自己發聲時，才能真正聽見它想對你訴說的事。

過去，關於錢的力量，你可能因為男人或者某個特定的男人所以只看到對你不利的那一面。或者，你因為缺乏財富而讓自己居於弱勢，難以克服棘手的財務危機。或者，你曾經有點錢，但對如何好好管理毫無頭緒（更別提要增長了），所以錢便沒了。沒關係。你只需要奪回來就好，準備好當個駕馭金錢的人，而不是受錢所制的人。

在我們的金融體系裡，買家和持有者之間的差量（也就是差異）很小。但出於感情用事和其他糊塗原因，讓差異看上去很大，這就好比後視鏡使物體看起來比實際距離更近。這麼難搞的變形症？我們要將它拋在腦後，而且永不回頭，我們只要向前看。假如你張大眼睛，便會發現，前面有好多條康莊大道正在等著你。

總結

俗話說：錢財的箇中道理，只有身在其中的人才懂。

不一定。碰上任何一種陌生的語言，一開始理所當然會鴨子聽雷。假設今天你去到任何你不會說該國語言的國家，鐵定會感到無所適從。假如你去到華爾街卻不會說錢的語言，你也

會手足無措，直到你學會為止，而且說得熟練又流暢。到了那時，你再也不會浪費時間去回想當初這個語言聽來有多像在胡言亂語。你會自然而然利用它打交道——最終，利用它得到你所想要的。

俗話說：根深蒂固的金錢觀念幾乎不可能改變。

不對。習慣很難改正，沒錯，尤其當那些習慣是從小受家庭和朋友影響所養成的。但，想要照自己的意思生活的唯一方法，就是開始為自己思考，並且採取行動。而那可能意味著要……全部重新來過。

俗話說：男人比較善於理財和累積財富。

錯。

步驟二
為你的夢想標價

如何運用「逆向工程」達成目標？

　　20 年來，我住過十個城市，光是在紐約就換過四間公寓。我從未渴望漂泊。實際上，我立志要擁有一個家並且安定下來。但那不是命運為我安排的道路。

　　我以為自己是目標女王。但事實上，我是更換目標女王。多年來，我立下了許多目標，但也屢屢改變心意，這些經歷大都被我寫進書裡與你們分享。如果你有在關注的話，從我的第一本書開始，你會發現我的目標隨著生活變動（以及衰事）而不斷改變。

　　我喜歡將我的目標分門別類，每個類別都以我最喜歡的 F 開頭：家庭（family）、財務（finance）、娛樂（fun）、健康（fitness）（最後這項是身體也是心理上的）。不過，在寫這本書以前，我從未認真為每一項目標標價，或是做長於十年的規劃，而我也不曾要你這麼做。但，時候到了。就讓我直說吧：想要嚐到財富自由的滋味，你會需要很多的錢，但是，八

成比你想像中的少，或至少沒有你想像的那麼難做到。在這個步驟中，我會帶你找出那個具體的數字究竟是多少。唯有找出它，你才能將它拆解成細小的步驟，進而制訂計畫去達成它。

一起來作夢

你有多少次不敢站上體重計，只因害怕見到朝你閃爍的數字會讓夢魘成真？（我故意用「夢魘」模糊帶過，因為身材焦慮牽涉的範圍極廣，無論是變胖、變瘦或是沒有改變，凡是令你困擾的都算。）我懂，因為我也經歷過……幾乎每週都會發生。逃避它，或者盡可能不承認的感覺也許很棒。但我們內心深處都明白，事實並非如此。不去釐清財務狀況就像逃避量體重一樣，短暫緩刑所帶來的好處最終一定會被焦慮給取代。

我和許多女性一樣，長期受各式各樣的身材焦慮與飲食失調症所擾。就連去診所做年度健檢，我都拒絕站上體重計，只肯模糊告訴護士我大概多重。我以為這麼做能讓自己少受一點刺激，降低我對身材焦慮可能產生的滑坡效應。然而實際上，這麼做卻讓我更在意它了。有時候護士需要尋求上級的同意才能允許我跳過不量，讓整件本來就很不舒服的事情更加的……不舒服。關於生命中的重大問題，你越逃避，就會越焦慮。

而當問題與財務有關，唯一的解方就是站上體重計──換句話說，就是攤開你的帳單和資產總表──然後對自己目前的淨資產有個徹底的概念，如此一來你才能計算出，要過上你理想中的生活還需要多少錢。人人都有權擁有自己的意見與感受，這些意見與感受只屬於你，而且絕對不假。然而，事實也

是事實。而數字就是數字。所以，讓我們來弄清楚你實際上需要的數字是多少，我們才好幫現在的你進行「逆向工程」，助你賺到能過上理想生活的錢。（注意，我說「實際上」需要的數字，而不說「夢幻數字」。這個數字一點都不夢幻，也絕無神祕之處，就只是一個冷酷的量化方法。為了變有錢，你非得知道不可。）

誰需要成為百萬富翁？

如果我要你估算一下，要多少錢才能讓自己在不工作的情況下活 20 年，你會估多少？100 萬美金？200 萬？500 萬？（約新台幣 3,000 萬至 1 億 5 千萬元。）

我假設你此刻喊的所有數字都只是隨口亂猜，而那也沒關係。不過，等你讀完本書後，你就會徹徹底底掌握這個數字。你會對它瞭若指掌，熟練到就算你遭人用手電筒直射臉部質問，眼睛眨都不會眨一下。上週五你人在哪？和誰在一起？你的淨資產是多少？你都怎麼配置資產？

要想輕鬆回答這些問題，知道問題的答案是唯一解（還用你說嗎，真是謝了，廢話隊長。）假如你回答不出來的問題比能回答的更多，情況很快會改變的。不過，只有一個人可以回答這些問題：那就是你。

我之所以在一開始就問你認為自己需要多少錢才能活 20 年，是因為平均退休年齡大約落在 65 歲，而美國女性的平均壽命為 82 歲左右。也就是說，當你不再工作後，平均大約擁有 17 年的時間能（希望如此）盡情享受人生（我們會在步驟

成為獨立小姐的滾錢心法：12個打造財富自由之路的簡單投資計畫

八時仔細檢視有關退休的各項計算）。當然，你能向美國大法官露絲·拜德·金斯伯格（Ruth Bader Ginsburg）[9]看齊（一路好走，我們的法官女王）工作到最後一刻，或者，你也可以40歲就閃去某處海灘，從此只穿夾腳拖和沙龍罩裙過活。都隨便你。這項計算和你打算幾歲退休無關（雖然我們在步驟八中的確會以這個數字去做退休規劃），它的重點在於算出你需要擁有多少錢，才稱得上擁有自己的後盾。

接下來，我們將探討三種不同的財富等級：

1. 第一種可親切地稱為「夠用就好」，亦即能負擔得起你最最最基本的開銷（大約是吃粗茶淡飯的等級），僅此而已。

2. 下個階段是「還算有錢」。你能舒舒服服過活，偶爾也能放縱一下，但財富不會大幅度增長。

3. 最後一種是「超級有錢」。你擁有的錢基本上永遠花不完，也就是所謂的人生勝利組。嘿，假如你對名牌包、遊艇或為母校慷慨解囊興趣缺缺，那也無傷大雅。我還是會鼓勵你好好走完下面每一等級的練習，因為，只要那個數字對你來說越具體，就越不會感到遙不可及。

9　生於1933年，曾就讀哈佛與哥倫比亞大學法學院，擔任過哥倫比亞法學院法律系教授。她於1970年代大力促成美國公民自由聯盟的女權計畫，成為在最高法院為性平發聲的頂級律師。1980年，卡特總統任命她為華盛頓特區巡迴上訴法院法官；1993年，柯林頓總統任命她為美國最高法院大法官。2009年，《富比士》雜誌選她為全球百大最有權力女性。2015年她獲選為《時代雜誌》「百大時代人物」偶像；2016年再獲選為《財星》雜誌「全世界最偉大領導人」之一。2020年9月18日辭世。

夠用就好

我知道「夠用就好」聽起來並不太……呃，夠用。但假如你的狀況和我類似，你就是倖存者，是名鬥士。「堅強的女人」一詞是多餘的。在我一生所遇過的女人中，沒有誰不堅強。

全球疫情所帶來的末日感，我並非首次經歷，而我相信你也不是。早在世界因一個長滿尖刺的超級傳染病毒而戛然而止前，我就活在一個末日般的打地鼠世界，從我坎坷的童年就開始了。由於雙親的精神狀況與財務狀況都不穩定，我從小便深怕破產，也怕無家可歸。我知道這樣想很不理性，而且，沒錯，我也已經為此付出許多努力，但還是忘不了家裡曾教我，為了省水費，上兩次廁所才能沖一次水，或是為了省電費，只有在天黑後才准開燈。一直以來，我都在努力將恐懼轉化為正向的成長與野心，而非任由恐懼將我擊垮。我之所以有能力這麼做，都是因為我知道，自己的存款足以應付未來幾年的基本開銷。我後面會多聊聊疫情是如何在個體層面上改變了金錢遊戲（我的理財建議因為疫情而有何轉變），以及總體層面的影響（世界因為疫情而變得如何。）不過，其中一項已然發生的重要影響，倒是向我們強調了，人人都要備有一筆能應付日常開銷的預備金……至少，要能應付一陣子。

根據亞伯拉罕・馬斯洛（Abraham Maslow）赫赫有名的需求層次理論，人類的需求可分為五大類：安全、自尊、愛與歸屬、自我實現以及生理需求（包含空氣、水、睡眠。）不同的財務保障等級所能滿足的需求不同。「夠用就好」滿足了安全這項基本需求，這一級能讓你有地方住、冰箱有食物，還能

應付其他基礎的生活花費。要計算你的「夠用就好」數字，先看看你每月的固定支出吧。這些支出是你生存所需[10]，而非多餘的消遣（好比健身房會員、醫美、娛樂及其他非必要支出）：

每月支出（自填）	
房屋：房貸或租金	
帳單：水電瓦斯費、手機月租費、保險費	
交通費	
餐費	
醫療費	
育兒／寵物費（如果有的話）	
獨立小姐基金	
＝每月資金消耗（monthly burn）	
x12 ＝每年資金消耗（annual burn）	

美國的家戶收入中位數大約落在稅前 6 萬 3 千美金（約新台幣 490 萬元。）家戶的平均年資金消耗率，也就是你每月及每年平均花出去的錢，則約為前述收入中位數的一半，或 3 萬美金（約新台幣 90 萬元）左右。平均而言，我們一年只花費約 5,000 美金（約新台幣 15 萬元）在娛樂、個人照護與衣物上（剩下的都拿去繳稅了，唉。）

10　要過上「夠用就好」的生活有個前提，那就是你身上沒有卡債（或其她高利率的債務）要償還。如果你身上有債務，實在很難去規劃預算，就算是最基本的項目也一樣。所以，如果你有，請回去讀《老娘有錢》，並且擬定一個「優先剷除」計畫，一勞永逸解決你的債務問題。

疫情所帶來的另一個正面改變，是讓我們許多人明白了，我們能用很少的資源做更多的事。健身課停了？生活很無趣？不打緊。我的意思是，也許情況不甚理想，但這些都是「想要」，而非「需要」。思考「夠用就好」的生活方式時，向疫情期間你那「自然風」指甲和來不及補色的髮根（有人也想漸層染嗎？）的姿態取經吧。

現在，將你的年度資金需求乘上 20，用來支付我們稍早提到的那 20 年沒有工作的退休生活。假設我們套用美國人的平均需求，便是 20 年 ×3 萬美金／年＝60 萬美金（約新台幣 1,800 萬元）。你需要 60 萬美金，才能在退休後過上「夠用就好」的日子。沒錯，這是一大筆錢，但不是你一開始可能猜想的幾百萬（新台幣幾千萬元）。當然，你有非常多的方法能賺到 60 萬現金，也可以從投資利息中慢慢累積──我們會在下一個步驟中討論以上所有方法。倘若你想要更客製化、更精確的計算，可以上我的官網（nicolelapin.com/tools）使用我的財富計算機。但現在，我們先暫時將 60 萬這個數字記在腦中，如此一來，就算現實離想像還有點距離，也差不了太遠。

還算有錢

無論你渴望何種程度的財富，全都由你說了算。但可別忘了，「比較」是快樂的竊賊。如果你的快樂來源是由自己決定的，那麼無論你是想要一台速霸陸（Subaru）汽車還是一台潛水艇，請確保不要去和他人心目中的財富比較。你當然能改變

4% 經驗法則

　　這項法則是在說明，一個人退休後每年最多能從資產總額中提領多少比例的生活費，才能在不吃掉本金的情況下光憑利息生活。舉個簡單的例子來說，100 萬美金的退休投資組合每年可以為你帶來 4 萬元（約新台幣 120 萬元）的生活費。[11]那麼，200 萬美金（約新台幣 6,000 萬元）就會為你賺到 8 萬元（約新台幣 240 萬元），300 萬美金（約新台幣 9,000 萬元）會賺到 12 萬元（約新台幣 360 萬元），依此類推。這些利息意味著你不必動用本金，讓本金繼續替你賺生活費。無論你打算要按部就班退休，還是希望盡快靠利息過活，這個觀念都相當實用，可以讓你了解若想單靠利息生活，分別需要賺到多少錢，才能足以負擔不同的生活方式。

---

11 這是假設股票報酬率 10%、債券報酬率 5.2% 以及通貨膨脹率 3% 的狀況下。退休第一年，你提取退休存款的 4%，之後的每一年你都會提取最初的 4%，並根據通貨膨脹率進行調整。為了讓這筆錢真的足夠讓你安心養老，你需要在銀行準備好退休後「年薪」25 倍的資金。

主意，但假如實際上、內心深處、夜深人靜時分，你其實心甘情願躺在後院那張 Target（目標）的戶外躺椅上放鬆，若是如此，往後若你看見有人在 Instagram 上發了一張自家遊艇上的高級躺椅照，就別心有不甘了。那是**他們**的目標，是**他們**信奉的真理，不是你的。重要資訊，研究學者發現，年收入 7 萬 5 美金到 10 萬美金（約新台幣 220 萬到 300 萬元）是獲得理想幸福狀態的甜蜜點。聽好，如果你想賺這個數字的 10 倍──我會沿路為你踏出的每一步歡呼！然而，如果那張 Target 戶外躺椅就是你的菜，那麼，女孩，算我一份。我會成為你的頭號粉絲，陪你邁向由你自己定義的，財富的幸福終點站。

如果你偏好維持目前的生活方式，偶爾上餐廳打打牙祭，或是犒賞自己一套名牌衣物，那很好。你想過的，便是「還算有錢」的生活。找出你該如何才能維持這種生活方式的第一步，便是算出你目前的資金消耗率。我們需要得出一個精確的數字，你才能知道自己在為了什麼努力，而非總覺得自己是受工作或是他人牽制，如此才能常保熱情。

想要在財富遊戲中勝出，最好的戰術是制訂規則。你一定會以這種方法獲勝。不過，倘若你中途不停改變自己訂下的規則，下場鐵定會很慘，老是覺得自己真是窮得要命。因此，在我們開始制訂任何投資策略之前，必須先搞懂努力是為了什麼──而且是清楚地知道。在美式足球賽中，我們都看過裁判會以精確到英寸的程度來測量球的落點。你永遠不可能聽見裁判

說，「喔，好吧，這球很接近碼線[12]了，就算她得分吧！」我知道美式足球絕非兒戲，但我希望你能用更嚴肅的態度去對待你的人生以及財富目標。過去的我對於自己的目標懵懵懂懂。這在 NFL[13] 行不通，對 NML 也不再適用（NML 是我，我的中間名是米麗安）。

你可能以為，「還算有錢」目標值就是你的薪水目標值，就這麼簡單。不是的。實際上，許多人每年賺多少就花多少。有些人甚至花得更多，而有些人則設法少花一點。（你屬於哪一邊，我們彼此心知肚明！）

每月支出（自填）	
你的「夠用就好」需求	
治裝	
餐費	
生活風格（健身房、美容、會員等等）	
旅遊	
＝ 每月資金消耗	
x12＝ 每年資金消耗	

對於朝富有邁進的你，以及希望讓錢為你服務（而非反過來，由你服務金錢，像多數女人一樣）的你來說，此舉聽起來也許稱不上突飛猛進的一步。但是我希望，當這些數字明擺在你眼前──而且可能是生平第一次──能讓它們看起來沒那麼

12　足球場界線。

13　譯註：美國國家美式足球聯盟

嚇人。此外,在你努力邁向「還算有錢」的旅途中,比起懵懵懂懂,白紙黑字會是你更有力的盟友。

超級有錢

好了,我們開始進入有趣的部分了。(如同我剛才所說,一張 Target 的戶外躺椅也能很有趣,記住,適合你最重要。)到了這一級,我們能開始放膽做夢,去眼饞那些你所能想到的奢侈享受:從一艘大船,到以你為名的一棟大樓。然後,我們會來計算這些東西實際上所需的代價。

以下是我從周圍聽來的一些常見的「超級有錢」夢想:

✱ 一艘帆船。

✱ 捐贈一筆可觀的費用給我最認同的慈善團體或學校。

✱ 每年購入一個新的路易威登(Louis Vuitton, LV)包包(或任何一個你最愛的牌子。)

當然,如今這些奢侈玩意的形式五花八門。為了讓我們好練習,我將採用我認為合理的價錢來舉例,但同時提供兩個選項,包含一個能讓你感受「未曾有過,但可能不錯」滋味的選擇,好滿足我們的目標。那麼,下面就讓我拆解這些玩意實際上的每月花費:

夢幻逸品	總花費	每月花費
船		
選項一： 2001年款梅里特（Merritt） 客製化釣魚型遊艇	$2,895,000 ≒ NT$86,850,000	$241,250 ≒ NT$7,237,500
選項二： 1990年款道格拉斯・ 夏普（Douglas Sharp） 設計釣魚艇	$588,000 ≒ NT$17,640,000	$49,000 ≒ NT$1,470,000
慷慨回饋母校或我最認同的慈善團體		
選項一： 20萬美金（約新台幣 600萬元）	$200,000 ≒ NT$6,000,000	$16,666 ≒ NT$499,980
選項二： 2萬美金（約新台幣60 萬元）	$20,000 ≒ NT$600,000	$1,666 ≒ NT$49,980
每年一個LV包包		
選項一： Dauphine MM Epi 皮革包	$3,648 ≒ NT$109,440	$304 ≒ NT$9,120
選項二：二手精品網 Tradesy購入的Duffle 棕色老花帆布旅行袋	$648 ≒ NT$19,440	$54 ≒ NT$1,620

我試圖列出這些看似遙不可及的事物實際上要花費多少錢，因為我們時常根本沒有弄清楚這些事物到底值多少，就先假設並說服自己有些事物高不可攀。我還想向你展示一種選擇，讓你體會一下，在那些奢華的享受中，其實也有不那麼貴的選項。你是否真的想要一艘拉風的船、想常常乘它出海呢，還是，只要每年夏天能搭它出海、晃個幾個週末就心滿意足，這些都由你說了算。兩者之間的價格差距之大，足以讓你想清楚哪艘船才是你真正想暈的船（抱歉，爛梗。）

百萬、十億、兆——都一樣，對嗎？呃，才不。人們之所以時常搞混這些龐大的數字，也是有科學依據的。心理學的最新研究指出，巨大災難時常被人們忽視的原因，正是因為傷亡人數已經高出人腦所能度量的範圍。基本上，越多人傷亡，我們便越不在乎，因為我們無從理解 1,000 萬人和 1,500 萬人的差異。聽好了：英文中的百萬（million）一詞直到十四世紀才出現，而 10 億（billion）更是直到十七世紀才誕生。這些龐大的數字體系之所以直到晚近才在語言中體現，正證明了我們欠缺參考的框架，所以這些數字有很長一段時間壓根就沒被提起過。

本步驟我們所討論的三種財富等級中，「超級有錢」是最能滿足馬斯洛「自尊」需求的一級，也就是能滿足人生在世想要尋求認可與意義感的渴望。有時，人們會將財富視為身分地位的象徵。假如你覺得這就是在說你，就大方承認吧；假如你很重視名聲，就承認吧；假如小日子滿足不了你，就別說你想

過簡單生活。釐清自己**究竟**想要什麼，才能為成功做好準備。

如果你受邀去新認識的朋友家參加派對，在去之前，你應該會冒出一堆問題，沒錯吧？地址在哪？該穿什麼？誰會到場？該幾點到？要帶什麼嗎？那裡有吃的嗎？有喝的嗎？出發前往派對前，你需要事先知道許多細節，才好（撲上最好的）粉墨登場。同理可證，你也應該至少用同樣的標準，來歡慶我們這獨一無二、瘋狂至極的人生之旅。

我之所以不希望你隨口喊一個聽起來很爽的數字，例如「1,000 萬美金！」（約新台幣 3 億元），是因為數字並非最重要的關鍵，甚至也不是最難做到的部分。真正能使人從財務有所保障進階到全然獨立的關鍵在於，你要如何**運用**這些錢。我常說，我所提倡的富有且充實的人生，是體現在這兩個詞所指涉的方方面面上，而不單只是為了有錢而變有錢。這也是為什麼，每當有人對我說，她們的目標是「賺到 100 萬」（約新台幣 3,000 萬元）或是「賺到 10 億元」（約新台幣 30 億元），我總會回答，「哦？那你打算怎麼花那 100 萬或 10 億元呢？」也許你需要的錢不止 100 萬或 10 億，反之，也許你並不需要那麼多。首要之務，便是想清楚你理想中的生活是什麼樣子，釐清什麼樣的生活能為你——而且只有你——帶來意義。下一步，則開始進行逆向工程，**為那種**生活標價。

心路歷程

她凡走過必留下痕跡

　　我的英雄，她在那！她身旁圍繞著她的團隊成員，我朝她靠近，就站在團隊旁邊，超級尷尬。我實在無意打擾，但我知道，如果我沒有硬湊過來，我就會錯失大好機會，還會想殺了自己。我緊張到冒汗，等了彷彿有一世紀那麼久的幾分鐘後，所有人轉頭看我。**她**（凱特・絲蓓〔Kate Spade〕本人！）也轉頭看我。

　　「呃、嗨，嗯，絲蓓女士，」我伸出滿是汗的手說道，然後趕緊縮回來在裙子上抹了抹，再朝她伸出一次。

　　「嗨！我是小凱，而這位是我團隊的〇〇〇和××× 。你剛才說你的名字是……？」她的口吻友善，讓我馬上放鬆下來。

　　「噢，呃、嗨，你們好，還有、嗯、嗨，凱特……小凱。我是妮可。我是……」

　　「我們剛才有在台上看到你。你的觀點真的很有趣，」凱特・絲蓓竟然在跟**我**說話！

　　「美得冒泡」四個字實在不足以形容。她身穿光彩奪目的莓果色絲質裙，還有一件碎花大衣，儼然就是她所建立的時尚帝國的完美化身。Kate Spade，這

個品牌和這名女人，向來色彩斑斕、活力四射，散發陰柔之美。

「喔，哇，太感謝你了，」我好不容易結結巴巴幾出幾個字。

「我跟你說，我是讀新聞出身的，第一份工作進了康泰納仕（condé Nest）。這份工作不容易，我懂。」她用她那溫暖、低沉又摻有空氣感的嗓音說。她看起來也不太自在，卻是令人愉快的那種，彷彿她很清楚該如何幫助一位同樣外冷內熱的姊妹。頓時，我感到我們無須言語也能心靈相通：我們都有尷尬的那一面。

我今天來，是為一位紐約的重量級散戶投資人主持一場時尚產業方面的座談。所有大咖的品牌都到場了，包含另外兩位同樣自創同名品牌的設計師，肯尼斯・寇爾（Kenneth Cole）和湯米・席爾菲格（Tommy Hilfiger）。當然，我一直很想和他們所有人見上一面，也想為當時我正在主持的一檔節目訪問他們。不過，在座談正式開始後，我便出發尋找那位我非見不可的女人。我的意思是，我真的**必須**見她，為了我自己。我很想告訴她，我是如何省吃儉用才買到她們家經典的郵差包，然後背著它上班，它讓我感覺自己走路有風、所向無敵。我很興奮地告訴她，她的品牌對我而言有多重要，對我的影響有多深，也想告訴她我桌上那本燙了金字的 Kate Spade「她凡走過必留下痕跡」

筆記本，是如何激勵我把握光陰，把握每一刻該死的光陰。能親眼見到我最喜歡的品牌主理人，這個從釘書機到餐具、幾乎霸佔我家各個角落的品牌，我整個人可說是心「花」怒放。

但我來不及發完所有花痴，因為凱特問了更多關於**我**的事（我！）將我推上話題中心，幾乎像是一名母親，手把手帶著我。沒關係，下次好了；我以為我們之後便會在下個場合相見，而到時我應該就有勇氣上前好好稱讚她，並且充分感謝她影響了我的職涯和人生。

遺憾的是，這個願望永遠無法實現了。

凱特的死深深打擊了我。我只見過她一次，我當然對她認識不深。但跟其他人一樣，當她自殺的消息傳來，我感覺到自己失去了什麼。

對於全世界，以及對於像我這樣的時尚菜鳥兼平凡生意人而言，凱特是位於金字塔頂端的王者。1999年，她將自己手上持有的大部分公司股份以 3,400 萬美金（約新台幣 10 億元）的價格賣給了高檔百貨公司 Neiman Marcus（尼曼）集團。接著，在 2006 年，她又以 5,900 萬美金（約新台幣 17 億元）出售了剩餘股份。我見到她的那時，她正在籌備一個美式風格新品牌 Frances Valentine（弗朗西斯・瓦倫丁），為個人職涯第二高峰奠定基礎。

我絕對不會去臆測有關凱特自殺的種種隱私細節。但我確實知道，凱特，或是熟人口中的「小凱」，並不缺錢。她集全世界的財富、聲望、權力於一身。然而根據她身邊最了解她的人指出，她最為重視的，其實是意義與價值。這令人心碎的故事也發生在各界其他看似「富有」的名人身上，例如演員羅賓・威廉斯（Robin Williams），名模瑪格・海明威（Margaux Hemingway），以及大廚安東尼・波登（Anthony Bourdain）。金錢或許能被視為意義的代名詞，可以帶來許多機會和財富，讓我們更有成就感。然而，在夜深人靜時，金錢永遠無法取代它所能帶來的意義本身。

失去意義的錢只不過是一堆紙（以今日的情形來說，也可能只不過是你螢幕上的一堆數字。）如何運用，才是一切的差異所在——尤其是當你將它視為工具，用它來為你和你深愛之人的生活創造意義和體驗的時候。研究指出，真正的幸福並非來自你得到什麼，而是來自那些東西對你的意義。現在，如果我們將這兩股強大的力量結合起來：能帶來意義的金錢簡直……無往不利。

有的是時間

除了設定目標（以及重新設定目標），我還有一項聽來可能有點膚淺，卻對我意義深遠的小嗜好：刺青。我的第三個刺

青（應該不會是最後一個）刺在左前臂內側，用很小的字母寫著，「有的是時間」。這句話出自我最喜歡的一首詩之一，托馬斯・斯特恩斯・艾略特（Tomas Stams Eliot）的《普魯弗洛克的戀歌》（The Love Song of J. Alfred Prufrock）。這首詩，特別是當中的這一句，提醒了我，即便所有人都執著於生命之短暫，生命卻是我們這輩子所知道的最悠長的事物。因此，有的是時間讓我們去做所有想做的事。我對過去 10 年間流行的「YOLO 風潮」（you only live once，你只能活一次）很無感。我寧願運用自己一切資產——其中時間最為寶貴——讓自己在資源豐沛的條件下工作，而非在貧瘠的狀況下。

我不是在勸你別因為「明日復明日，明日何其多」就躺在沙發耍廢，淨做些對增長財富沒幫助的事，不是。我只是希望你能三思（或四五六思），更有意識地去思考自己要如何運用眼前大把大把的光陰。

你的人生規劃是什麼？

無論喜歡與否，女性的長壽再加上敏感的生理時鐘說明了，我們在規劃人生重大事件並為其做好財務準備時，需要考量更多的因素。這是真的——去問問 30 歲的我就知道，那時當她發現生理上的適育期即將結束，她簡直經歷了一場攸關生死的生育危機。無論你想要十個小孩，或是十盆蘭花，我都不在意，也不會指指點點。不過假設你確定自己想要構築家庭，那麼你便得在計畫時考慮進去，因為沒有什麼事比養小寶寶更

耗費時間、金錢與精力的了。

甚至，在我剛開始準備第二本書《老娘有權》的草稿時，我便知道我想要深入探討冷凍卵子的決定，以及我在金錢、家庭、親密關係方面的考量。

我當時的編輯說，「但商管書沒有在討論生育計畫的。」

而我回答，「沒錯。」

為什麼？因為你的財務／職涯與你的私人／精彩生活是分不開的，它們無法獨善其身。你只有一個該死的人生，所以這兩者必定息息相關。沒錯，產假是法定的權利，而且如今企業照顧職場媽媽的方式比起 10 年前更周全。然而，即便如此，暫別崗位 2 個月還是相當長的一段時間。很多事情會改變，你的工作大可能受到影響。而這充其量只是我們為何無法將職涯與個人生活分開規劃的其中一個原因罷了。

在前面的內容中，我鼓勵你針對四大領域（家庭、財務、娛樂、健康）擬定自己的 1 年、3 年、5 年、7 年與 10 年計畫。現在，我要你想得更遠一點。你的 15 年計畫是什麼？20 年呢？30 年呢？我知道，大多數的日子光是想晚餐要吃什麼就不容易了，更別提要去設想自己 20 年後會是什麼樣子。但是，如果你不朝一個目標邁進，你只是在投資的林子裡亂槍打鳥罷了。

我也為我的三種不同生活水準算出了實際所需的數字。羅列如下：

夠用就好

每月支出	
房屋：房貸或租金	$7,250 ≒ NT$217,500
帳單：水電瓦斯費、手機月租費、保險費等等（不含交通與健康，請見下方）	$579 ≒ NT$17,370
交通費	$722 ≒ NT$21,660
餐費	$1100 ≒ NT$33,000
醫療費	$508 ≒ NT$15,240
育兒／寵物費（如果有的話）	$0
獨立小姐基金	$10,195 ≒ NT$305,850
＝每月資金消耗	$20,390 ≒ NT$611,700
x12＝每年資金消耗	$244,680 ≒ NT$7,340,400

還算有錢

每月支出	
你的「夠用就好」需求	$20,390 ≒ NT$611,700
治裝	$1,250 ≒ NT$37,500
餐費	$500 ≒ NT$15,000
生活風格（健身房、美容、會員等等）	$900 ≒ NT$27,000
旅遊	$3,500 ≒ NT$105,000
＝每月資金消耗	$26,540 ≒ NT$796,200
x12＝每年資金消耗	$318,480 ≒ NT$9,554,400

超級有錢

夢幻逸品	總花費	月花費
聖塔莫尼卡海濱小屋	$1,000,000 ≒ NT$30,000,000	$555 ≒ NT$16,650
向我最認同的女權團體捐一大筆錢	$200,000 ≒ NT$6,000,000	$16,666 ≒ NT$499,980

　　接下來，我想快轉看看自己什麼時候會想要從投資中獲得一定的收入。在這段期間，我所賺取的任何工資都是額外的收入，而非必要。以下是我對未來 25 年（天啊！）理想生活水準的規劃：

　　5 年：夠用就好

　　10 年：還算有錢

　　15 年：還算有錢

　　20 年：還算有錢

　　25 年：超級有錢

　　好，你也許想在 5 年內躋身「超級有錢」。很棒，繼續做你自己。你的計畫表不用跟我一樣，而且說實話，我的計畫很可能會隨著時間不斷調整。但至少，一張地圖能有效助你釐清接下來的步驟中所要做的決定。

　　記住，你「想要」的計畫與你「需要」的計畫是兩碼子事。假設你現在 35 歲。5 年內躋身為超級富豪當然很棒，但也許並非真的必要。另一方面來說，假設你今年 60 歲，而且年屆退休，那麼在 5 年內讓自己進入「夠用就好」階段就可能是必

要的規劃。

你能在投資上承受多少風險，取決於你設定的投資期限長短。如果你做的是長期投資，你便能依據不同策略去調整風險，也許可以採取更積極的投資路線，因為即使失利，你還有很長的時間可以慢慢回復。另一方面，如果你因為確實缺錢（而不僅僅是想要錢）而做了一檔短期投資，我就不會讓你將錢灑進瘋狂且高風險的境外投資中。因為假設對方不幸破產，那麼當你真的急用的時候就血本無歸了。

貨幣時間價值

決定投資時長很重要，因為偉大的複利效應需要時間才能運作、開花結果。你給它的時間越長，你離目標就越近。簡單地說，我們要決定你的投資需要多少時間來增長，才能讓你最後賺到甜美的果實。當然，在這段增長的期間，你可能會臨時需要從中抽出一大筆錢，導致你的 5 年、10 年、15 年、20 年、25 五年的生活水準目標遇上一些阻礙。這些常被稱為「重大資金需求」的狀況可能包含：

* 支付婚禮費用
* 生養小孩
* 支付買房的頭期款
* 付小孩的學費
* 買車、買船或買第二間房

重要資訊

生活水準通膨（lifestyle creep）是在描述一種現象：你的錢越賺越多，卻並未跟著富有。我見過有人從 6 萬美金（約新台幣 180 萬元）賺到 60 萬（約新台幣 1,800 萬元）美金，但一點也沒變有錢。為什麼？因為他們的消費隨著薪水的上升而增加了。從前的奢侈品變成必需品，私立學校、好車及保母也成了生活必備之物。你現在的收入八成比 5 年前更多，對嗎？你是否真的因此存了更多的錢？這種通膨是真實存在的，而且它會延遲你抵達目標，或者更糟糕的是，萬一你在失業或退休等收入減少的時候繼續過著超出能力範圍的生活，它便會吃掉你的獨立基金。為了你的目標，也為了人生規劃著想，更明智的做法是，即便在加薪後也不要改變以往的生活水準，好讓財富長期持續增長──而非只是增加短期消費。

在我們按照你的計畫進行、使喚錢為你工作時，請將這些潛在的大筆資金需求謹記於心。將 5 年、10 年、15 年、20 年、25 年的目標想成目的地，並將我們正在研擬的投資儲蓄策略想成載著你前往的交通工具，而你的定期收入（也就是薪水）

就是為你驅動引擎的燃料。嘿，我懂：身為女人，偶爾總有這裡那裡需要用銀子的時候。記住：你停靠補給站越多次，便越晚抵達目的地。當然，如果你的引擎很強（也就是我們在步驟三會提到的，讓自己薪資升級），便能彌補浪費掉的時間。因此，**只要你事先規劃**，每次計畫生變的時候，一定都會有足以變通的方法。沒有任何事——無論是市場崩盤還是全球疫情——會令你猝不及防，令你無力招架或者失去緩衝保護。

當你在計算如何才能讓自己過上喜歡的充實生活時，最好永遠都要高估，要估算在沒有其他人的幫助下，你會需要多少錢。這意味著沒有共同撫養，沒有遺產，沒有贍養費，什麼都沒有。我相信你一路上一定會得到不少幫助，而我也不是要你推辭。我的意思是，別指望它們——這樣得到的時候才會格外驚喜。如果你認定自己一個人做不到，你現在就給我走去照照鏡子，我等你。好好看著鏡子，然後記清楚你是誰。

總結

俗話說：我就是想當百萬富翁。

很好呀。但你要用那 100 萬去做什麼？你可能打算出家做女尼，這樣的話，你遠不需要 100 萬這麼多錢。或者，你夢想帶著小孩一起環遊七大州，再請一位貼身導遊，如果是這樣，一百萬對你來說恐怕不太夠用。當一位百萬富翁聽起來似乎非常美好。但更美好的，是去計算出——並獲得——過上理想生活所需要的適切金額。

俗話說：有錢，就等於有權有勢。

當人們說他們渴望致富，通常是在渴望權勢。因為受人尊重是人類的基本需求之一，而人們多半深信，金錢能帶給我們這種感覺。金錢可以被視為權勢的象徵，這點無庸置疑。賺錢，或者失去錢的時候，我們的自尊都會連帶提升，或遭逢打擊。然而，金錢永遠無法帶給我們真正渴求的意義感。記住：力量始終在你心中，親愛的，你只需要自己去發現它。

俗話說：你想要越多錢，就得承擔越多風險。

願意擁抱風險，自然就有機會嚐到甜頭。不過，此刻更要緊的，是設定投資期限長短，如此一來你才能決定自己能承擔多少風險。一般而言，投資期越長，便越能大膽地操作；投資期越短，你便越該謹慎行事。

步驟三
大事成就大事

在最重要的事上花最多的時間

　　我相信，你一定常從別的理財專家那裡聽過這句致富「心法」：如果你有心想多存點錢，就「別去外面買拿鐵」。許多人建議，如果你能省下每天的咖啡錢，一年就能多存下數千美金（新台幣數萬）。我雖然能理解這句話背後的道理，但我認為，這全是鬼扯。細節在許多時候很重要：人際關係、科學、下廚。但若是講到增長財富，大局的重要性可大多了。

　　這樣想吧：長期來看，下面哪一項對資產淨值影響更大？是沒喝拿鐵省下的 3.5 美金（約新台幣 105 元），還是努力提升信用分數、讓借貸利息降低後，省下來的 3,500 元利息（約新台幣 10 萬元）？這就是我一直在強調的：拿鐵想買就買，咖啡因喝起來，然後去尋找更有效的儲蓄方式，甚至，去挖掘更好的生財之道。

　　我見過很多女性渴望致富，卻把太多的精力放在雞毛蒜皮

的小事上面，反而忽略了那些真能帶來影響的大事。在本步驟中，我們將去定義什麼才是大事，然後進一步駕馭它們，讓現在及未來的自己活得更好。如此一來，你就能放心去思考該不該買進星巴克的股票，或者甚至經營一間自己的咖啡店，而不會再像以前一樣，時時刻刻為那該死的拿鐵錢煩惱了。

大把大把的銀子

我早就說過，比起為那些被講爛的小錢而縮衣節食，將注意力放在如何賺更多的錢會來得更有效率（成果也更豐碩）。從渴望與抱負的心態來規劃財務，比起以剝奪的角度思考，往後能獲得的回報會更多。想想，比在家裡自己磨豆、搞器材，去外面買拿鐵能省下多少時間。如果你將這些時間拿去賺錢——好比接案兼差、調整股票投資組合（步驟十二中會有更多介紹）、或甚至只是提早進辦公室，讓老闆刮目相看，進而加薪升官——這些錢不僅能付那杯拿鐵，還能買到更多東西。

我寫這本書的其中一個主因是，即便你藉由工作賺進大把大把的銀子，倘若沒有一套系統去放大它、保護它的話，便永遠無法建立起真正的財富。現實是，多數工作的薪資成長都跟不上通貨膨脹，也跟不上日益提高的生活水準，尤其假設你有打算組建一個羽翼漸豐的家庭的話。薪水是很好的過活基礎，卻不是帶你抵達豪華公寓的電梯。這就是為什麼，如果你想成為一名獨立小姐，必須盡可能地創造多個管道來獲得穩定的資金。到了最後，那些真正財務獨立的人都明白，重點不是賺了

多少，而是持有多少。

傳說中的七大收入

我在書的前言便說過，每一位百萬富翁平均擁有七種收入來源。下面是一些最常見的來源：

* 勞動收入（earned income）：薪水。

* 盈利收入（profit income）：從副業賺的錢。

* 利息收入（interest income）：儲蓄所賺的利息。

* 租金收入（rental income）：出租名下地產給租客或 Airbnb 房客所收的租金。

* 版稅收入（royalty income）：販賣智慧財產（如書籍、音樂、戲作）所獲得的版稅。

* 股息收入（dividend income）：持有的股票所配發的股息。

* 資本利得（capital gains）：變賣資產（如股票、房地產）後獲取的收益。

我在前三本書中討論了許多這些收入來源，特別是薪水和副業收入。在本書中，我會將重點放在股票及其他投資相關的問題上。剛才列舉的這些收入管道中，擁有幾個、擁有幾種都可以，或者你可能也擁有其他的收入來源——只要你的收入來源不只一種，當其餘任何一種收入枯竭時能保護自己，就可以。我也見過有人使用以下其他收入來源成功累積財富：

* 作品分潤收入（residual income）：屬於版稅與其他佣金的一種，意即創作者從已完成之作品的後續收益中，能以一定比例持續分得的收入。
* 聯盟行銷收入（affiliate income）：藉由推薦某公司的商品所賺取的收入（嗨，各位網紅們！）
* 轉售收入（resale income）：變賣用不到的物品所獲得的收入。
* 直銷收入（multilevel marketing income）：代表公司銷售產品或服務的一套系統，在此系統中，參與者可以從自己的銷售額中抽佣，也能從她們的下線的銷售額中抽佣。[14]
* 部落格收入（blog income）：讓個人部落格上刊登廣告或發布業配文章的收入。

　　根據你所處產業的不同，這些收入來源會有五花八門的排列組合。假如你已經是該領域的識途老馬，想要向其他人分享知識、鼓舞他人，可以考慮成為一名意見領袖或是講者，進而創造更多收入來源，包含上電視、上廣播和有聲節目與撰寫文章的媒體收入（media income）；受邀演講所獲得的演講收入（speaking income）；甚至是將你擁有的版權或專利項目授權

---

14 有很多很棒且合法的直銷公司，例如雅芳（Avon）、玫琳凱（Mary Kay）和特百惠（Tupperware），但是大騙子也層出不窮。在加入之前，請先向商業信用局（Better Business Bureau）以及聯邦貿易委員會（Federal Trade Commission）了解更多該公司的歷史紀錄，並且確認該公司沒有任何遭人投訴的紀錄。

給他人或公司使用所創造的授權收入（licensing income）。

　　之所以有這麼多的創業專家（或者說，愛說教的人）不停在網路上針對這些收入來源高談闊論，原因在於，就算你的收入高達六位數或七位數，單靠勞動收入還是無法助你從此刻的立足之處前進到你想去的地方。看看那些名流、運動員和其他名人，那些將自己賺來的好幾百萬浪擲殆盡而破產的故事層出不窮。名演員金・貝辛格（Kim Basinger）平均每演一部電影就入帳 1,000 萬美金，還砸了 2,000 萬買下一整座喬治亞州的小鎮，但她後來破產了。別的大明星也是一樣，像是歌手唐妮・布蕾斯頓（Toni Braxton）、演員潘蜜拉・安德森（Pamela Anderson）、名模珍妮絲・狄金森（Janice Dickinson）、女團 TLC 出身的 T-Boz、歌手辛蒂・羅波（Cyndi Lauper）、歌手狄昂・華薇克（Dionne Warwick）、歌手拉托亞・傑克森（La Toya Jackson）。她們的口袋都有上百萬上千萬──最後卻一毛都不剩。

　　我不是來詆毀這些美女的。我之所以分享這些值得借鏡的故事是要提醒你，長遠而言，你無法靠底薪成為獨立小姐，尤其若你缺乏一個穩固（而且自動化的，我們將在〈步驟五：自動化你的世界〉中詳談）系統的話。假設你今天因為任何原因而暫停工作，薪水跟著停止入帳──無論是在家帶小孩、環遊世界、回學校念書，或是退休──我們的目標是為你打造一台賺錢機器，好讓錢能繼續為你工作。然而，這台機器需要先有錢，才能開始賺錢，所以在你還有收入時，千萬別視為理所當然，畢竟，它能為我接下來要幫你建立的其他收入來源提供動能。你當然可以賺一

輩子薪水。不過，我更希望你能在薪水入帳時感到驚喜，而非當它一旦耗竭，便跌入失業或破產的萬丈深淵。

── 心路歷程 ──

我是怎麼賺錢的

2011 年，我在金融海嘯的餘波中創辦公司「只走花路」（Nothing But Gold）時，其實不確定我過去 10 年所攢下的錢能否養活自己或公司。為了獨自創業，我還辭去了一份薪水六位數、相當體面的新聞主播工作，而且我確信自己再也回不去了，但我也相信，這麼做會為自己換來更多快樂與自由。

有趣的是：我創業後推出的第一項服務是 Recessionista.com ──一個專門為千禧世代女性提供真心財務建議的網站。因為當時市場景氣不好，所以正是發展的好時機，不過一年後，景氣好轉，我便開始擔心自己找不到可以長久經營下去的轉型之道。當時的我還不知道，這將是我的品牌和業務多次成功轉型中的第一次。

多年來，我透過許多不同的管道賺錢，而隨著我著手開啟新事業或是結束舊有業務，這些管道差不多年年都在變。你知道的，我對自己的財務狀況向來坦蕩蕩，白紙黑字任人檢視。我在先前每本書中都直接

公開薪資，也詳盡分享了自己資產負債表上的大小細節，這次當然也不例外。以下是我的事業中最穩定的收入來源（不包含利息、股利、資本利得），以及每年大約能賺到多少：

演講收入：$100,000 ≒ NT$3,000,000

書籍版稅收入：$50,000 ≒ NT$1,500,000

線上課程收入：$75,000 ≒ NT$2,250,000

聯盟行銷收入：$20,000 ≒ NT$600,000

業配收入：$400,000 ≒ NT$12,000,000

諮詢收入：$50,000 ≒ NT$1,500,000

電視出演費與相關版權收入：

$150,000 ≒ NT$4,500,000

授權收入：$12,000 ≒ NT$360,000

製作收入：$45,000 ≒ NT$1,350,000

有聲節目收入：$175,000 ≒ NT$5,250,000

轉售收入：$20,000 ≒ NT$600,000

由於一家提供全方位服務的多媒體製作公司的營業性質並不固定，部分收入在某些年份會特別高，然後又降回去。也有的時候，上述中的某些項目會一肩挑起大樑，支持其他項目的營運。平均而言，我的公司自創立以來，每年帶進 100 萬美金（約新台幣 3,000萬元）的收益──是我之前單靠新聞主播收入賺到的好幾倍，而且遠大於我所能想像的。

你該不會以為，我會高談闊論所有這些不同的收入來源，自己卻躲著不說吧？如果我們越能清楚知道別人都是怎麼靠不同管道賺錢的，我們彼此都能過上更好的生活。我選擇投身金融科普，顯然證明我願意自告奮勇開第一槍。如果要我說做到這一切輕而易舉，那就是在說謊，但我絕不後悔在財務上開誠布公，因為唯有這麼做，才能讓其他人願意放心跟進。如果你想打破聊錢的禁忌，希望最終能對你身邊的所有人有所助益，同時，你的朋友圈也讓你覺得可以安心打頭陣的話，那麼我很鼓勵你開始大方分享自己的收入來源，一起將這個觀念傳出去。

你瞧！那可不是……

……偉大的複利嗎！當人們對你說「讓錢為自己工作」（以及警告你小心龐大的還款壓力與越滾越大的信用卡債時），她們在講的就是複利。專注於賺錢的確比蒐集折價券更重要，不過，讓這些錢為你賺進更多的錢，才是讓你從小富婆躋身超級富豪的關鍵。這正是「躺著賺」的真諦。

我相信你們當中的一些人已經知道複利和單利之間的區別，但我還是為你快速複習一下。而假如你了解我，你就知道我非常努力以運動來打比方，但不是每次都很成功，尤其是涉及高爾夫球的時候。（你可能還記得，在《老娘有錢》的某個自白中，我帶了足球鞋去上第一堂高爾夫課，以為那就是適合打高爾夫的「小尖頭鞋」。）

我的運動神經和我的運動譬喻法差不多，所以最好的下注方法是每洞押 1 美金（約新台幣 30 元，據我所知共有十八洞。）這種押法幾乎等於保證我不會進洞，也不知道該選哪根球桿。現在，一位老千賭神可能會對我說：「來玩點刺激的：我們每往前一洞就壓雙倍。」好吧，只是 1 美金而已。糟也糟不到哪去，對吧？讓我們來瞧瞧……1 美金翻倍後，第二洞就是 2 美金（約新台幣 60 元）。接著兩美金再翻倍，第三洞就是 4 美金（約新台幣 120 元），然後第四洞 8 美金（約新台幣 240 元）。這看起來似乎還行，但是，先等等。讓我們看看若是我這樣賭，我會掉進多大的洞裡（哈，哈）。

複利遊戲：說明	
第一洞	$1 ≒ NT$30
第二洞	$2 ≒ NT$60
第三洞	$4 ≒ NT$120
第四洞	$8 ≒ NT$240
第五洞	$16 ≒ NT$480
第六洞	$32 ≒ NT$960
第七洞	$64 ≒ NT$2,048
第八洞	$128 ≒ NT$3,840
第九洞	$256 ≒ NT$7,680
第十洞	$512 ≒ NT$15,360
第十一洞	$1,024 ≒ NT$30,720
第十二洞	$2,048 ≒ NT$61,440

第十三洞	$4,096 ≒ NT$122,880
第十四洞	$8,192 ≒ NT$245,760
第十五洞	$16,384 ≒ NT$491,520
第十六洞	$32,768 ≒ NT$983,040
第十七洞	$65,536 ≒ NT$1,966,080
第十八洞	$131,072 ≒ NT$3,932,160

　　狀況可說是急轉直下！我很慶幸自己對複利的運作略知一二，所以我不會上當。但對於老千來說，這筆交易相當吃香。所以，讓我們來當老千吧。並且，把場景換去華爾街。

　　注意，沒有一檔股票或投資會這樣玩，但概念是一樣的，幾乎可說是所有投資的基礎，所以，確認自己真的搞懂很重要。複利是讓錢自己利滾利，以指數型增長──進而做到「為

Miss Independent

重要資訊

　　七二法則能助我們快速計算需要多少時間才能讓資產翻倍。只要拿 72 去除以你目前賺的利率就行了。得出的答案很接近你的錢在該利率下翻倍所需的年數。所以，假如複利率是 1% 的話，需要 72 年才能翻倍（72/1＝72）。而假如複利率是 2% 的話，大約要花上 36 年（72/2＝36）。若是 10%，則會在 7.2 年內翻倍。大概是這種感覺。

步驟三　大事成就大事

你工作」。反之，單利是指錢以一個固定的利率增長，而沒將它的增長考慮進去，所以只基於最初的本金去算利息。

讓我們來用本金 10 萬的投資來看看，以單利 10% 計算以及以複利計算之間的差別。[15]

	單利	複利
第 1 年	$110,000	$110,000
第 2 年	$120,000	$121,000
第 3 年	$130,000	$133,100
第 4 年	$140,000	$146,410
第 5 年	$150,000	$161,051
第 10 年	$200,000	$259,374
第 15 年	$250,000	$417,725
第 20 年	$300,000	$672,750
第 25 年	$350,000	$1,083,471

基本上，第 1 年賺進的數值相同，但自那之後，增長的速率差異極大。10 萬美金（新台幣約 300 萬元）的 10% 是 1 萬美金（約新台幣 30 萬元），所以兩種算法在第 1 年都是這個錢。在單利的例子中，你每年固定多賺 1 萬美金。然而，在複利的算法下，你的 10% 要乘上的數字會變大——第 2 年是 11 萬——所以便是 1 萬 1 千美金（約新台幣 33 萬元）。在接下來的每一年，都要以新的數值結果繼續去乘上 10%。25 年後，如果你拿

---

15 如果你想特別針對複利計算進行更多調整，請移駕至 nicolelapin.com/tools.

的是單利（例如步驟七中會討論的債券），最終將能得到 35 萬美金（約新台幣 1,050 萬元），其實不差，但這遠遠比不上若改用複利會賺到的 100 萬美金（約新台幣 3,000 萬元！）

複利率能以不同的時間區間計算，從每日到每年都有。（有些銀行承諾提供「即時」利息回報，但別被騙了，那基本上和每日計算沒什麼兩樣。）在剛才的例子中，我是按年計算的。頻率非常重要。基本上，計算的週期越頻繁，你賺到的複利就越多。因此，每年 10% 的利率比每 6 個月 5% 要來得少，後者實際上是每年 10.25%。當複利對你有利時，你會希望計息間隔越短越好，而當它對你不利時（例如抵押貸款或是卡債），你會祈求計息間隔越長越好。

對你有利的典型複利計算頻率：

儲蓄帳戶——每日

定期存單——每日、每月或每半年

貨幣市場帳戶——每日

對你不利的典型複利計算頻率：

信用卡——每月

房屋貸款——每月

個人事業貸——每月

複利對你有利時，它的效果真的十分美妙，也是超讚的防護機制，能夠抵銷像是生活水準膨脹（或是我們很快便會深入探討的通貨膨脹）這種會侵蝕你財富的因素。不過，就算它與你為敵，也能發揮神奇功效。因為假設你心裡明白不能這樣下

了解你的數字

美國信實貸款法（Truth in Lending Act）規定，借貸單位需向借款人揭露所有借貸條款，包含利息是以單利還是複利計算，以及在貸款期間所需償還的總金額（這可能很嚇人）。所以，你一定要問清楚，也要搞懂不同行話的差異，因為這些利率天差地遠：

總費用年百分率（annual percentage rate, APR）：這是一種以單利計算利息的方式，在信用卡和抵押貸款中相當常見。它很狡猾，因為它忽略了債務的複利性質。因此，假設你刷卡刷了 1,000 美金（約新台幣 3 萬元）而未繳清，而總費用年百分率寫的是 25%，那麼一年後你將欠下 1,280 美金（約新台幣 3 萬 8 千元），幾乎是 28% 的有效利率。

有效利率（effective annual rate, EAR）：這是一種以複利計算利息的方式。你可能會好奇，我們幹嘛不直接用這個就好，一勞永逸。如果是信用卡，我傾向同意你的看法，但有一些貸款是以單利計算，例如汽車或個人貸款，所以 APR 其實是最準確的計算方式。

> **年化報酬率（annual percentage yield, APY）：**
> 這是總費用年百分率的相反。當你是支付的一方時（例如債務），用的是總費用年百分率；而當你是收款方時，則會使用年化報酬率。你通常會在儲蓄帳戶看到這個數值。

去，你便能反過來利用它。舉例來說，如果你每月改繳兩次貸款，而非只繳一次，長遠來看你便能省下可觀的利息（請進一步參閱〈步驟九：搞懂房地產〉）。

通常，你在廣告上見到的利率都是較誘人（對借方來說！）的那種，這就是為什麼信用卡傳單都要將總費用年百分率放大加粗，好讓你覺得自己不需要賣肝賣腎去還卡債。無論廣告說利率是多少，你現在都應該產生了新的直覺，要去問清楚利息的黑暗面，或是注意那些沒被放大加粗的訊息。投資理財，風險自負。[16]

稅前資產

複利之力讓你的錢在 25 年後突破百萬美金（約新台幣千萬元），聽見這個例子讓你眼睛為之一亮，對嗎？鐵定是的。

16　「投資理財，風險自負」（Caveat emptor）在拉丁文中是「買家當心」的意思。這句話時常用在金融界中，意指到頭來，買家才是唯一該在購買前為物品的品質負責的人。

不過，這個例子是為了說明複利概念而虛構的。得特別強調的是，現實中不盡然是如此，因為剛才那個例子沒有考慮進其他重要因素，例如繳稅。

不需要我說你也知道，繳稅是一個要命的大問題，它能左右你是生財還是破財，但多數人都對稅率都不夠了解。讓我們假設你一年賺了 100 萬（約新台幣 3,000 萬元），要繳的稅率級距是 37%（2020 年度的最高級距）[17]。你還剩下多少？你說的沒錯，不再是整整 100 萬。更糟的是，計算方式很複雜，所以直到 4 月 15 號之前你都會不斷反覆揣測。也許 90 萬美金？（約新台幣 2,700 萬元）不，75 萬？（約新台幣 2,200 萬元）接近了，但還是錯。

經過國稅局的一番計算，你大約會剩 67 萬美金（約新台幣 2,010 萬元）左右，而那甚至還沒扣掉州稅、地方稅和財產稅。假如你住在像是紐約或加州這種高稅率的州，剩下的數字還會再縮水，接近 50 萬美金（約新台幣 1,500 百萬元）左右。

稅負為財務帶來的衝擊絕對不容忽視。這就是為什麼，我會對那些放著顯著影響不考慮，卻要你在拿鐵上斤斤計較的理財專家很感冒。我就問，拿剛才這個例子來說，你能用繳的這

---

17 稅率是累進計算的，所以並不是全部的 100 萬美金都要被課徵 37% 的稅。以 2020 年的稅率而言，最初的 9,876 美金的稅率是 10%（最低稅率），然後從 9,876 美金到 40,1254 美金的稅率是 12%，以此類推，一路上升至最高稅率 37%，也就是針對收入超過 51,8401 美金的部分。你的實質稅率（而不只是你的稅率級距，稅率級距是你的名目稅率）就是這樣得來的。

50 萬美金稅金買到多少杯拿鐵？！就是說嘛。

　　我知道你想翻我白眼，但我們還是非得聊聊一些基本稅務策略不可。儘管這聽起來大概跟大腸鏡檢查一樣有趣，但這些策略能讓越賺越多的你省下沒必要多繳的稅金，進而幫助你更快實現財富夢想。我完全理解，多繳稅是「奢侈」的「高級」煩惱，因為那代表你賺的更多了。我不是要你去幹一些偷雞摸狗的違法事，但確實有方法能在合法的範圍內最大化你的資產。這顯然不是一本主打稅務的書，不過，在這條邁向獨立小姐的旅途上，我要你特別關注兩大議題：資本利得稅（capital gains taxes）與房地產稅（real estate taxes）。

什麼是資本利得？

　　當你透過投資賺錢（耶！）你就會、也應該要繳資本利得稅（噁！）資本利得分為兩種：短期與長期。兩者都是稅，但觸發的時間點不同，找上你的稅率也不相同。

　　短期資本利得（short-term capital gain）適用於你出售一筆持有不超過一年的投資時。目前，這個稅率與一般的所得稅一樣高。如果你早就屬於高收入一族（而假如你尚未，很快就會是了），那可是要命的一大筆錢。還記得我剛剛給你做的快問快答吧？目前最高的聯邦所得稅率是 37%，而假設你連州稅也算進去，稅率很有可能高達 50%，甚至更高。

　　另一方面，長期資本利得（long-term capital gain）指的是你賣出持有超過一年、甚至更久的投資時所要負擔的稅。

這類的稅額比短期資本利得的稅率要低得多，收入最高的族群是 20%，收入最低的族群則是 0%。你在出售投資時，只要情況允許，請盡量持有一年後再出售，如此一來你便能省下不少稅。

如果你恰巧在投資上虧損，那麼你的短期資本利損（short-term capital loss）可以用來抵銷短期利得。同理，長期資本利損（long-term capital loss）也可用來抵銷長期利得。倘若抵銷後還是虧損，長期利損也可以拿來抵銷另一種（短期）利得。也就是說，假如你在短期資本中損失 1,000 美金（約新台幣 3 萬元）、獲利 2,500 美金（約新台幣 7 萬 5 千元），你會被課稅的金額是 1,500 美金（約新台幣 4 萬 5 千元），因為 2,500 元中的 1,000 元被抵銷了。不過，假設你同時在長期資本中虧損 1,500 美金，這些錢也能用來抵銷 2,500 美金，使你的應稅淨收益為 0。

完美應用資本利得的三個方法

＊只要可以，盡量將成本較高的投資（例如共同基金）放在能延後課稅的帳戶（tax-deferred accounts）中讓它增長，例如 401(k) 帳戶、個人退休帳戶、確定給付制、年金險及其他類似的帳戶中，如此才能讓它在免稅的環境中滾動複利（若是羅斯個人退休帳戶的話，則是「未來」能免稅的環境。）我把你搞糊塗了嗎？先翻去〈步驟八：優雅退休〉速速了解一下。

✽盡量避免在我前項所提的那些地方之外持有共同基金，因為即使你沒打算賣掉基金，那些管理基金的人卻在賣，而且賣得兇。所以就算你自己沒賣，也會因為這些行為而被迫埋單。又恍神了？請跳去〈步驟十：指數型基金，佛系化煉金〉看看。

✽如果你有在投資，且投資標的包含退休福利計畫或年金險工具以外的共同基金，請堅持持有一年以上。

讓我來舉一個簡單的例子說明，你若不當心，費用和稅金就會成為你那些優良投資習慣的絆腳石。讓我們假設，你在一檔共同基金上的收益是 7%，並支付 3% 的費用。你現在的報酬率便是上述兩個數字的差，4%。然而，如果你住在像紐澤西這樣稅率負擔最高的州，又在一年之內出售，你便可以向你一半的收益說再見了。如此一來，扣掉費用和稅金之後，你只剩下 2% 的報酬率。還記得那個讓資產翻倍的公式嗎？你的投資報酬率越低，資產翻倍所需的時間就更長。

我們都還沒搞懂這些投資工具到底是什麼玩意，聊這些到底有什麼意義？意義在於，稅務和費用並非後話，而是在頭洗下去之前就必須放在心上的事。我希望你能睜大雙眼，甚至帶著些許笑眼（用眼睛笑）踏入這個領域。

認真思考你想住在哪

當你的財產持續積累增長，用節稅來保護資產可說是件令人上癮的事。（嘿，假如你終究要對某件事物上癮，這是個好

選擇！）在〈步驟九：搞懂房地產〉中，我們將仔細聊聊買房的大小事，不過，在我們打破砂鍋問到底之前，也許是時候重新考慮要住哪裡好，且聽我道來。

你可知道自己現在住的城市和州，稅率是多少嗎？許多人直到退休前夕才會開始關心這個問題，但是你沒有理由不即刻就做，事先規劃、或是研究一下，想像若是在其他地方生活會是什麼樣子。也許你的處境特殊，不得不永遠留在洛杉磯或曼哈頓，沒有如果，也沒有但是。如果是這樣，你可以先跳過（但你之後很可能還是會回頭思考這個問題）。但是，假設你的狀況很彈性，或是未來可能會變得彈性，那麼你絕對要考慮一下，是否該搬去一個更容易節稅的地方，為自己的生活開支**全面**省下 10% 至 15%。

優化財務狀況意味著你將能存更多的錢，但要是，你可以單憑住在像是佛羅里達、懷俄明、內華達、德州、南達科他、華盛頓、阿拉斯加或田納西這種沒有州所得稅的地方就能做到呢？又或者，像是新罕布什爾或田納西這種不會對利息和股息額外課州稅的地方，你是不是能省下更多的稅？依據收入與稅率級距的不同，從舊金山（最高收入者的稅率超過 13%）搬去達拉斯（州所得稅為 0%）足以大大提升你的消費與儲蓄能力。我已經對這些地方的房子流口水太久了。光是看見同樣一筆錢在不同地方能買到什麼，就足以讓人立刻收拾行李。不過，話說回來，在了解這些措施對財務帶來的影響後──某些情況下，光是省下的稅就能買一棟房子──便是採取行動的時候了

（當然，你得先闔上下巴。）

除了在美國境內搬遷能帶來巨大影響外，如今也有非常多的年輕人移居海外，搬到斐濟、峇里島及哥斯大黎加這種生活費十分低廉的國家。當資產大於生活開銷，你便有更多的錢能投入自己的生財機器。

如果你現在在想，「呃，拉平，你是希望我就這樣滾去海灘上賣奶昔嗎？」親愛的讀者們，當然不是。許多大公司和頂尖的新創團隊都設有海外辦公室，例如臉書、寶僑、Google和其他許多企業。

我們當中許多人已經向自己或老闆證明了遠距工作的可行性，至少部分時間可以，這讓我們在選擇居住地時能享有更大的彈性。[18] 我曾在亞利桑納州小住一陣子，因為，一，我很喜歡那裡；二，那裡比曼哈頓便宜多了；以及三，我就是可以這麼做。我從我家客廳和 CNN 做連線報導，在我的衣櫥錄製有聲節目。是說，凱莉・瑞帕（Kelly Ripa）都在巴哈馬做節目了，湯姆・漢克斯（Tom Hanks）也從他家廚房主持《週六夜現場》（SNL），更別提終極女強人莎拉・布蕾克莉（Sara Blakely）在她家建立起整座 Spanx 塑身衣帝國，身後還有她四個未滿 11 歲的小孩在那邊跑來跑去。數百萬人們藉由 Zoom 和 GoToMeeting 找到了在自家餐桌與同事協作的方法。兵來將擋，水來土淹。這證明了，如果你要在家裡同時生活與工作

---

18 我們都有老闆，就算是為自己工作也一樣。假如你正在經營自己的事業的話，誰為我們埋單，誰就是我們的老闆，也就是客戶或投資人。

的話，就算只是偶爾，居住空間以及生活品質便格外重要。

在人際關係中、在我們的日常生活裡，小事的重要性自然不用說。然而一旦涉及財務問題，真正的關鍵所在其實是那些大事。針對這些大事，你應該要快、狠、準地去處理，盡量別為小事分心。如此一來，你就能隨時隨地想喝拿鐵就買——然後坐在你那堪比避稅天堂的家門前的環繞式門廊上，細細啜飲品味它。

假設你今天只打算在成為獨立小姐的旅途中跨出一步，或是明年、甚至五年後也只打算跨出一步，那也沒關係。這是你的旅程，不是我的。但我的建議是，既然你都要跨步了，何不喚醒你內心的孩子，大步一躍吧——用明智的姿態一舉飛越幾個理財的跳箱。

總結

俗話說：我聽說百萬富翁平均都有七種收入來源，但是我不是百萬富翁。

沒錯。而躋身富翁的唯一之道，就是別再將增長財富的希望全部寄託在薪水上。定期入帳的薪資很難跟上通貨膨脹的速度，也很難跟上你長期上升的生活費，更不可能令你致富。收入的來源有很多種——我將在本書中介紹絕大部分——這樣，即使其中一個收入來源枯竭了，你還是能確保金錢繼續滾滾而來。

俗話說：利息就只是利息，沒什麼好說的。

大錯特錯。複利和單利簡直天差地遠，而前者水能載舟，亦能覆舟（還能覆你的錢包）。因為複利是靠自己賺取利息，所以它是你最可靠的功臣之一，能驅策你的錢為你工作，讓財富隨著時間推移而急速增加。然而，出於同樣的理由，當複利與你為敵──例如信用卡債或房貸──它將會迅速侵蝕你的收入，讓你連「我想變有錢」的願望都來不及許。所以，請務必格外小心複利，並且趁它將你玩弄於股掌間之前先下手為強，讓它為自己所用。

俗話說：我只需要在差不多該繳稅的時候關心一下稅務就好。

平均而言，女性一天會想到性愛十八次。我要你用差不多的頻率去思考稅務問題。不，稅一點都不性感──但你知道什麼東西很性感嗎？賺錢。而假如你沒在思考如何才能（合法地）節稅，那麼，你就只能在年底心不甘情不願地向山姆大叔和他的州級夥伴上繳一筆真的很不性感的現金了，你的錢包可在哭泣啊。

步驟四

鬼扯，
你才沒太老

現在就為自己的成功與
亮眼的資產負債表做好準備

你知道有人在對話中投下「哈炸彈」是什麼意思嗎？這指的是，當現場有人是哈佛畢業生，但又不好意思講，所以只拐彎抹角地說她讀的是「一間波士頓的小型文理學院」。不好意思？你在跟我開玩笑嗎？就讀堪稱全世界最好的大學，是件尷尬的事？沒錯。有些人就是會因為自己的成就而羞赧。

你也知道，我認為理財與照顧身體健康之間有不少相似之處，但就這點上，它們並不相同。當你完成一項體能上的壯舉，例如跑馬拉松，或是堅持一種更健康的生活方式，你可以（而且很可能會這麼做！）去屋頂大喊慶祝。不過，一旦提起財務目標和成就，我們卻遮遮掩掩。你上一次聽見有人嚷嚷，「我的投資組合賺錢了！」或是在 Instagram 上發文宣布「終於還完最後一點卡債了！」是什麼時候？這是因為，無論有錢或沒錢，我們每一個人都對金錢和成就懷有複雜的情結。然而，這

並不代表我們不需要來自家人、朋友和社會的支持，為我們的財務目標背書，並確保我們走在通往財富自由的正軌上。事實上，我們需要**更多**這樣的支持。

你不必等到上大學、或是快要上大學的年紀（或是進了哈佛，然而假如你真的是，那麼請大聲說出來吧，我的朋友）才開始。越早開始當然越好。你永遠不會像今天一樣年輕。我將在此步驟中解釋何謂貨幣的時間價值（time value of money），還會解釋為何今天誠如任何一天都是著手整頓財務、邁向獨立小姐的好時機，親愛的。

計算你的淨資產

我相信你一定聽過這句俗諺：「今天的一塊錢比明天的一塊錢更值錢。」一言以蔽之，這句話就是在說明貨幣的時間價值。當下的錢比未來同樣數額的錢更值錢，因為它可以被使用。我們假設你中了樂透。首先，你真幸運！（我總是槓龜。）你有兩個方法可以領取你中的 100 萬彩金：今天一次領走 100 萬美金，或是一年領 10 萬、分 10 次領取（十年總共 100 萬）。你會選哪一個？貨幣的時間價值告訴你，要選此刻一次性領取的那個，因為這能讓你把這筆錢再拿去別的地方生利息，或是放進股票或房地產等投資工具中生財。

讓我先聲明一件事：若你沒先仔細評估自己手上的資源，你就不能將任何一點錢拿出去投資——就連你那浮誇的樂透彩金都不行。這是你的底線。這攸關你個人資產負債表上的資產

（你擁有的）與負債（你欠的）。記住，所有的財務目標都要回歸到淨資產以及理想生活所需的花費上去考慮。讓我們改用數學控會喜歡的話來說：

淨資產＋實現夢想所需的金額＝財務目標

　　我的心願是，也許你得花點時間做功課，不過，當你發現自己的財務狀況並不像腦袋裡那個看衰的聲音所描述的那麼慘時，信心便會大大提升。這將是你人生中最重要的一張自拍：財務自拍。而且這張自拍不能套用任何濾鏡，也不能事後修圖。

　　下面是一個能計算淨資產的詳細模版。它能反映多數人都有的資產和負債，但反映不出他們所能擁有的一切。（可能性無窮無盡！）這裡會出現一些我們還沒介紹過的儲蓄和投資工具，但別擔心，我們會在接下來的步驟中介紹它們。你只要先填會填的就好，等我們進入本書的第二部分後，會學到比較進階的觀念，到時你可以再回到這個表格繼續填上，直到填完為止。（你也可以在我的網站上下載這個表格。[19]）你要用什麼方式去填完它，全由你自己作主：

成為獨立小姐的滾錢心法：12個打造財富自由之路的簡單投資計畫

資產負債表（自填）
你目前持有的資產
現金與存款

---

19 你可以在 nicolelapin.com/balancesheet 印出屬於你自己的資產負債表。

現金	
活期帳戶	
儲蓄帳戶	
貨幣市場帳戶	
定期存單	
其他（贍養費、育兒基金等等）	
投資資產	
股票	
債券	
共同基金（指數型基金）	
股票選擇權	
人壽保險（僅認列現金價值）	
年金險（僅認列退保金）	
不動產（僅認列收益型不動產）	
其他（不動產投資信託、大宗物資、加密貨幣等等）	
退休資產	
401(k) 退休福利計畫、羅斯 401(k) 退休福利計畫、與／或員工儲蓄計畫	
利潤分享計畫與／或退休金	
傳統及羅斯個人退休帳戶	
其他（SEP 個人退休帳戶、SIMPLE 個人退休帳戶、適格退休帳戶等）	

非收益型資產

房屋淨值（所有非收益型不動產）	
家具與電器	
珠寶	
交通工具（汽車、船、摩托車）	
其他（紀念品、收藏品等另類投資）	
總資產	

你目前持有的負債

房貸	
車貸	
信用卡債	
學生貸款	
稅負（非預扣）	
尚未清繳的帳單	
人壽保險（保單借款）	
其他債務（與朋友家人借款等等）	
總負債	

淨資產（資產－負債）

　　要計算淨資產，只要將你的資產（你擁有的一切）減去負債（你所欠的一切）就行了。你不必先成為百萬富翁才能擁有淨資產。人人都有淨資產，只是並非人人都會花時間去計算它。近期一項研究指出，女性掌管全世界 32% 的財富，其中許多人竟然並不清楚自己的淨資產是多少。調查也顯示，七成

的家庭低估了自身財富。簡而言之：我們都太看輕自己了。

在第一部分的結尾，你會看見一張全新的、閃閃發亮的、激勵人心的資產負債表，上面將涵蓋我們在本書接下來的內容中將提到的一切。請時不時回頭確認這張表。新增數字、拿掉數字，觀察整體的組成與變化。

新規則

任誰都有壞習慣，但是將財務交給「專業人士」好好「檢核一下」的殺傷力，遠比咬指甲或熬夜看網飛（Netflix）追劇要大得多。別在那邊跟我廢話。我們都知道你充分有能力去擬定、讀懂並審視你自己的資產負債表。如果你能成功肉搜出前任新女友的 Instagram 帳號，或是看亞馬遜（Amazon）商品評價時有辦法瀏覽到第四頁，那麼你絕對有能力管理自己的開銷。

你在《老娘有錢》中應該已經擬好了開支規劃，所以，在接下來的內容中，我大致會聚焦於規劃中那三個「E」的最後一部分。讓我來快速幫你回顧一下，一個依據生活形態和消費偏好量身打造的基本開支規劃應該遵守以下規則：

* 70% 用於必要開支（食、住、行。）
* 15% 用於非必要開支（拿鐵、美甲、墨西哥土倫之旅。）
* 15% 用於終極開支（為了未來的自己，以及所有我們接下來要討論的事項，包含儲蓄、投資、退休。）[20]

---

20 現在，我們準備將火力轉向建立資產上，到了這階段，以無債一身輕的姿態開始就更重要了。因此，如果你現在還有一屁股債，請回去讀《老娘有錢》，擬好你的「優先剷除」計畫——再回來這裡見我。

現在，如果你能重新安排這三項基本原則的比例，提高終極開支的占比，我會非常開心——如果你能努力擠一下的話，請提升至18%，甚至20%——不過，在現階段，就算只提高1%也是很好的開始。無論你手上有多少錢，無論你能撥出多少的錢投入退休準備，倘若你不知道如何管理1,000美金，你便永遠管理不了100萬美金。

在步驟一中，我舉了不少「金錢就是力量」的例子，但也許你有注意到，我沒說「知識就是力量」。為什麼？這個嘛，首先，你也知道我對陳腔濫調很感冒。再者，就理財方面而言，這句話並不正確。財金知識不是力量，它只是**潛在的力量**。你大可如麥爾坎・葛拉威爾（Malcolm Gladwell）所說，嘔心瀝血投入成為專家所需的一萬個小時，在本書上狂畫猛畫、塗滿重點，但單靠此舉，你永遠無法成為獨立小姐。花幾個小時好好坐下，確確實實清點自己的財產、擬定計畫，這才是真正的力量所在。執行就是力量。

知識→執行→反覆執行→力量

通盤考量

我們有種傾向，時常高估或低估了我們所擁有的錢，也常誤估要過上理想生活所需的費用。到了現在，你已經知道我一直大力提倡要搞懂這兩個數字——你目前擁有多少，以及總共會需要多少。這兩個數字會在你打造財富的過程中交互作用。試想看看：擁有的越多，需要的就越少，而反之亦然。

瞧瞧你在上個步驟中所得出的各項數字。淨資產的多寡是否改變了你對追求夢想所需金額的看法？你的存款和淨值比想像中還要高，讓你對縮短兩個數字間的差距感到更有把握？也許，你已經抵達了我們在步驟二中概述的財富門檻之一，並感到鬆一口氣？還是說，你還得加把勁？無論是哪一種狀況，掌握較精確的估計值——由此開始努力——都比高估或低估來得強（會低估八成只是腦中那位刻薄的自己在說話。）

移動你的資產

　　前述的資產負債表模版是由會計上幾種實務典範混合而成的，但我們接下來不會用這個方式管理這個表。對初學者而言，在一個理想的世界，你的負債類別應該空空如也。不過，不是所有的負債（又稱債務）都是相同的。「不好」的負債（也就是我一天到晚耳提面命要你優先剷除的那種）指的是信用卡債或其他對於改善財務狀況沒有益處的消費型債務。「好」的債務指的則是用來幫助財富長期累積或是增加收入所投入的錢，例如學生貸款、商業貸款或房貸（僅限某些情況下。更多詳細的資訊請見步驟九。）因此，假如你的確擁有一些好的債務，我不會生你的氣。至於資產那個類別，我希望你能渴望追求一個比你最初列舉的資產細項更進階的組合——而這就是我們接下來要著手的。

　　在第二部分中，我會將這些要素通通拆解成最小、最好理解的資訊（每一項資產負債表上的類別都會有相對應的步

驟），我們將學習一切可行的投資之道。你將會明白每一種方法是如何運作的，以及它們彼此之間如何合作。全部學完後，你對於日後要前進的方向以及前進的方法會有更深刻的掌握。

世界上有許多所謂的鄰家富豪，這群人不喜歡引人注目，卻坐擁你永遠也想像不到的瘋狂財富。當然，我們多少都會經歷虛張聲勢的時期，以及試圖效仿瓊斯家族、卡戴珊家族或其他人的階段。我自己就經歷過。然而，成為一名真正獨立自主的富豪的重點並非炫富，更不是要打造這種看起來有錢的形象。重點在於**成為**，而且即便是在停止工作的很久之後，仍能繼續保持這種狀態。

讓我們來看看這兩位薪資不同的女性，她們都承諾要從每份薪水中自動儲蓄：

女性一

起薪：5 萬美金（約新台幣 450 萬元）

自動儲蓄比例：10%，每週 96 美金（約新台幣 2,880 元）

一輩子下來所存的金額：25 萬美金（約新台幣 750 萬元）

女性二

起薪：3 萬美金（約新台幣 90 萬元）

自動儲蓄比例：5%，每週 58 美金（約新台幣 1,740 元）

一輩子下來所存的金額：15 萬美金（約新台幣 450 萬元）

這兩種情境經過簡化，忽略了很多因素，像是薪水上漲、其他收入或通貨膨脹，諸如此類，但我是想藉由此例子向你說明，當你長時間存下一筆固定的金額，就算金額感覺起來很低，會發生什麼事。這兩位女性都從薪水中存到了足以過上五年「夠用就好」生活的錢。這個例子想表達的，不是錢的增長有多神奇，也不是說她們不必特地讓錢動起來就能讓錢最終自行增長——她們還是得這麼做。不過，一旦她們採取幾個簡單的步驟，為自己的成功做好準備後，長時間下來，成功便手到擒來。

當我說「長時間下來」（我很常掛在嘴邊！）我想說的是，投資報酬率需要長時間才能推算。你擁有的時間越多，你的錢就越有可能增長。這個道理不是教條，也並非理所當然，而是數據告訴我們的。所有的推算都並非來自那些你會在狂熱的市場報導中聽見的訊息（不管是好消息或壞消息），而是假如你暫時關掉商業新聞、喘口氣，無論那些報導有多誘人都敬謝不敏時，會發生的事。

「可是，拉平，如果我全賠光了怎麼辦？！」你可能會這麼想。說真的，是有可能發生。但機率微乎其微。而且若你採用的是前人實測過的策略，發生的機率就更低了。全世界最成功的投資家華倫・巴菲特（Warren Buffett）曾說，「風險來自於你不知道自己在做什麼。」我們之後會詳談有哪些其他風險因素會影響投資——你的投資期長是個大問題——可別再讓「不知道自己在做什麼」來攪局。

為了簡潔扼要的說明，我將為你概述三種基本的投資期長——短、中、長。但可別忘了，這些會隨著你年齡漸長而改變。

✽ **短而美（期限最短，風險最低）**：如果你打算短期內收割財富，那麼你便應該為獨立小姐基金採取風險較低的做法。通常，當你已屆退休年齡，採取較短的投資期限會較有利。

✽ **兩者之間（期限中等，風險中等）**：如果你距離退休前還有十年以上的時間可以運用，那麼你可以承擔一些中等的風險，因為就算苗頭不對，你還有很多時間可以回血。

✽ **長期作戰（期限最長，風險最高）**：如果距離你將公事包束之高閣前還有二十年的時間，或甚至更久，那麼，親愛的，你可以稍微大膽地玩一下，同時還有得是時間承擔未來不可避免的金融風暴。

當然，如果你說，「拉平，我雖然才 20 歲，但我就是無法忍受風險。我會抓狂，還會輾轉難眠。」沒問題，那麼就採取第一條路線吧，好好睡上一覺。又或者，假如你說，「拉平，我現在 50 多歲，但我有很多錢可以任我運用，所以我打算大膽地運用一半的錢，反正就算我全部賠光也無所謂。」很好，那也很棒。好好玩一場吧。

投資的世界中並沒有人人適用的準則。我的目標是要用最簡單明瞭的方式向你介紹一個適用於你的基本模式，如此一來你就可以自己決定什麼是最適合自己的。而且，你沒有義務要證明給我、或是任何一個人看，只要你是依據自己的判斷而決定的，就足夠了。

倘若你還在評估怎樣的比例、怎樣的期長以及怎樣程度的風險最適合自己，請參考下面這個貨幣時間價值量表。這個表說明了，如果每個月存 100 美金（每月複利計算），在利率不同的情況下，5 年、10 年、20 年、30 年和 40 年後會有什麼不同。

利率	10 年	20 年	30 年
1%	$12,731 ≒ NT$381,930	$26,690 ≒ NT$800,700	$42,117 ≒ NT$1,263,510
2%	$13,406 ≒ NT$402,180	$29,658 ≒ NT$889,740	$49,508 ≒ NT$1,485,240
3%	$14,129 ≒ NT$423,870	$33,065 ≒ NT$991,950	$58,626 ≒ NT$1,758,780
4%	$14,903 ≒ NT$447,090	$36,986 ≒ NT$1,109,580	$69,929 ≒ NT$2,097,870
5%	$15,733 ≒ NT$471,990	$41,506 ≒ NT$1,245,180	$83,998 ≒ NT$2,519,940
6%	$16,623 ≒ NT$498,690	$46,728 ≒ NT$1,401,840	$101,580 ≒ NT$3,047,400
7%	$17,578 ≒ NT$527,340	$52,771 ≒ NT$1,583,130	$123,637 ≒ NT$3,709,110
8%	$18,603 ≒ NT$558,090	$59,778 ≒ NT$1,793,340	$151,406 ≒ NT$4,542,180
9%	$19,704 ≒ NT$591,120	$67,916 ≒ NT$2,037,480	$186,485 ≒ NT$5,594,550
10%	$20,887 ≒ NT$626,610	$77,383 ≒ NT$2,321,490	$230,935 ≒ NT$6,928,050

步驟四 鬼扯，你才沒太老

利率	40 年	50 年
1%	$59,167 ≒ NT$1,775,010	$78,010 ≒ NT$2,340,300
2%	$73,752 ≒ NT$2,212,560	$103,364 ≒ NT$3,100,920
3%	$93,130 ≒ NT$2,793,900	$139,705 ≒ NT$4,191,150
4%	$119,073 ≒ NT$3,572,190	$192,386 ≒ NT$5,771,580
5%	$154,052 ≒ NT$4,621,560	$269,548 ≒ NT$8,086,440
6%	$201,522 ≒ NT$6,045,660	$383,620 ≒ NT$11,508,600
7%	$266,334 ≒ NT$7,990,020	$553,671 ≒ NT$16,610,130
8%	$355,311 ≒ NT$10,659,330	$809,071 ≒ NT$24,272,130
9%	$478,085 ≒ NT$14,342,550	$1,195,226 ≒ NT$35,856,780
10%	$648,276 ≒ NT$19,448,280	$1,782,570 ≒ NT$53,477,100

　　我常說，理財最好的心態，是要介於「我明天就要死了」和「我永遠不會死」之間。我之所以如此賣力鼓吹你盡早開始建立獨立小姐資金，是因為現在正值你積累財富的階段。就像時間的其他特質一樣，你永遠無法奪回這段時光。

為了確保未來的自己衣食無缺，你必得經歷播種耕耘、採食烹飪與收割成果的階段。現在正是播種耕耘的時刻，種植一切你未來會想要吃的東西。我希望你往後的人生最好不會有缺錢或缺任何其他東西的時候。盡可能地趁現在種下越多東西越好，這樣你才能看著它們成長，親愛的，成長——未來就能坐享其成。

費用的溫床

在你順利邁入成長季之前，記得趁早除去那些會侵蝕你作物的蟲子，保護自己不受傷害。在財富的世界中，這些蟲子叫做費用。從現在開始，我會擔任你的費用糾察隊。我會在接下來的過程中提示你哪些費用應該特別注意，但目前，你只要別忘記它們的存在就好。雖然它們看起來實在小到不起眼，卻足以致命。

這裡有個例子可以證明我不是在誇大其詞。讓我們假設，你和兩位死黨在 35 歲時以 7% 的利率投資了 10 萬美金（約新台幣 300 萬元）。等到你們 65 歲，開始想要過上黃金女郎生活時，你們比較彼此的收益。

你每年支付 1% 的費用 =
收益為 $574,349（約 NT$17,230,470 元）
閨蜜一每年支付 2% 的費用 =
收益為 $432,194（約 NT$12,965,820 元）
閨蜜二每年支付 3% 的費用 =
收益為 $324,340（約 NT$9,730,200 元）

如果你和我一樣希望所有朋友好，就別讓這種情況發生在朋友身上。當你發現「這裡1%、那裡1%」這種事長期下來會對財富造成何等傷害，那「才」真會心如刀割。你也許聽過一個說法，叫「千刀萬剮」，源於一種用刀割傷受虐者的可怕酷刑。沒錯，一千次，直到受虐者慢慢流血致死。在現代，泰勒絲的歌曲中也有這樁酷刑的蹤影，就藏在「我不能明明有事卻假裝沒事」這句歌詞中。嗯，這聽起來頗為病態，不過實際上卻相當精準地描述了費用有多令人頭疼，因為它們會吃掉你的潛在收益。

在費用這種背後朝你捅刀的行為中，最大的罪魁禍首或許是共同基金。在本書接下來的內容中，我們將很常提到共同基金，因為無論是哪一種投資組合，它都是很重要的一部分。[21] 它們占據退休帳戶的比例通常最高，例如我們會在步驟八討論的401(k)帳戶和個人退休帳戶。當然啦，對於基金經理人來說，讓這些費用看起來越微不足道對她們就越有利，儘管實際上並非如此。

內行人將這些收取高額費用的基金稱為「費用工廠」，就像那些只顧賺錢卻罔顧動物權益的「畜牧工廠」一樣，在你還沒站穩前就預謀讓你受盡折磨。我說啊，誰會真的事先計算費用長期累積下來對投資會有什麼影響？獨立小姐就會這麼做，她們就是那個「誰」。一個年收入10萬美金的人，只要一個

---

21 約有13兆（沒錯，是「兆」）美金的資金是由不同種類的共同基金所管理。

不小心，一生中為 401(k) 帳戶付出的費用很可能高達 30 萬美金（約新台幣 900 萬元）。我是說真的，不過，這人不會是你，我的姊妹。明明可以優雅退休，我絕不會讓你還得為了費用白白多工作將近三年！

祕密

我在本章開始時斷言，踏出致富的一步永不嫌晚。王薇薇（Vera Wang）、童妮·摩里森（Toni Morrison）和卡蘿蘭·藍柏特（Arianna Huffington）都直至晚年才致富，分別是 40、46 和 55 歲的時候。我自己也是到 30 多歲的時候才終於搞好財務，不再單單依賴薪水籌備養老金。如果我能做到，如果她們能做到，你也一定可以，而且我希望你能更快達成。

致富的祕密不是運氣也不是命運，而是恐懼——以及面對恐懼。致富的祕訣是勇敢直面過去那些金錢對你造成的傷害，並且坦然面對自己的現況，以及你想前往的地方。向你的冒牌者症候群問好吧；向過去那筆可怕的債務揮揮手吧；向你那為了節省水費而被告誡上兩次才能沖水的過去來個碰拳招呼吧。你大可眨眨眼，對那些充滿創傷的過往致意，然後向它們揮手告別，因為我們之後再也不用見到那些討人厭的人了。

無論令你害怕承認或害怕談論金錢的原因是什麼，都是你必須現在、立刻、馬上著手處理的問題。你不需要和別人分享，至少一開始不用（雖然研究結果和我個人的經驗顯示，分享自己的故事能夠大大修復自我並提升個人成長），但你必須為了

你自己和你的財務顧問去面對那些問題。唯有如此，你才能不僅有效地完成本書接下來的內容，還能真正信心滿滿地上路，在往後的人生中應用此處所學。

我是可以對你說：我真希望自己能更早開始為了成為獨立小姐而努力，這就是為什麼你應該這麼做。但事實是：我當初的確很早開始。我嘗試開始過好幾次，但都在某個點上停滯不前——也就是不敢面對我的財務恐懼——然後就轉身說我不幹了。我還沒準備好面對自己的過往，或是道破內心的真相。當然，當以下任何一件人生大事降臨，沒有人能夠真的準備好：買房、升遷、生小孩。但我們之中的大多數人還是義無反顧的往前衝。這一次，我不希望你只是埋頭前衝，內心則求爺告奶，祈禱自己安然無恙。我希望你能展翅高飛，永遠不要停止翱翔。

總結

俗話說：只有百萬富翁才擁有淨資產。

每個人都有淨資產——你只是需要花一點時間算一算數學罷了！我的意思是，嘿，你的淨資產也許是負的，但那並不代表你不能計算它。你若是對自己的基礎一知半解，便永遠無法邁向致富。假如你說自己不是什麼百萬富翁，小姐，那麼我一定會在句子前面替你加上一個「還」字。

俗話說：正確的資產配置能夠讓你變有錢。

配置資產的方式有無限多種，也就是說，你只是需要找出在某段特定的時間中你想要持有哪種資產類別，並且決定持有多少比例。世界上並不存在一種放諸四海皆準的「正確」道理。你得自己找出對你的投資期長和風險承受力來說最合理的甜蜜點，而這意味著在「安全」和風險較高的資產配置中取得平衡。不過，有一點倒是肯定的：配置不會使你致富，資產的根本價值才會。在接下來的內容中，我們將會一一認識各種不同的資產類型。

俗話說：你若靠著薪資入帳過活，是不可能存錢的。

我知道很難不這麼想。我知道，因為我也曾經歷過。但我會這樣說：別讓完美主義成為你起步的阻礙。沒錯，在理想的世界中，我會不會巴不得你起步時戶頭就有一萬美金，甚至更多？當然會。但是，親愛的，這個世界並不理想，更不完美，而我們自己也一樣。考慮從小處著手，將其視作未來不再靠薪水過活的關鍵一步吧。

步驟五
自動化你的世界

養成致富習慣

假如我不從事財金工作（老實跟你說，即便是成功立足之後，我也仍受冒牌者症候群所苦），那麼我肯定會成為一名室內設計師。我從來沒在 Pinterest（繽趣）上設過一個用來存訂婚戒指的祕密帳號，不過倒是開了一個蒐集水龍頭和壁燈的。我寧願在網路上下單門把，勝過其他任何東西。

我做過很多次裝修，其中包含將我那原先宛如沙漠一角的家改造成夢幻家園。我從中學會不少建築與裝潢知識，多半是透過犯下昂貴錯誤而習來——好比說，卡拉拉大理石真的有必要這麼貴嗎？做為一位業餘室內設計師，我學到的最大的教訓是，雖然挑選布料和配件很好玩（對某些人而言），但更重要的其實是先把結構架好——而這道理在財務上也適用。一旦你有了堅固的基礎，妝點門面就容易多了。一個小建議：這麼做也能省下更多錢，因為你不必再擔心要為了剷除那難纏討厭的壁癌而拆掉你美美的壁紙了。

所以，在我們繼續妝點你嶄新的獨立小姐生活之前，讓我們先把你的基礎架好架滿，為你的財務打造一個周全的系統和流程，就像是為房子填充地基，並且看著它很慢、很慢地⋯⋯風乾。說實話，這是蓋房子的過程中我最不喜歡的一部分。但是，一旦基礎穩固了，開始一步步搭建框架，夢想藍圖很快就會化為現實。在本步驟中，我將助你打造一個堅固又精良的財務結構；一個你能永遠往上繼續蓋下去的結構。[22]

優先支付你自己

就算你在本書中一無所獲，也請務必聽進這個建議：永遠優先支付你自己。不，你不需要當自己的老闆也辦得到。你只需要優先考慮「終極支出」，也就是你的未來。

當然，你可能會暗自抱怨，每次薪水入袋時第一個要貢獻的對象還不是山姆大叔。這麼想很有道理——如同我在前面步驟三所說，我希望你無時無刻都要記得考慮稅負對財富的影響。你每賺 1 美金，那位老兄就拿走 30 美分，然後大概還有 5 美分要上繳給州政府，還有社會保險、失業救濟、醫療保險⋯⋯噹啷！你賺到的 1 美金只剩下 60 美分了！[23] 因此，你那相當自豪賺到的 10 萬美金（六位數耶，寶貝！），在政府染

---

22 你當然不可能永生不死，不過，假如你的理財計畫設置得當，就能在過世後傳給家人。

23 順帶一提，情況不總是如此。直到 1940 年代，人們才開始在薪水入帳前就直接從中扣繳給政府。這是因為，山姆大叔不相信你跟我在四月繳稅截止之前有辦法存到足夠的錢。因此，她設置了一個全國性的自動「優先支付我」系統——而你也可以這麼做。

指後，其實和 6 萬美金差不多。

其實，有一大堆完全合法的方式讓你能在付錢給政府前先付給自己，好比 401(k)、403B、個人退休帳戶、SEP 退休帳戶這類能延後課稅的帳戶。我們會在〈步驟八：優雅退休〉中仔細探討這整包問題。但現在，你只需要知道，你應該每月從淨收益中撥出固定比例的錢，自動存入你主要的獨立小姐基金

計算你的時薪

你不必成為律師才能擁有鐘點費。你只需要計算自己的時薪是多少就好。如果你本來就是按鐘點收費，那麼你應該對這個數字很熟悉了（而且你也應該好好把握能賺更多錢的機會，例如超時費或是假日加給。）如果你是月薪族，那麼請用你的總工資（稅前）除以 50 週（排除 2 週的年假），然後再除以 40 小時（或是隨便一個你每週的工時）。也就是，一個每年賺 5 萬美金的人，她的週薪會是 1,000 美金，時薪會是 25 美金。如果你聽從我的建議，將「終極支出」的儲蓄比例目標設立在 15%，那麼，你每週會存 150 美金進退休帳戶。沒錯，也就是說，你每週有 6 小時是在為你自己以及未來的你工作——感覺不賴吼？

帳戶中，就像政府處理稅收那樣，如此一來你就無法用你修得美美的指甲去染指它——然後馬上花掉，而不是投入「終極支出」中。

遺憾的是，多數人的儲蓄比例只占她們收入中的一小部分，假如她們真有在儲蓄的話。買好東西和吃大餐沒有錯，但前提是不能犧牲你的未來。今日的一頓大餐相當於退休後的十頓。還有，如果你是那個為所有人的飲料埋單，而非優先支付給未來的自己的人，別再這麼做了。當你犧牲了自己，將他人置於自己之前，那麼你等於是將辛苦工作的時間獻給了別的人事物，就是沒獻給自己、那位真正做牛做馬的人！

在《做你自己的英雄》中，我常苦口婆心再三勸導，我們在幫助他人之前應該先為自己戴上氧氣罩，就像飛機上教的那樣。此話說得一點也沒錯。你得先為自己著想，在財務上也是一樣——否則你一個人也幫不到。比起為自己的退休存錢，優先準備孩子的大學基金這個舉動感覺起來更無私，但，要是你以後因為自己沒錢而只能去睡在他們的沙發上，場面有多難看？這樣真的是在幫助他們嗎？

倒不如一天為自己存個 20 美金（約新台幣 600 元）左右（這個金額是從剛才的例子算出來的，也就是為「終極支出」存下年收入 5 萬美金的 15%），長遠來看，這麼做對你的孩子有益而無害，因為他們可以少煩惱一件事：你。讓我重複一次：一天 20 美金。就這樣！心理學家有個說法：「一起發射訊號的神經元會連在一起。」一想到我們的腦迴路能夠自動重組並

認可這些每日遞增的變化，感覺真是棒呆了，也讓整個儲蓄的過程比較不會那麼嚇人。一毛錢都不用花，卻能創造極大的價值（以這個例子來說，一年就能為未來的自己存下7,300美金，好讓你優雅退休——閏年更是有7,320美金。）

一旦你成功說服大腦愛上優先支付自己所能帶來的龐大好處，以下是行動方案：

* **開設一個專門用來儲蓄的帳戶。**我們將在下個步驟中討論更多存放現金的方式，但現在，讓我們先專注於建立你的獨立小姐基金。你可以在已經有來往的銀行開這個儲蓄帳戶，或是換一家也行。你可以為它加上一個愛心符號或是一些激勵人心的東西，無論對你來說有什麼功效，只要能讓你打開它並開始塞錢進去就好。

* **開始存錢進去。**別盼著發了橫財才要開始，那是不可能發生的。不管你手邊有多少，先從小額開始。為每筆入帳的薪水決定一個固定儲蓄的金額或是比例（實得薪資的10%、15%、20%），然後堅持下去。每週存150美金（約新台幣4,500元）聽起來還是太多了嗎？那麼，改成每週50美金（約新台幣1,500元）或者一天7美金（約新台幣210元）如何？我知道這種程度你可以的。每週的50美金會變成一年2,600美金（約新台幣7萬8千元），而假如你將接下來40年的份通通加起來，將遠遠超過50萬美（約新台幣1萬5千元）。嘿，如果能多做一點就做吧。先保守起步，等你堅持得越久、看到

存款數字增加後，就會想要越存越多。[24] 相信我。

* **讓它自動化。** 無論你為獨立小姐基金制訂的存款規則是什麼，去設定自動轉帳功能，從你的薪資戶頭或其他任何收入來源自動撥款存入儲蓄帳戶。

　　進階建議： 如果你賺的是傳統薪資，你的雇主應該可以透過薪資單直接把錢存進你的獨立小姐基金帳戶。去問問看，員工福利裡通常都有包含薪資儲蓄計畫（payroll savings plan）。如果不可行，那麼請去找銀行設定自動轉帳功能，從你的薪轉戶中轉出特定的金額（依你先前決定的比例計算出實際金額就行了），直接存進你的獨立小姐基金。

薪資→實得薪資→獨立小姐基金

　　接下來，我們會開始讓你的其他資金流也自動化，但現在，只要確保你已經開通了自動存入退休帳戶的功能就好。就像你也會為了不漏繳帳單而設定自動扣繳一樣，我不希望你忘了付錢給未來的自己。如果你是自雇者，就把自己想成不優先處理付款不行的明星承包商吧。

　　我要聲明，獨立小姐基金是為了滋養未來的財富所設，是你的根基，不是能讓你去超市補貨或是訂購下一趟旅行的機票用的。簡單起見，在這本書接下來的內容中，這筆錢就是我們

---

24 如果你想見證每次多存一點、長期下來積少成多的力量，請上《紐約時報》（*The New York Times*）網站使用她們的「多存1%計算器」。我本來打算自己做一個，但他們的已經夠讚了，所以我樂見其成。

要著手運用的資金。這將成為一道樞紐，會有許多的輻條來助你一臂之力，幫你由此展翅高飛，如同我在上個步驟中承諾的那樣。

也許你會說，「我連一毛錢都存不到。我靠薪資過活，所有的消費都屬於必要開始，還有一點點非必要開支，根本沒錢做終極支出。」好吧，我了解——這件事很難，毫無疑問——但我也保證，你絕對有辦法挪出 50 美金，甚至更多。這是為了你的夢想，為了你的未來。去取消那些你沒在使用的的隨機訂閱服務，或是取消你在亞馬遜上訂購的那些不需要的垃圾，然後為步驟二所列的真正使你怦然心跳的東西分一點愛吧。

記住：**有錢人透過清貧生活來維持富有，窮人透過假裝有錢而無法翻身。**

嶄新的習慣

我們之所以要和錢財建立一種新的關係和習慣，主要是為了避免自己衝康自己。沒錯，我們都需要——就連我也是。行為財務學所研究的，正是那些影響我們投資思維和行動背後的心理學原則。基本上，人們往往是不理性的，往往由恐懼和情緒所掌控。「誰？我嗎？」是的，你。以及我們所有人。

謝天謝地，還好我們同時也是會思考的動物，所以我們要善用這種心理優勢，保護自己不受人類本性最糟的一面影響，成為差勁的投資者。這些本性包括：

* 敘述謬論：我們喜歡故事，也時常任由這種偏好蒙蔽了事實，妨礙我們做出理性的決策。

* 損失規避：出於害怕，我們傾向避免損失，而非最大化收益。

* 從眾效應：我們的直覺告訴我們要隨波逐流，寧願模仿身邊人的做法，也不願相信自己的獨立判斷。

* 後見之明：我們時常回顧過去，然後感嘆自己「早就知道」，認為自己應該聽從直覺以獲得更好的結果，彷彿我們擁有某種超能力或是天眼。

這些例子說明了，人類所共有的行為和偏見是如何與成功投資者應有的行為背道而馳：不帶情緒、有邏輯、有方法。我說過很多次，直覺和情緒智商在許多職場情境中至關重要，尤其是牽涉到影響職涯前景的人際關係時。不過，若事關投資，你得把這些寶貝技能寄放在門口。我知道這聽起來很刺耳，但我希望能藉此幫助你少走許多投資新手走過的冤枉路。

投資與增長財富的關鍵，在於做決定時要深思熟慮，而非聽從直覺。你不需要有很高的智商才能做到。巴菲特說：「具備基礎的智力後，接下來你需要的是心理素質，去克制那些讓別人陷入麻煩的衝動。」雖然這種自我控制的心理素質不是一生下來就有的（我就完全沒有），你還是可以藉助三個「P」去養成它：準備（preparing）、計畫（planning）、事先承諾（precommitting）。

設定好，然後忘掉它

也許你跟我一樣，會將任何生活大小事寫進行事曆並且設定提醒（說不定甚至設了好幾個），如果一件事沒出現在我的行事曆上，我很可能就不會去做。我習慣一次大量輸入，例如一次輸入我接下來所有的諮商治療，或是在臉書上一一檢閱我所有最好的朋友，確保她們的生日都有被寫上。我發現同樣的概念對於定期處理財務也有很大的幫助，如此一來，就算生活突然陷入一陣忙亂，我也能讓錢繼續流動——以及繼續成長。以下我列出幾樣最喜歡的幾個行事曆提醒，讓你今天就可以開始設定：

✱ 每年選擇一天，重新檢視你個人的資產負債表，並做出任何必要的調整。（我喜歡夏至，因為能善用那特別長的一天。）

✱ 每年選擇一天，為獨立小姐基金多存一點錢。（我喜歡選擇生日的前一天，那讓我感覺自己像個大人。）

✱ 每年兩次，確保自己預留時間確認帳戶已設定自動化，並且運作順暢，包含帳單扣繳、薪水和其他直接存款。這也是取消任何你正在支付卻沒有使用的自動會員資格或訂閱服務的好時機。

✱ 依據你當下所面臨的不同人生大事（新工作、房子、生小孩等等），每年選一天或每季選一天，找你的財務顧問報到。

✱ 如果你除了專業的財務顧問外，還有一位在理財之路上
   伴你前行的伙伴——也許是朋友、重要他人或家庭成員
   ——每週或每個月選一天找他們聊聊，藉助他們的力量
   讓自己維持開誠布公的心態，為自己的目標負責。

嶄新的心態

從飲食、運動到育兒，關於覺察的文章在我們生活各方
面大量出現。不過，若是提到理財，卻少有人提到覺察。直
到現在。

用心對待金錢不是什麼華而不實的嬉皮行徑，而是關於善
於活在當下，善於意識到你在哪裡、在做些什麼，而不只是混
沌度日。用心對待金錢與理財之間的關係是：為了增長財富，
你必須主動去了解並且覺察你的錢發生了什麼事。

我們已經透過為目標制訂價格以及誠實地審視目前的資
產負債表開始練習覺察。而在我們進入接下來的資產負債表之
前，端正心態十分關鍵。

關於對待錢財的方式，我這輩子絕大多數時間所採取的
策略都與覺察背道而馳。我的第一直覺通常要不就是乾脆完
全不去想錢的事，要不就是選擇阻力最小的路。舉例來說，
如果 401(k) 表格上的預設選項是選擇費用 2% 的共同基金，
我想都不想就會勾下去（在〈步驟六：現金為后〉中，我們
會探討為何這是個爛主意。）我最欣賞覺察與其他任何情緒

智商訓練的一點就是，它們是可以被習得的技能。你很難改變自己的智商，但是至少四成的情緒智商是操之在己的——而且能為你所用。

你可能會說，「拉平，情緒智商和致富有關係嗎？」關係可深了，親愛的，可深了。我們將會討論所有不同的投資工具、技巧和公式。我可以跟你聊這些東西聊一整天，但假如你的心態不對，這些話聽起來就會跟以前那些令你厭煩的理財廢話一樣。

扭轉心態，增長財富

在我們開始進入更多的數字轟炸和策略之前，我要你先完成這個句子：「我這個人 _____ 當一名富豪。」

那些填進類似「夠格」、「夠聰明」甚至填「夠狠」的人，你很有慧根。對於那些讓不安籠罩心頭，而填了「不配」或者「不夠聰明」的人，現在是時候改一改你那些狹隘的金錢觀了。或許有人，包含你自己，一直灌輸你這些觀念，導致你無法與金錢泰然共處。不過，不管怎麼說，你現在是個成熟的女人了，責無旁「貸」這句話是真的。

你，只有你，能夠改變自己灌輸給自己的觀念。你，只有你，能夠將定型心態（也就是窮丫鬟心態），扭轉為成長心態（也就是富豪心態）。[25] 我很欣賞這句話：無論你覺得自己可

25 「定型」心態和「成長」心態的概念出自卡蘿‧杜維克（Carol Dweck）的研究。在定型心態下，人們認定自己的才能與智力是固定的，無法進

以，或是認為自己不行，你都是對的。

所以，讓我們打開天窗說亮話吧。到底有哪些因素，或是哪些特質，是你邁向財富獨立之路上所缺乏的？這裡有一些常見說辭，你可以從扭轉這些觀念下手。研究顯示，養成一項新習慣大概需要 21 天，培養新的心態也是──好，你的目標就是在接下來 3 週內，專心練習重塑自己的心態。開始吧！

窮丫鬟心態	富豪心態
我的錢不夠，沒辦法開始。	手頭有多少，就從多少開始。
我對投資一竅不通。	我正在學習投資！
○○○和×××都比我還會理財！	我要向○○○和×××學習。
我就是不夠聰明，所以永遠做不到。	我要訓練自己學會一套新技能。
我太老了，來不及了。	今天就是最適合開始的一天！

現在，讓我們再來填一次剛才的句子──這一次大膽一點！「我這個人 ＿＿＿＿＿＿ 當一名富豪。」沒錯，你夠格、夠聰明、夠能幹、夠精明、夠堅強、夠好奇去當一名富豪。親愛的，你比「夠好」還要好。

步。另一方面，抱持成長心態的人則相信她們可以藉由學習及，沒錯，成長，來獲取成功。雖然杜維克進行的是心理學方面的研究，但這套術語常被應用在商業情境下。

心路歷程

馬汀護士

「我喜歡你的鞋子。」我正在與置物櫃的密碼鎖奮鬥，一個高亢的聲音從我的肩膀後方傳來。

「謝謝。」我轉身回應，語氣略帶彆扭，因為在我眼前的是兩個簡直像是剛從知名試鏡選角公司走出來的演員，扮演著學校裡最時髦、最受歡迎的女孩。

「不客氣。你在哪裡買的？」其中一位人氣姊妹花問道。

「噢，呃，我忘了。在百貨公司吧。」我又用一種半回答半疑惑的口吻撒謊。我記得很清楚我是在哪裡買的。在「花少少」平價連鎖鞋店。我的很多雙鞋都是在那裡買的，或是在洛杉磯市中心的流行廣場，也就是說，都是些這群比佛利山莊女孩不會去買東西的地方。

「上週末我把 Bloomies（布魯明黛）、Aldo（奧爾多）和 Steve Madden（史蒂夫・馬登）都逛遍了，也沒看過這雙鞋耶。這款一定超級熱門，所以賣光了，要不然就是一個超新、新到爆的品牌。」壞女孩一號說。

「我不確定。」我尷尬地說，並且恍然大悟，這是一個假惺惺的讚美圈套，說穿了就是霸凌。這活脫就是以易怒青少年為主角的電影當中的一幕──除了主角是我自己，而這是我上新國中的開學第一天。

「嗯，它看起來很像馬汀大夫，也許它是『馬汀護士』吧。」壞女孩二號邊說邊瞪著我。她們大笑起來，轉身離去。

馬汀大夫鞋在我小時候很紅。但我沒有一雙真正的馬汀大夫，只有一雙便宜的山寨版。正版的要價將近 100 美金！（約新台幣 3,000 元）我無法想像自己能在一樣東西上花這麼多錢，更別說是鞋子了。但是，當然，我夢想著有一天能摸到自己腳上那雙貨真價實的馬汀鞋跟上的黑黃布標。

小時候，我不是受歡迎的那種女生。我和一群會在彼此生日和成年禮時互送蒂芙尼珠寶的富家子弟一起上學。那時我父親過世，我剛搬去與我的移民母親同住，生活中自然見不到任何和 100 美金的軍靴，或是和包在藍綠色小盒子裡的銀鍊子類似的東西。

我願意付出一切換取壞女孩一號和二號所擁有的東西。我以為自己沒有那個命，因為她們來自良好的家庭，還有代代相傳的種種財富。即便在那時，我理智上知道家庭循環是可以被打破的，但我從未真的相信自己能做到。也許我的小孩，第二代美國人，可以做到吧。我放棄住在一間車道上有噴泉、步入式衣櫥塞滿設計師商品的房子的夢想。我認定自己沒有那個命──但是，該死，我真的非常渴望過上那種不用買山寨版的生活。

嗯哼，壞女孩一號和二號，你們應該來瞧瞧我現在的衣櫃！我所擁有的名牌設計師鞋數量已經超出我的想像。這些鞋甚至還有屬於自己的鞋櫃，裡頭塞滿的品牌比我曾經渴求的馬汀鞋還要昂貴與獨特十倍。我這麼說不是為了炫耀，只是想讓你放心，只要有一些計畫和膽量，你也可以打破那個循環。每當我又收了一雙設計師鞋進入我的收藏，我就會想起我的「馬汀護士」。而且，相信我，多年來我也不得不學會收斂。當我終於能負擔得起那些我以為一輩子都買不起的品牌，我便開始失心瘋。我渴望那種踏實的財富以及安全感太久了，以致於一旦嚐到了甜頭，就開始暴飲暴食。在我至今為止的財富旅程中，我也曾經處於沒那麼極端的狀態，偶爾犒賞自己一雙心儀的鞋子，而沒有貪得無厭的胃口。這狠狠的一課從我上學的第一天，從那雙山寨版鞋就開始了。

我做過各種努力。我告訴過年輕的自己，我會好好照顧她，她會一輩子衣食無缺，飽滿富足。關於金錢，我們都有揮之不去的創傷，這些創傷塑造了我們長大後的行為。我花了很多年的時間才解開我創傷的根源，向它學習，然後，終於能藉由懺悔向你們娓娓道來。

你的金錢創傷是從哪裡開始的？也許你是那群時髦的女孩中的一員，會拿我們的山寨版開玩笑，取笑像我這樣的女孩？也許，你也擁有一雙自己的「馬汀護士」？或者，也許你懷抱著其他各種我沒經歷過的金錢創傷？我們都是成長環境下的產物，而為了要大步向前，我們必須努力處理埋於過往的金錢地雷。你想要拿幾個經濟學博士學位就拿幾個，但萬一你還沒走

出國中時人氣女生都有的那雙馬汀鞋的陰影，那麼馬汀鞋可就贏了。不過，在此刻這個故事中，贏的則是你。在步驟二中，我們已經幫你釐清你真正想要的是什麼。你渴望之物的價碼可能會改變，而且一定會改變，不會仍然會是可視的、可量化的、可計算的，而且充分是可以實現的。還有最重要的一點，你才是那位幕後推手，讓這一切成為「可能的」。

我知道你大概有點不耐煩了，想要快點進入進階的理財策略。「拉平，我受夠你那些金錢前戲。」你可能正在這麼想。好吧，我都聽見了，不過，在出發前就做好心態上和結構上的準備，能為你的理財之旅帶來最幸福的結局。

找到你的人

我知道尋求幫助很難，我自己就是那種帶有「獨立小姐」調調的「我一個人來就行」心態的典型代表。不過，即使是我，「老娘有錢」本人，在處理自己的財務時也獲得了幫助——而且還是很多！（你會在〈步驟七：來點債券吧，女孩〉中認識我的財務顧問，蕾貝卡。）醫生也要看醫生，心理諮商師也需要心理諮商師，教練也有自己的教練。我們全都需要幫助，就連專家也一樣。

和你的證券營業員說掰掰

專家們在挑選與自己同領域的專家時有個優勢，那就是對於不可告人的祕密以及漏洞在哪一清二楚。而尋找財務顧問時

最常犯的一大錯誤，就是誤把服務營業員看做財務顧問。你的營業員跟你是不同國的。

根據定義，營業員為金融公司服務，他們沒有義務為你謀求最佳利益。營業員獲得報酬的唯一方式是向你銷售他們公司管理的金融商品。他們可能會舌燦蓮花，表現得像是你的朋友，在節日時寄賀卡給你，但他們唯一的目的，就是要讓你掏錢投入對他們自己及公司最有利的金融商品。

因此，讓我再說一遍，營業員不是你的盟友。幾個大規模匿名調查結果顯示，營業員自己在投資時根本不會採納自己提供的建議。事實上，有將近半數的人根本就沒有買進他們強力推銷的商品，就像一位黑心的麵包師傅不會品嚐自己的麵包一樣。為什麼不呢？唯一的原因大概是，他知道這些麵包是用劣質的人工成分做出來的。

在尋找財務顧問人選時，唯一應該留意的頭銜是「註冊投資顧問」（registered investment advisor, RIA），或是獨立註冊投資顧問。這些人是受託人（fiduciary）。受託人指的是沒有任何利益衝突的人（假如他有，他必須誠實揭露），並且會把客戶的需求放在第一位。

不是每個提供財務建議的人都是受託人。（如果你想知道，沒錯，我是一名受託人。）金融服務業界——也就是營業員的世界——的宗旨是提供「適當」的財務建議。想一想：你會接受一家餐廳提供「適當」的餐點嗎？「適當」的咖啡？「適當」的朋友？「適當」的性愛？我是說，我才不要。而且我也

任何以不同頭銜現身的證券營業員……

……都不是你的盟友。實際上,那些不以你的利益至上的「營業員」很多時候並不會直白地掛名「營業員」,而是用委婉的說法來掩飾他們真正的身分。「營業員」的其他偽裝包含:

共同基金經理

註冊代理人

財務顧問

財富顧問

某銀行或某券商的某某副總裁

光是「財務顧問」一職大概就有兩百種不同的名稱,其中許多人是沒有受美國金融業監管局(FINRA,負責監督金融產品是如何被推銷給潛在消費者的組織)列管的。而且,很多時候,他們的「資格證明」都是在膨風,目的只是為了混淆那些分不清差異的人。

不希望你這樣做,尤其當這攸關你的資產去向時。

受託人與其他提供財務建言的人之間最大的差異之一是收費方式。受託人收取的費用是固定的,而且可以抵稅,然而非受託人會根據你的投資金額來收費,而且壓根不能抵稅。

請把受託人想像成你的造型師，而非受託人則是收取佣金工作的業務。可能的狀況是，你付給造型師一筆固定的費用，請對方助你容光煥發、心情愉悅。你的造型師的名聲取決於你看起來美不美，以及你的心情好不好。因此，就算對方和某個品牌有合作關係，最終，造型師忠誠的對象還是你。反之，如果你今天走進一間百貨公司，那裡的櫃姊櫃哥只會鼓勵你買他們櫃上的商品，這樣才能從銷售中賺取佣金。我知道，有時候你最喜歡的品牌的櫃姊櫃哥會表現得像是你最要好的朋友，這很容易令人混淆。感覺上，他們好像全心全意為你好，但實際上並非如此。他們絕對沒有。他們只想要你的錢——還有他們的佣金。

找到你的盟友

我不是要一竿子打翻所有的財務顧問。其實，雖然我把醜話說在前頭（我希望你認真看待這些警告），但市面上確實存在著傑出的財務顧問，他們會以你的利益優先，而且，就算他不是註冊投資顧問，有一個值得信賴的財務顧問還是總比沒有好。我只是希望你能看清誰是真正的盟友，而且越快看清越好，這樣你的盟友才能為你的淨資產帶來實質且正面的影響。找到盟友並不難，但找到最適合你和你的財富目標的人，就可能有點棘手了。

你應該從 CFP.net（負責監督理財規劃顧問證照的單位）和個人理財顧問協會（National Association of Personal Financial

Advisors）開始搜尋。[26] 你可以在這些地方找到一份清單，上面會列出所有只收取固定費用的顧問。這不代表他們全部都很優秀，或是很適合你。這就像是在你所住的州的律師公會清單上尋找律師，或是在醫療委員會中尋找醫生一樣，是不錯的第一步，可以讓你確認他們不是庸醫，但肯定不能僅止於此。

有一個不錯的經驗法則是，將你的投資費用維持在 1.5%左右，或者更低。也就是說，你付給財務顧問的費用大約占 1%左右，而投資本身的費用則要越低越好。（給你參考，追蹤大盤表現的指數型基金的費用可以低於 0.1%。）

Miss Independent

重要資訊

你也許曾聽過或讀過關於 2010 年的《陶德 - 法蘭克華爾街改革與消費者保護法案》（Dodd-Frank Wall Street Reform and Consumer Protection Act）的新聞報導。這項法案的立意是要整頓剛經歷 2008 年金融危機的華爾街。法案所提倡的改革之一便是受託規則，要求財務顧問行事必須以客戶的最佳利益為優先。照理說，該部分應於 2017 年之前生效，然而，非常遺憾，這項規定被當時的總統唐納・川普和國會挑戰成功。截至本書撰寫之時，受託規則尚未生效。

26　請上 indanadvisor.napfa.org 網站查詢。

當然，你不必非得要找人幫忙不可。如果你不找援手，可以省下更多成本。你完全可以自己研究並獨自管理投資。或者，你可以將顧問當作健身教練看待，依照教練所給的健身菜單自己按表操課。不過，當你想強化投資策略、稅務規劃及投資組合管理的時候，和財務「教練」保持合作便會獲得很多額外的好處。讓你和外頭那些財金新聞（又稱「恐慌 A 片」，我喜歡這樣稱呼）之間多一層緩衝也很不錯。只是可別忘記了：不是每個顧問都相同。

我知道這些行話可能會讓人不知所措，尤其你才剛開始學。所以，你可以參考下面這套簡單的腳本來面試你的財務顧問候選人，確保你要的答案都有問到：

你：嘿，顧問小姐，在我們進一步洽談之前，能否先確認你是否有在州政府或證券管理委員會那邊註冊？

註冊投資顧問：有的，我是註冊過的顧問。我還有一位與我一起工作的投資顧問業務代表（investment advisor representative,IAR），她也嚴格遵守受託規範。

你：太好了！那你的收費標準是？

註冊投資顧問：我從你委託我管理的所有資產中抽取 1% 的費用。

你：你會收取購買共同基金的手續費嗎？或是 12b-1（行銷）費？

註冊投資顧問：不會。我們只會收取1%的費用，也不搞「給佣金才行銷」那一套來賺錢。

你：太棒了。所以，讓我釐清一下，你不會因為銷售任一檔股票或債券而從中獲利？

註冊投資顧問：沒錯。容我多說一句，這些是很優秀的問題！盡量問！

你：這對我很重要，所以我想確定自己能做出正確的選擇。只剩幾個初步的問題了。你是否有和任何券商合作？

註冊投資顧問：沒有。我知道有一些受託人自己也銷售產品，也會從投資中抽佣，但這不是我做生意的方式。

你：我很高興聽你這麼說。我只是覺得那些自己有在經賣商品的註冊投資顧問有點過於積極。我想你應該不會直接從我這裡收錢？

註冊投資顧問：沒錯。我和許多值得信賴的第三方託管機構合作，例如嘉信（Charles Schwab）和富達（Fidelity）等等，你可以隨意選擇一個，並且隨時透過它們處理你的資金和帳戶，定期報表也會由它們直接發給你。

你：感謝你先把這些重要的部分都解釋清楚了。我很樂意接著深談，好繼續跟你討論我對投資的期許以及具體增值目標！

卡，收工！以下還有一份清單，讓你檢查你的財務顧問是否與敘述相符：

* 收取固定的諮詢費用（最好落在託管資產的 1% 左右，每年支付一次），應該要能抵稅。
* 獨立經營，不受任何公司的金融產品牽制（舉例來說，你的財務顧問不應該和網路券商億創理財〔E*TRADE〕和美林證券〔Merrill Edge〕等公司簽有獨家合作關係）。
* 可以處理任何產品和服務，而非只能處理他所屬公司推出的產品和服務。
* 依照受託人準則（而非適當型準則）行事，並依法揭露任何利益衝突，例如公司所給予的績效獎勵，或是為了提高你託管的資產總額——進而收費——而過度上修你的財務規劃風險。
* 本身並非投資的託管者，而是使用第三方託管機構存放你的投資（例如嘉信、富達或德美利〔TD Ameritrade〕。）

　　即便你身邊已經有人符合以上所有條件，你還是需要找一位正式的合作對象。顧問能接觸到的訊息基本上大同小異，但正是那種「難以言喻」的感覺，能助你在實現目標的路上發揮最不一樣的功效。在你的受託人面前，你必須能感到放心，才能真正誠實地面對人生中重大的決定，例如結婚、離婚、生小孩或搬家。這些事件對你淨資產的影響，比你是否持有蘋果公司股票更為重大，你絕對應該要能自在地談論它們——談論它們對你財務造成的影響——而且是和你的財務顧問談。

新的資產負債表

廢話不多說，以下是你可以考慮持有的資產類別，以及若想深入了解某類資產的話應該查閱的對應章節：

你未來的資產[27]	
安全型資產（自填）	
現金與約當現金工具（步驟六）	
現金	
活期帳戶	
儲蓄帳戶	
貨幣市場帳戶	
貨幣市場基金	
定期存單	
機動利率存單	
投資資產（步驟七）	
美國公債（國庫券、國庫票據、國庫長期債券）	
美國抗通膨債券	
債券指數基金	
境外結構型商品（保本型）	

---

27 我知道這事顯而易見，但還是得再三強調：人生中沒有什麼是百分之百安全的，包含華爾街在內。因此，我這裡寫的「安全型資產」也並非百分之百安全。它們仍然有部分風險，只是比「風險型資產」下的資產來得低（有時低非常多）。

定額年金險	
退休資產（步驟八）	
401(k) 退休福利計畫與／或員工儲蓄計畫	
利潤分享計畫與／或退休金	
傳統及羅斯個人退休帳戶	
私募壽險	
其他（SEP 退休帳戶、SIMPLE 退休帳戶、適格退休帳戶等）	
房地產（步驟九）	
房屋淨值	
風險型資產	
投資資產（步驟十）	
美國股票型基金	
國際股票型基金	
新興市場基金	
股票選擇權	
大宗物資	
貨幣	
加密貨幣	
公司債券	
垃圾債券	
債券型基金	

連動式債券（部分保本型）	
進階資產（步驟十一）	
房地產	
不動產投資信託	
信託契據	
收益型房產的租金收入	
其他不動產（養老院等等）	
有形資產	
家具與電器	
珠寶	
交通工具（汽車、船、摩托車）	
其他（藝術品、紀念品等其他投資）	
基金	
創業投資基金	
天使投資	
人壽保險	
現有負債	
房貸	
學生貸款	
爭議債務	

　　讀完本書後，我希望你的資產負債表會長得和這張表很接近。我再說一次，記住，如果你的新資產負債表上現在有一堆空白，請儘管放心。事實上，我敢打賭，你們大多數人都會是

如此！你可以隨時回頭參考這張表，填上幾個項目，或是刪掉不適用於你投資組合的類別，或是做其他任意的增減。

你或許有注意到，這張新的資產負債表與我們在上個步驟中所概述的表之間最大的差別是，你的資產被區分成**安全型資產**與**風險型資產**兩大類。正如同財務世界中的一切，這種區分不是絕對的，但仍然有其必要，能幫助你的投資組合看起來井然有序。

如果你將投資組合想成是創作、走秀或任何其他類型工作的作品集，那麼你便會了解，這麼做是為了展示一個範疇，或者說，是為了展示多樣性。同樣的道理也適用於此，你的投資組合中所列的各類細項是資產（就像你在作品集上面列出發表過的文章一樣），而資產配置所指的是，你打算在不同項目和不同風格上展現多少本領。為了打造一組成功的投資組合，也就是我們最後一步驟中所要做的，我們得先了解你對哪種類型的資產較有興趣。現在，你只需要直視終點的眼睛，對它眨眨眼，因為你很快就會再見到它了。

許下承諾

我懂。在不清楚未來會發生什麼事的情況下，要許下承諾是很難的，尤其這關係到你辛辛苦苦賺來的錢。不過話說回來，你以前已經有過類似經驗——租屋合約、商業交易或是婚前協議——所以你現在也可以這麼做。假如有幫助的話，請和自己簽一份小協議，好堅持執行那些你已經寫上行事曆的預定

事項。事實證明，簽署某種協議能讓我們更認真看待承諾。

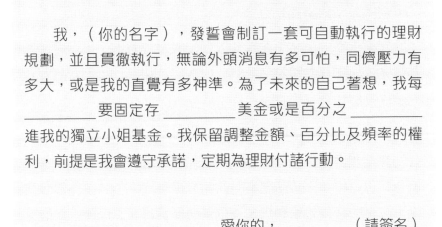

　　我，（你的名字），發誓會制訂一套可自動執行的理財規劃，並且貫徹執行，無論外頭消息有多可怕，同儕壓力有多大，或是我的直覺有多神準。為了未來的自己著想，我每_____要固定存_____美金或是百分之_____進我的獨立小姐基金。我保留調整金額、百分比及頻率的權利，前提是我會遵守承諾，定期為理財付諸行動。

　　　　　　　　　　　　　　　愛你的，_____（請簽名）

　　你可以把這份聲明拿給你的財務顧問和／或替你管錢的夥伴看，也可以給他們一份副本。假如你想的話，我也非常鼓勵你分享在社群媒體上（如果你真的這麼做，請標記我，我會轉發的！）我個人寧願看到這類訊息，也不想再看到食物照或是修圖修過頭的對鏡自拍。我是說，哈囉，如果你在蓋一棟真的房子，你八成會大聲宣告這件事，沒錯吧？你也會定期分享你挑的那些美麗裝飾品和剛安裝好的可愛火爐，也絕不會忘了炫耀你那精心布置的步入式鞋櫃？那就對啦。我們此刻將著手建造的就是我們夢想中的財務之家。我們是自己生命的夢想家、工人和設計師。所以，讓我們釘上藍圖，開始幹活，然後使盡吃奶的力氣大肆妝點一番吧。

總結

俗話說：知識就是力量。

知識很棒，這點無庸置疑。但是光是會讀書不足以讓你成為獨立小姐。執行才是唯一解。而要想成功執行，最好的方式就是先真的採取行動——然後一而再、再而三地去做。

俗話說：找一位財務顧問幫你投資真的非常重要。

這點我完全同意。而且我寧願你從某位收取高額手續費的證券營業員開始，也比壓根不開始要來得好。不過，在理想情況下，你的合作對象應該是一位幫助你實現夢想、賺大錢的受託人，而不是一味推銷自家產品的人。如果你已經花了很多手續費，也不要自責。你已經用盡你手邊所擁有的訊息做出了最好的決定。但現在，你所擁有的更多了，是時候更上一層樓了。

俗話說：過去我料中過很多次景氣的大起大落，所以這次我真的該聽從直覺行事。

最成功的投資人都信奉行為財務學，並且努力預先對財務規劃許下承諾，以防止事後任何的異想天開和一時興起。我贊成在處理關係、追求熱情、沉迷賽事時遵循你腦中直覺的聲音。但是關於財務，那位討厭鬼只會幫倒忙。

步驟六
現金為后

將最安全的資產最大化

你是否曾注意過，我們常用的一些俗語都是以男性角度出發？「老大哥」、「市場先生」、「現金為王」。嗯哼，我開始改口為「老大姊」、「市場女士」以及「現金為后」。這麼做也許會引人側目，但我認為這麼說更來勁。超級。

開始採取任何進階的投資策略之前，將現金安排就位超級重要。你手邊需要有現金以備不時之需；畢竟，你無法拿綁在指數型基金或其他投資工具裡的錢來修壞掉的暖氣，也不能支付昂貴的醫療帳單。除此之外，當你有緣遇上朝思暮想的高價夢幻逸品時，也會希望手頭有錢可用。

忘掉老掉牙的床墊吧。那裡不是藏現金的好地方。（水槽下方的衛生棉後面也不是。）在本步驟中，我會進一步闡釋資產負債表上的第一大項，「安全型資產」，並告訴你該怎麼存放現金與約當現金財產，以及要放在哪裡才能讓它們（安全地）增長。

姊姊妹妹站起來

　　儲蓄本身不會使你致富，卻是建立財富基礎的重要基本元素之一。調查顯示，倘若現在就要拿出 400 美金（約新台幣 1 萬 2 千元。）有一半的美國人根本做不到。如果你屬於另外一半拿得出來的人，真是好棒棒──但我們什麼時候會因為低空飛過而滿足了？而假設你屬於那一半湊不出緊急資金來支付，呃，緊急狀況的人，接下來將會有所改變。

緊急時請按鈕

　　緊急預備金存在的目的是為了應付緊急狀況。然而，你的緊急狀況可能不是我的緊急狀況。以下是一些例子，說明你可能需要動用到這筆資金的原因：

* 收入中斷
  生意危機
  裁員
  解雇
* 私生活危機
  家庭喪事
  健康問題
  照顧親人
* 計畫外的人生大事
  臨時為了家庭或工作原因搬家

失去托嬰及育幼支持

「不小心」懷孕

✱ 市場與金融因素

身分被盜用

利率飆升

股票市場崩盤

✱ 倒楣事件

自然災害：火災、洪水、地震及其他

大規模事件：流行傳染病、勞工罷工及其他

怪事／衰運：一週內爆胎四次、根管治療及其他

　　萬一以上的事件或其他任何你視為緊急情況的情形發生，你將需要一種新的謀生方式，以及另一個棲身之處。請回去步驟二檢視一下你的「夠用就好」預算，看看你需要多少錢才足夠支付基本開銷。理財規劃顧問委員會建議，每個人最好隨時都要備有相當於三個月到六個月開銷的資金。不過，誠如每個人對投資風險的耐受度不同，要準備幾個月的資金才足夠這種問題最終還是取決於你。有些人認為存有六個月的緊急預備金就可以了，不過也有些人堅持十二個月才夠。關鍵在於找出你的甜蜜點，既能擁有足夠的緩衝，以應付任何可能發生（而且真的會發生）的衰事，但又不會無謂地占用一大筆分明有更好用途的錢。當然，在做出決定前，你得考慮工作的不穩定性、你的家庭及健康狀況，以及你對安全感的偏好。

讓我們關注最後一項：個人安全感偏好。如同我們先前所討論過的，你個人的創傷和包袱是影響安全感的重要因素。因此，假如你像我一樣沒有家庭提供的安全網，並且對破產及無家可歸懷有非理性的恐懼，那麼，在你的「啊！幹」緊急預備金中好好準備個一年的開銷，便是獲得安全感的關鍵。不過，假如你背後有龐大的家族或遺產支撐，又或者只是比較樂觀，那麼你也許會覺得六個月就很「舒適」了。

無論這個數字是多少，你都應該將它與獨立小姐基金分開存放，存在另外的儲蓄戶頭中。如果說，你的獨立小姐基金是為了增長財富以及優雅退休，那麼你的緊急預備金就是為了確保你能完好無缺地抵達終點。不過話說回來，儲蓄不代表我們不能從中獲得一點樂趣。現在就是決定自己的現金冒險的時候了。

如果你已經存到你所設定的緊急預備金金額，那麼請按照下面的步驟，透過一次性全額轉帳為這筆錢找到一個完美的新家。接著，萬一你之後出於任何原因動用了這筆錢，請優先將它補滿，而不要先去增加或調整我們將在後面建立的獨立小姐基金。

記住：請別因為擔心「用了就沒了」而感到愧疚，讓自己身陷危機之中苦苦掙扎。如果狀況真的萬分緊急，就用吧——存錢就是為了這種時刻！等你之後重新站穩腳步，就可以一次將金額補足，或是定期自動存款（這方法很快就會成為我們的新朋友）直到金額補滿。

如果你的緊急預備金目前尚未完全到位，那麼這將是你獨立小姐基金中現有資金的主要去處。去為你在上個步驟中所設立的帳戶再設置一個自動轉帳，將錢轉進一個新帳戶，我們將在本步驟中挹注它。在緊急預備金完整到位之前，如果你不得不從薪轉戶或其他收入來源轉出所有本來要轉去獨立小姐基金的錢，那麼你就該這麼做，直到你將預備金準備好為止。

還記得你小時候讀過的那些，依據每次劇情轉折後所選頁數不同，每次就會得到不同故事的「選擇屬於你的冒險」的書嗎？現在，就讓我們來玩玩看，探索一下籌備緊急預備金有哪些不同的方法。

選擇屬於你的冒險

你的月薪為 5,000 美金（約新台幣 15 萬元）。你決定將收入的 10% 存起來，也就是每個月存 500 美金（約新台幣 1 萬 5 千元）。你覺得戶頭中至少需要存有五個月的「夠用就好」資金，也就是 1 萬 2 千 5 百美金（約新台幣 37 萬 5 千元）。

✱ 如果你還沒有為 1 萬 2 千 5 百美金的目標預留任何資金，那麼你將設置每月 500 美金的自動轉帳（轉進你衡量完本章的選項後所選擇的帳戶），為期二十五個月，直到達成目標。

✱ 如果你目前已存有 1 萬美金，那麼你將設定為期五個月的自動存款，每次存進 500 美金，直到達成目標──接著，將那 500 美金轉投入我們將於接下來六個步驟中探索的不同投資類型。

✴ 如果你已預留好1萬2千5百美金，那麼請將其轉進一個儲蓄帳戶或是約當現金的工具中，將帳戶標上「夠用就好基金」或「緊急預備金」甚至加上鐵錘的表情符號——任你選！——然後好整以暇地讓你的錢以其他方式為你賺錢。

✴ 如果你為不時之需所預留的錢已經超過1萬2千5百美金，那麼我會在接下來的幾頁中教你一些有趣的選項，告訴你該怎麼處理剩餘的部分。

收入→緊急預備金→獨立小姐基金

我知道你也許懶得執行其他步驟，只想將緊急預備金留在獨立小姐基金裡就好。讓我告訴你這為何不妥：將救急金放在離零花錢很近的地方，風險太高了。就算自制力再高，只要它就在那，你就有機會花掉它，而我們不想拿緊急預備金來開玩笑。把戶頭分開還有一個重要的原因：如果你將緊急預備金留在普通的活期帳戶老伴那邊，你能賺到的利息實在少得可憐。正常的狀況下，除非必要，否則你不會碰這筆錢，因此你不妨將它存在高利息的儲蓄帳戶中，讓這筆錢在最安全的情況下盡可能地增長。如果你的帳戶開在同個銀行，你可以在緊急狀況發生時立刻將錢轉入活期帳戶，這樣你就可以在需要時隨時取得所需的資金，同時避免了不小心花光它的風險。

如果你選擇用不同的現金工具存放緊急預備金（我將在本步驟的後續內容中討論），那麼這些工具加總起來的金額應該要和你的「啊！幹」金額相同。讓我們舉另外一個計算簡單的

例子來看：你需要 5,000 美金才能過上「夠用就好」的生活，並且認為戶頭裡要儲備十個月的資金才放心。也就是說，你手邊得有 5 萬美金的現金，供你需要時隨時動用。這筆金額可以存在單一帳戶裡，或是分散於不同類型的帳戶，只要這些帳戶都屬於我們在本章中提到的類別——不要放在其他更進階的地方。這是因為，我們在本步驟中會討論到的帳戶類型是最接近實際現金的（除了更安全一點），也就是必要時你所需要的。

在此公開替財務顧問說句好話：在這一步中，你可以開始看到擁有財務顧問的好處。你當然可以自己管理多個儲蓄帳戶，你很有條理，說你「能勝任」是低估了你。然而，如果能找個人替你留意的話會很有幫助，因為如此一來你就能節省一些腦力，拿去執行那些助你發大財的計畫。此外，毫無疑問，當你賺得越多，能存的錢就越多、存得也越快，你很快就能存到緊急預備金，轉向更令人興奮的投資策略。

如果你還沒準備好踏出那一步，別擔心。你可以任意挑選一款免費線上工具，一站式管理你所有的戶頭。雖然沒有人能幫你確保投資機會最大化，但至少你能在一張精美的主頁中一目了然看見你所有的帳戶。然而，你要明白，沒有東西是全然免費的。仔細閱讀那些細則，搞清楚她們會怎麼使用你的個人資料。如果那家公司信譽優良，那八成沒什麼問題，但了解一下總比懵懵懂懂好。

撇步

怦然心動的消費整理術

　　我不是要評斷你的消費方式，那不是我的作風，那種事交給外頭其他財務專家去做就好。我寧願利用你的這段注意力去幫你賺更多錢，再用那些錢去賺更多的錢，好讓你不必在買拿鐵、花其他小錢，甚至奢侈一下享受生活時還得心驚膽跳。畢竟，過上你熱愛且引以為傲的生活是無價的。不過，我確實希望你思考一下，花錢在哪些事情上會令你怦然心動——以及，如今你嚐到了儲蓄的，嗯，心動後，那些花費對你來說是否仍像過去一樣那麼怦然心動。

　　我先舉幾個例子來示範，剩下的你就可以自行填寫：

支出（物品或體驗）	心動指數（一到五）	價格
手足美甲	2	$75 ≒ NT$2,250
	頻率（每月）	每月花費（價格 × 頻率）
	2	$150 ≒ NT$4,500
每年花費（每月花費 ×12）		$1,800 ≒ NT$54,000

支出（物品或體驗）	心動指數（一到五）	價格
飛輪課	4	$20 ≒ NT$600
	頻率（每月）	每月花費（價格 × 頻率）
	10	$200 ≒ NT$6,000
每年花費（每月花費 ×12）		$2,400 ≒ NT$72,000

沒有人硬性規定你要依據心動指數進行取捨。這是你的錢，也是你的快樂。不過，算出各項開支的年花費，然後分析它能帶來多少快樂，能幫助你在進行額外消費時更加謹慎小心。

當然，我們每個人在某個階段都會面臨「與卡戴珊一家同行」[28] 的壓力。我不打算叫你完全抹煞那個念頭，因為我知道這麼做並不現實。相反的，我想建議你退後一步，改嘗試以下這些事：

❋ 監控那些感覺，在它們浮現時觀察它，然後告訴自己，你永遠無法從別人的社群軟體貼文中了解她們到底經歷過什麼。

❋ 用近藤麻理惠那套解決它。唇蜜可曾令你怦然心動嗎？

28　一部美國真人實境電視連續劇，重點關注 2007 年至 2021 年間卡戴珊 - 詹娜混血家庭的個人和職業生活。

那麼，你為什麼要去在意別人都在瘋搶凱莉・珍娜（Kylie Jenner）最新推出的美妝產品？回頭看看那些年你追逐過的潮流如今正躺在衣櫃發霉，然後告訴自己清醒一點。

✱ 去尋找其他同樣有錢有勢但更貼近現實的案例。沒錯，有些名人真的和我們一樣。

凱莉・安德伍（Carrie Underwood；誰不喜歡這位甜心呢？）以自製午餐省錢聞名，就算偶爾揮霍外食，吃的還是像Subway潛艇堡這般便宜的選項。以《暮光之城》（Twilight）打響名號的艾希莉・葛林（Ashley Greene）曾公開表示她無法接受花錢搭頭等艙這種事，她堅持過著不鋪張浪費的生活，這樣當她沒有戲約時才不需為錢煩惱。蒂芬妮・哈戴許（Tiffany Haddish）從未忘記她睡在車上的日子，還說她至今仍十分愛用那顆盜版的Michael Kors包包。至於那些她在照片中所拿的真貨呢？她說：「那些包不是我買的，是送的。我上一個為自己買的包包是Madden Girl的後背包，超級可愛。而且還正在打折，只要45美金！（約新台幣1,300元）」說穿了，你可以花錢並不代表你應該花錢。這些女主角顯然準備好擁抱真正的獨立小姐生活方式了。你呢，你準備好了嗎？

快去購入……

……最漂亮的利率！我知道、我都知道。如果你近期察看過利率，真的超低的（對借錢方來說是好消息，但對想賺錢的人來說糟透了。）不過你也知道，情況並非總是如此。1990

年代的利率約為12%。接著下降到7%，並維持了一段時間，到了2000年代初期又降到1%至3%，然後一路降到1%以下，直至2020年為止。

利率還會漲回去嗎？過去十年間我一直在報導這個問題，但至今情況改變不大。我不喜歡鐵口直斷，不過利率似乎只有一條路可以走——就是往上。不管利率現在是多少，波動都很大，甚至每天都在波動。

銀行依據聯邦基金利率（federal funds rate）的風向調整利率，但最終，她們的競爭對手是其他銀行，而每間銀行都想爭取你的業務。有的銀行在儲蓄利率上較占優勢，有的則關注其他領域。千萬別以為你的銀行利率最漂亮，所提供的帳戶選擇也會最佳。請把挑選銀行當成買車，這家經銷商離你最近，不代表你不能用更優惠的價錢向鎮上另一頭的經銷商買到一模一樣的東西。在市場上尋找利息最高的方案時，你必須好好貨比三家，才能買到最划算的商品。

貨幣市場帳戶

貨比三家時，我會先從貨幣市場帳戶（money market account, MMA）開始，這種帳戶所給的利息通常會比單純的儲蓄帳戶多一點點。嘿，我在談論利息（也就是你在〈步驟三：大事成就大事〉中學到的年化報酬率）的時候，很常會使用「一點點」一詞。不過，我見過的利息差距曾高達0.01%儲蓄帳戶利息對上1.6%貨幣市場帳戶利息那麼多，所以這「一點

點」並非無關痛癢。過去，貨幣市場帳戶因為規定最少需1萬美金才能開戶的緣故，而被視為是富人專屬的工具。如今局勢已變，很多銀行都將最低開戶金額調降為 1,000 美金左右，有些銀行甚至只要 1 美金就能開戶。

如果你想查詢不同銀行和券商的貨幣市場帳戶利率，可以從 bankrate. com 或 ratepro.co 這樣的網站開始。你也可以在《巴倫周刊》（*Barron*）、《投資者商業日報》（*Investor's Business Daily*）或《華爾街日報》（*The Wall Street Journal*）查看當前選項的完整列表。除了查出哪家利率最高，以下這份清單也列出了你在挑選貨幣市場帳戶時應該考慮的因素：

✳ 最低開戶金額。

✳ 是否能設置自動存入功能，從你的活期帳戶中定期扣款。最低可低至 50 美金。通常在設定了自動存入功能後，最低開戶金額會降低，所以一定要記得詢問。

✳ 該金融機構是否受聯邦保險保障。若是銀行，請注意它有無聯邦存款保險公司（Federal Deposit Insurance Corporation,FDIC）認證；若是證券經紀商，請留意有無美國證券投資者保護公司（Securities Investor Protection Corporation,SIPC）認證；若是信用合作社，請注意有無美國國家信用合作社管理局（National Credit Union Administration,NCUA）認證。

✳ 該機構提供何種開支票與自動提款機功能。即使你不常去碰這些錢，但還是事先搞清楚，以備不時之需比較好。

許多貨幣市場帳戶設有每月提款金額上限，超過上限就要酌收費用，好讓你不會將此帳戶當成一般的儲蓄帳戶使用，而是想清楚了再提領，也就是所謂「緊急預備金」的真諦。

✳ 帳戶餘額過低時是否會有罰款。

✳ 是否酌收其他費用。

其中最關鍵的因素會是利率。老實說，多數大型、具信譽且受聯邦保險的銀行與券商所提供的利率都差不多。你也許在開設貨幣市場帳戶的同一間銀行中持有其他的投資，如果該銀行其他產品的利率和優惠很強，也許是好事一樁，不過，你也不一定非將所有資產都集中於同間銀行不可。我和以下幾間公司沒有商業上的合作，也不是在為它們背書，但假如你不知道從何開始，可以參考一下這些選項[29]：

✳ 富達（FidelitynInvestments）

✳ 先鋒領航（Vanguard）

✳ 第一資本（Capital One）

✳ 嘉信（Charles Schwab）

✳ 巴克萊（Barclays）

✳ 德美利（TD Ameritrade）

✳ 恒達（Edward Jones）

---

29 我沒有和任何網路銀行、以應用程式為主的銀行及傳統銀行合作。我只是提供一些選擇，看看當中有沒有能與你產生共鳴且最能滿足你的需求及願望的選項。我當然不可能全部都列上來，所以這只是一份用來幫助你起步的範例。

重要資訊

　　我到底要怎麼開戶？銀行和證券經紀商到底差在哪裡？你的銀行是你執行日常金融業務的地方，例如提款、存入支票或為儲蓄帳戶存款，另外，個人貸款、簽帳金融卡、信用卡或房屋抵押貸款也屬於銀行業務。另一方面，一間證券經紀商，或簡稱券商，是處理股票及債券交易相關業務的金融機構。也就是說，假如你想要購買 X 公司的股票，或是把一些錢投入 Y 共同基金，你會需要找券商幫忙。其中一個關鍵的區別在於，大多數的銀行帳戶都受聯邦保險保障，但多數的證券戶沒有。

　　如果你接下來有申請事業貸款，或是房屋抵押債款的打算，你自然會希望自己獲得的利率越低越好，那麼，假如你早就是該銀行的客戶——他們認識你、信任你，而你又可以說是「家族的一分子」——會蠻有幫助的。此外，正如我們在疫情期間所看到的，那些希望申請工資保障計畫貸款（paycheck protection program,PPP）的業主，從他們原本就有往來的銀行那裡得到了更快又更好的幫助。為了協助你和銀行建立關係，進而拿到最棒的利率，請考慮儲蓄金三角：網路銀行、傳統銀行、信用合作社。現在就讓我們深入了解一下它們各自的優勢與劣勢吧。

網路銀行

像 EverBank（恒生銀行）、CIT Banka（中信銀行）和 Ally Bank（阿裡銀行）這樣的純網銀，或是像 Aspiration（願望）這樣以應用程式為主要運營方式的銀行，利率通常會高一點點，因為它們省去了實體店面的開銷。許多以應用程式為主運行的券商，如 Betterment（改善）和 Wealthfront（財富前線），也正透過高收益儲蓄帳戶（high-yield savings account）服務加入儲蓄戰局。貨幣市場帳戶和高收益儲蓄帳戶間最大的不同在於運用資金的靈活程度。高收益儲蓄帳戶通常不會附帶支票功能，但可能會給你較高的利率作為補償。出於這點，我不會讓你將所有儲蓄通通存在高收益儲蓄帳戶裡，但你可以把大多數的錢放進去。

我很開心見到越來越多公司投身金融科技領域。我會將它們視為讓儲蓄遊戲化的一種有趣方式——好比是網路儲蓄中的甜點，而非主菜。這些致力讓存錢變好玩的公司中值得關注的有：Acorns（橡樹果）、Simple（簡單）、Digit（數位化）、Qapital（資本）和 Long Game（長期遊戲）。這幾家公司與一般的線上銀行不同，他們採用創新和有趣的技術提供金融服務及產品，鼓勵你多多儲蓄。不過，由於他們不屬於傳統銀行體系，所以不提供相等的福利及安全性，這點還請謹記在心。另一方面，網路銀行與傳統銀行仍然密不可分——包括福利及安全性——差別只在於可以用網路和手機操作，而不必親自跑一趟銀行。而讓我們說句實話，你知道你的銀行分行在哪嗎？

天底下竟有這種好事，不如就笑納吧。

傳統銀行

如今，放眼世界，擁有網路銀行的好處實在不必再多言。你真的不必為了一件用網路或電話就能辦好的事而親自跑銀行。除非……你人正在旅行。身為自詡為護照章收藏家的人，我會說，擁有一張大型銀行的提款卡——例如美國銀行（Bank of America）或摩根大通銀行（Chase）——不只一次在我需要的時候幫我順利取得現金。針對傳統銀行的活期帳戶，你可以單純拿它來進行日常消費而不儲蓄，這麼做也沒什麼問題。但我會建議，最好還是將部分儲蓄放在傳統銀行以便隨時取用比較保險。

信用合作社

如果你是信用合作社（credit union）的一員，裡面的互助氣氛往往會讓你得到更有利的信貸條件和利率。信用合作社提供的好處和其他銀行相同，不過背後是由國家信用合作社管理局擔保，保障上限是 10 萬美金（與聯邦存款保險公司不同之處在於，聯邦存款保險公司提供銀行的保障上限是 25 萬美金）。信用合作社從事銀行業務並非是為了賺錢，只求能打平成本，所以這些利潤時常會以更高的儲蓄利率和較低的借貸利率回饋到你身上。（再者，就定義上而言，你可說是這間合作社的老闆，酷！）然而，信用合作社通常不會提供像大型銀行

一樣的附加服務（例如遍布全國的自動提款機，或是易於操作的手機應用程式），所以我不建議你只和它一人相廝相守。

有些儲蓄帳戶會收取費用。雖然費用相對低廉——每月的管理費有可能是 10 美金（約新台幣 300 元）或更低——但你還是不想付。外頭有很多免收費用的儲蓄帳戶。不過，雖然我已經說過了，但還是想再說一次：我希望你養成把各類名目費用都視為眼中釘的習慣。表面上看來，費用也許是小事——這裡 1% 那裡 1% 有什麼大不了？長話短說：一輩子下來還真要命的多。若要細究，是複利的力量（我們如今很懂而且很愛的東西）使然。依據你投資金額的多寡，費用長時間下來足以累加至數千甚至數百萬美金。過高的投資費用及退休理財工具費用可能會吃掉你未來積蓄的五成至七成。是的，你沒看錯。不，這不是筆誤，而且你說對了，我就是費用警察沒錯。我當初發現這點時也同樣震驚。從現在起，我們會開始物色許許多多的金融商品。雖然我會邊走邊提醒，但我希望你能提高警覺，特別留意每一種商品的費用。

定期存單

定期存單（certificate of deposit, CD），或者稱定存單，是一種投資工具，你將錢存入一段時間——三、六、九或十二個月，或幾年起跳、長至十年——完全不碰它，當期滿領出時便能獲得比其他儲蓄工具稍微高一點的利息回報。你把錢放在定存單裡的時間越長，得到的利息就越多。就跟我不會將

所有緊急預備金放進高收益儲蓄帳戶的道理一樣，我也不會把它們全都放進定存單。不過它在為你保障本金的同時還能賞你一些額外的甜頭，所以是另一個不錯的選擇。請注意，有些定存單會自動續存，也就是第一期到期時會自動幫你開始新一期的定存。還好，你已經學會避開這種陷阱的最佳方法：為定期到期的前一天設置行事曆提醒，要嘛將錢領出，要嘛續約……總之，依你的條件來。傳統的定存單對於到期前提領設有罰款。如果你提前將錢領出，許多定存單會收取六個月的利息做為賠償。有一些甚至會要求你得付錢才能提領。因此，雖然這是賺取額外收益的好方法，但前提是你必須能在不仰賴這些資金的情況下也能應付緊急狀況才行。

市面上有一些「靈活型」或「免罰款」的定存單不會在你提前提領時施加罰款，但它們的報酬率通常也較低。儘管定存單被視為相當簡單明瞭的一種投資，還是有幾種有趣的款式可以挑選：

機動利率存單（market-linked CD）：這是一種跟隨市場波動的定存單，所以沒有固定的利率。假如市場上漲，你賺的就比傳統定存單更多——不過假如市場變差，就不會多賺。採用機動利率的存單的綁約期限較長（單位通常是年而不是月），提前提領的罰款也較高，也就是說你一旦把錢放進去，就會被綁死一陣子。這種存單要負擔的稅率也比一般存單高，而且收益會被視為利息，而非資本利得（你應該記得步驟四中提過，資本利得的稅率比所得稅率更優。）還有，你得在期限

內每年申報利息，不能等到到期時才申報，所以你可能得在真的賺到錢之前就先繳稅。儘管如此，如果你想要承擔部分市場風險，但又不想損失本金，機動利率存單也許是你的好選擇。

經紀存單（brokered CD）：這種存單由券商或營業員提供，他們為了獲得更好的利率而大筆買進定存單，然後再轉賣給公司或個人投資者。這種存單可以在到期之前在次級市場上購買或出售，但規則複雜許多，因此假如你想走這條路，請務必先找顧問討論。

大額存單（jumbo CD）：這種存單所要求的初始存款至少要達10萬美金以上，但報酬率也較高。放膽做夢吧，女孩！

貨幣市場基金

別和貨幣市場帳戶搞混了，貨幣市場基金（money market funds, MMF）實際上是一種投資於現金或約當現金證券的共同基金，而不是你需要時能提領現金的帳戶。沒錯！這是目前你學到的最進階的項目，不過別擔心——我們還在安全地帶。

貨幣市場基金的期限通常較短，最長大約十三個月。如果你在到期前需要那筆錢，你需要申請贖回股份，券商則需在七天內處理完成。這種基金並未受到聯邦存款保險公司保障，意即你的本金不會像本步驟提到的其他選項那般百分之百受到保障。儘管如此，這種基金的投資標的——包含短期國庫券（我們會在下一步驟中提到）等政府公債與存單——通常被視為安全的投資。至於風險較高的貨幣市場基金的投資標的則可能是

公司債券或外幣存單。

假如你的投資時間表非常「短小精悍」，或是正在找個地方存放些許現金，投資於貨幣市場基金的風險不高，而且回報通常略能贏過通貨膨脹。與更傳統的共同基金相比，這種基金的平均報酬低上許多，這也就是為何我將貨幣市場基金放在這個章節，而不是放在〈步驟十：指數型基金，佛系化煉金〉裡談。如果你要做的是長期投資，想要養出一個肥肥胖胖的退休帳戶，並且妙手打造一個完善的殺手級投資組合，那麼貨幣市場基金雖能帶來安全感，卻無法提供你想要的增長。

解碼百分比

在我們繼續下去之前，你還需要掌握一項金錢的基本知識：百分比。你可能會想：「拉平，我國中就學過什麼是百分比，謝了。」嗯哼，也許吧，但我不信七年級的課程大綱有教過你，當百分比應用在金錢上，小小的 1% 有多重要（應該要教才對！）

對於小數點右邊的東西，華爾街有一套非常花俏的說法：基點（basis point）。你越是深入這個世界，越常會聽見別人說「在某某銀行多拿到兩個基點」或「利率上升了 20 個基點」。有時人們會說「基本點」或「點」，都是指同一樣東西。那麼，2 個基點和 20 個基點到底是什麼？這個嘛，請把一個基點想成 1% 的百分之一：

2 個基點 = 0.02%

20 個基點 = 0.20%

200 個基點 = 2.00%

為什麼不直接說百分之二，而要說兩百個基點呢？一方面是為了要帥，另一方面，則是為了因應在這個每 1% 中的百分之一都可能是大錢的世界中，能迅速且精確地傳達百分比。時至今日，2%、0.2%、0.02% 之間可說是天差地遠。所以，開始學會注意——並欣賞——這些看似微不足道的差異之間的意義吧。

團結力量大

我們談過幫自己找一位財務伙伴的重要性，但除了依靠值得信賴的朋友或家庭成員外，還有更正式的方式可以做到。成為獨立小姐的這條路，你通常是一個人開始的，是一項完完全全獻給自己的承諾。不過，要是一路上能有人手牽手一起走，這趟通往財富的公路之旅將會生色不少。

快去開趴

部分銀行和信用合作社有所謂的「儲蓄俱樂部」（savings club）帳戶，它能讓你輕鬆地為某個目標儲蓄。「聖誕俱樂部」帳戶就是這類帳戶的其中一個例子，它能讓你按部就班地（而且往往很嚴格）為假期存錢。如果你開辦了這類帳戶，基本上就是在保護自己遠離任何會令你偏離目標的誘惑。這種帳

戶需要定期投入款項，並伴有利率調降等失敗懲罰措施，也設有條款防止你提前解約。如果你知道自己意志不堅、舊習難改，那麼這些規定對你會很有幫助，因為它會讓你自動養成更好的習慣。

「社交儲蓄俱樂部」（social savings club）也值得一提。這個儲蓄俱樂部沒有紅色絲絨圍繩，不會開瓶慶祝，也沒有銀行的任何正式保障；只是圈子裡的一些人聚在一起，試圖督促自己多存一點錢。簡單來說，就是你和其他人依照彼此都同意的規則將錢集中起來。這種安排對於像是一起規劃假期的大家庭應該很有用，也就是每個人必須投入特定金額，頻率也許是每個月，然後所有人同意在某一天取出。除了同儕壓力（或往往更強烈的親情壓力）之外，你也可能藉由這筆大錢而領到更多的利息，因為比起你單一個人的錢，集體資金適用的利率也許更高。

一些像是「聰明小豬」（Smarty Pig）之類的網路儲蓄帳戶有個社群功能，讓你能在上面公布財務目標，和其他同樣正在存錢的人互動，並且向家人和朋友尋求幫助。「麻繩」（Twine）是一個讓伴侶一起存錢的應用程式。「電子資金池」（eMoneyPool）則是另外一個應用程式，在那裡，你可以加入一群存錢的人，參加者定期投入資金，累積的金額由大家輪流拿走，如果時機恰到好處，這能在你需要一大筆錢時即時支援，讓你不必負債。

心路歷程

誰是蘇蘇？

「所有關於錢的事，我都是跟蘇蘇學的。」我們正在宿舍房間的浴室刷牙，站在另一端的朋友茉蒂開口說。

「真好⋯⋯我身邊沒有那樣的人。我想我會多接一點科學院的那些研究，這樣我就能存錢去看演唱會了，希望那些研究不要太奇怪。」我拿起我的盥洗包說道。

「嗯，如果你想的話，我明天可以用會議室的白板解釋一下，這樣我們就可以一起。眾志成城，你知道嗎？」她在我們走回房間時說。

「即使我們連城『門』都沒有！」我開了一個可能是我人生第一個（也是最爛的一個）理財笑話。

「你考慮看看，我會幫你的，拉平。」我們擁抱互道晚安時她說。

在成為獨立小姐的很久以前，我是個有一餐沒一餐的大學生。我想你可以說那時的我「即將就快變有錢」。而就和多數的大學生一樣，我修了時髦的經濟學，約略懂得一些理論，但對於實際的個人理財是半點概念也沒有。我和我的朋友想去看大衛馬修樂團演唱會，所以正在存錢，我跑去參加在學校四周布告欄

上宣傳的科學研究賺點外快。（趁你還沒被嚇跑，這些研究多半只是填填問卷而已。之前只有一次比較怪，那次學生在我頭上戴了一頂內裡塗滿某種凝膠的帽子？管她的，就是大學嘛，沒事！）時薪大約是每小時 15 塊美金（約新台幣 450 元），付現──這個時薪，等到演唱會都開始了，我還是不夠錢買票。

「好吧，所以蘇都教了你什麼？那是你媽的名字嗎？」幾天後，我在學生餐廳見到茱蒂時問她。

她笑了。

「幹嘛？」我說。「我臉上沾到什麼了嗎？」

她笑得更厲害了。

「牙齒卡了東西？吼，我就知道⋯⋯」我試著用手上刀子的反光檢查齒縫是否乾淨。

「不，沒有，你牙齒上沒卡東西⋯⋯但也許你的耳朵有！」

我超級困惑。

「沒有蘇這個人！」

我更不解了。

「我一直在說的『蘇蘇』，是我老家的儲蓄互助會的名字。」由於笑得太厲害，她上氣不接下氣地說。

茱蒂來自迦納，在那裡，「蘇蘇」（susu/sousou）是一種借貸互助會，一小群人定期投注現金，頻率長短不一，然後輪流拿走整筆資金，直到每個人拿回她們所投入的總金額為止。這種團體在沒有機會與

傳統金融機構往來的女性間最常見。

「你說什麼？！」我說。我即將要在味如嚼蠟的義大利麵面前，向茱蒂學習比我在西北大學四年課堂下來還多的金融知識。

「好吧，洛杉磯小姐……假設你，我，還有桌子那端的另外三個人，每個工作日都拿出 10 美金。」她開始解釋，從她的托盤上的鹽包中取出一包，從我的托盤也拿一包，再從桌子另一端的新朋友那裡拿了另外三包，將五包鹽放在我們中間的桌上。「現在，請把這些美麗的鹽包當成 10 美金……來自五個人，每週繳五天，也就是五個人一天共繳 50 美金，這就是我們的『蘇蘇』存錢筒。」

「那，接下來，存錢筒會怎麼樣？」我問。

「這個嘛，就看我們想要怎麼樣……這是我們的存錢筒，規則也是由我們來定。比方說，我們每人每週可以選一天拿走 50 美金，但每天都要繳交 10 美金。我們整體的錢沒有變多，但這個規則鼓勵我們透過互相信任、互相激勵來儲蓄。」

「所以，也就是說，假如我星期四需要 50 美金去看演唱會，即便我只繳了 40 美金，還是可以在那天拿走全部的錢，然後隔天再繳交預借的 10 美金，換別人去拿？」我說，拿鹽包當示範。

「答對了！」她喊道，對於能教我和聚集在我們

身邊的一小群人這件事真心感到興奮。「而且你不會忍不住花掉你從科學實驗賺來的錢，因為那天我們都會指望你交出 10 美金——包括你自己！」

　　她說的對。如果茱蒂對我有所指望，我就不會在從科學中心回程的路上把錢拿去買可頌和熱可可。不過後來當那筆錢落入我（冰涼的）股掌中（哈囉芝加哥）時，我還是忍不住手滑的衝動，立刻就花掉了。我最終沒有見到大衛，但我永遠不會忘記茱蒂把蘇介紹給我認識。

　　世界各地對於儲蓄互助會有許多不同的稱呼。在加勒比海地區及西非稱為「蘇蘇」或「數數」，在拉丁美洲稱為「坦達」（tanda），在日本稱為「可靠的孩子」（tanomoshiko），概念都很類似。這些非正式的互助會運作透明，無須手續費，不花一毛錢就能運行。雖然沒利息可拿，但是和一般信用卡的種種條款和附加條件相比，仍是個美妙的對比。

　　當然啦，你還是得提高警覺。詐騙人士長期盜用互助會的概念，將其轉為非法的老鼠會，有時又稱為「祝福之輪」（blessing loom）、「抽獎圈套」（circle game）、「賺錢排行榜」（money board）或甚至是「蘇蘇」，企圖竊用正版蘇蘇的信譽。這些騙局在經濟不景氣時更加猖獗，而且令人難過的是，受害者往往都是社經地位低下的人。

重要資訊

雖然提高警覺留意身邊危險又不健康的金錢圈套很重要，但留意潛在的內憂也很關鍵。我是十二步驟法則的頭號粉絲（QED，故得證）[29]。如果你認為自己需要更多關於金錢成癮或強迫症的支持系統，請查看「債務人匿名互助會」（Debtors Anonymous）和「財務匿名互助團體」（Underearners Anonymous）這兩個正式的金錢相關治療互助組織。

這部分內容所帶給我們最重要的啟示是，想要省錢，或是想要尋求幫助，有各式各樣的技巧和方法可以達成。沒有一套方法能適用於所有人。因此，適合你的方法就是最棒的。

成為獨立小姐沒有捷徑；對於我們這些並非生來就有錢的人來說，必須一步一步來。小心那些看似能投機取巧的「大好機會」。美國人每年平均在樂透上花費超過 1,000 美金。我沒騙你。讀完本章後，我很期待看你打算如何處置現金。畢竟（大媽笑話警告！）讓錢翻倍唯一最快的方法是將它折成兩半。

---

30 這是我最喜歡的拉丁文縮寫之一「quod erat demonstrandum」，意思是「證明完畢」。

總結

俗話說：我的緊急預備金在我的活期帳戶裡待得很安穩。

不，千萬別。這麼做不僅容易將錢花去買那些，呃，不緊急的東西上，而且在你需要動用它之前也不會增長。雖然本章介紹的工具不會為你帶來驚天動地的報酬，它們所帶來的好處仍然勝過活期帳戶。嘿，難道你不希望，當你需要動用「啊！幹」基金時，裡面的錢至少比當初放進去時多一些嗎？絕對要。

俗話說：儲蓄帳戶的利率爛透了。

某部分來說是這樣沒錯。不過，派對上眾多普男當中還是可以挑幾個好看的出來。如果你做點功課，定期追蹤利率動態，還是可以找到沒那麼糟的儲蓄或約當現金工具。在這種事情上貨比三家我可以接受。沒有什麼是永遠的：好的，壞的，以及利率。利率低的時候，你能從儲蓄帳戶賺的錢也許變少，但借錢也相對變「便宜」了（例如我們會在〈步驟九：搞懂房地產〉介紹的房屋抵押貸款），而反之亦然。

俗話說：理財之路是孤獨的；你不能相信任何人。

嗯，這本書無法處理你的信任危機，但是外面有很多正當的方法可以將群體之力與你的目標結合，幫助你堅定意志。如果你周遭沒人能和你討論存錢的話題，你需要的可能不是去找還有什麼方法可以做到——你可能需要擴大交友圈。

步驟七

來點債券吧，女孩

安全型資產變辣了

當有人稱自己「說話算話」（譯注：原文為 my word is my bond，「bond」在此指契約，此外也有「債券」的意思），意思是她向你保證，也就是將口頭上的承諾視為神聖的誓言。在 1500 年代，此概念使商人得以在書面協議出現之前締結合法且有效力的約定。到了 1800 年代，倫敦證券交易所制訂了所訓：dictum meum pactum（拉丁文的「我說話算話」）。此外，當然，我們的女王蜜雪兒歐巴馬也曾在 2008 年民主黨全國代表大會上說過這句話，使其聲名大噪。

現在，讓我們來談談債券在當今金融世界中的意義。假設你向我買了一張債券，我便會向你保證，在一段時間之後會以某個利率把錢還給你。說到做到。

你也許聽說過，債券是使理財計畫健全的要素。這是因為，與其他種類的投資（稍後的步驟中會提到）相比，債券的

可靠度更高。在本章中，我們將弄清楚要如何將債券納入自己的投資組合中。

女人偏好債券

債券，又或者更精準地說，政府公債，是資產負債表「安全型資產」底下唯一的投資項目。你會發現，公司債券（將於〈步驟十：指數型基金，佛系化煉金〉詳細介紹）被歸類在「風險型資產」下，那是因為它們，怎麼說呢，風險更高。這不代表這一章所要討論的政府債券全然沒有風險，只是相當低而已。

債券基本上是一張高尚的借據。當你買入債券，你便獲得一項承諾，不僅能保證拿回本金，還能得到某個特定的報酬率。所以，借錢給政府使用（例如鋪路或是造橋）所能換來的好處是，你不只能把錢拿回來，還能多賺一點。債券發行者的風險越高，你能多賺的「一點」就越多。風險越低，你賺的就越少。

注意，這項承諾的可信度取決於債券背後的政府。你可以把它想成借錢給朋友。我們身邊都有會理財的朋友，跟比較不擅長的朋友。讓我為你舉兩種典型的例子吧：壞邦妮與好葛塔。如果對理財一竅不通的壞邦妮想跟你借 100 美金，你會想要在收回時多賺一點，以彌補你可能拿不回來的風險。但假設今天借錢的人是好葛塔，你知道回收的機率很高，所以你不需要像借給壞邦妮時一樣，設下那麼高的動機（也就是利息）。

同樣的道理也適用於政府。假設今天美國或德國發行債券，你蠻肯定自己應該可以拿回本金的，因為這兩個國家都是經濟強國，不太可能垮台。因此，它們不需要支付太多的利息（這些利息將成為你的投資報酬），理由是外面有非常多像你一樣的投資人願意冒此風險。然而，假設今天想跟你借錢的是葡萄牙、義大利、愛爾蘭、希臘或西班牙（也就是被稱為歐豬五國的歐盟國家，或經濟狀況正在掙扎的國家），你很可能這輩子再也看不到那筆錢，因此，你會想得到更高的回報，才願意承擔這個風險。

評估債券發行單位風險水準最好的辦法是查看它們的信用評等。國際上有幾間公認的評等機關，包括標準普爾（Standard & Poor）和穆迪（Moody's），這些機關會針對債券的違約風險進行評比。過程就像你申請信用卡或房貸時會經歷的信用徵信一樣，只是對象變成政府（耶！）評比的標準也不同。我們自己的信用分數從最低 300 分（信用差）到最高 850 分（信用佳）。至於債券的信用評等則從最低的 D 級（表示該政府違約），到最高的 AAA 級（該國經濟相當穩固）。評級越低，投資被應允的利息就越高。任何低於 BBB 等級的債券被認為是「投機級債券」（sub-investment grade）或「垃圾債券」（junk bond）。有時候也會被稱為「高收益債券」（high-yield bond），這聽起來棒呆了——但請記住，收益（利息）之所以高，代表品質很爛。

繼續進行之前,讓我們先確認自己已經掌握了一些最重要的債券術語:

✱ **固定收益(fixed income)**:債券被視為是「固定收益」型商品,因為報酬率是固定的(意即一段期限後所回收的利息)。我們在上一步驟中所談的定存單也屬於固定收入,但它們本質上是儲蓄帳戶,而債券則是貸款給政府或公司。

✱ **票(paper)**:政府公債基本上是做為債務銷售,目的是協助國家和地方政府籌措資金以支付我剛才提到的大型項目,例如造橋或鋪路。而在華爾街,債務被稱為「紙」,也就是「票」。(不像饒舌歌曲中的「紙」其實是「錢」的意思。真希望是如此!)

✱ **債券收益率/殖利率(yield)**:這是一個花俏的說法,指的是你借出資金後所得到的收益。

✱ **債券價格(price)**:這是該債券的價值。債券的價值和利率以相反的方向移動。請想像成一個翹翹板。當利率上升,價格會下降,而反之亦然。為什麼呢?最簡單的解釋是,債券會不斷在公開市場上調整利率。假設有一張100元的債券,利率是10%,隔天,利率上漲至20%,那麼該債券的價值就要下降,這樣對於以較高利率買入的人比較公平。否則,既然眼前有一張利率較高的新債券可買,就沒有人要去買利率較低的債券了。

✱ **票面利息收入(coupon payments)**:這是你在債券到期前所定期獲得的收益。

＊到期日（maturity date）：當然啦，除了票面利息收入外，當債券的投資期限結束，也就是到了到期日時，你就能拿回本金。債券的期限一般為三個月到三十年。

中間檢查：在本步驟及本書剩下的內容中，隨著我們開始接觸越來越多的進階投資技巧，遇到的術語也會越來越多。別嚇壞了，不需要抱住自己或過度呼吸，也不需要一看到術語的部分就跳過。事實上，請別這麼做，因為我要你駕馭這些詞，讓這些詞為你（和你的錢）工作。如果需要的話，請回頭重讀上面的清單，或是多多複習書最後的名詞釋義，直到你不再那麼害怕這些詞為止。過程中不需要感到羞恥。這不是落在你頭上的麻煩，而是為你而生的任務。你一定可以的。

好了，言歸正傳，債券市場被廣泛認為是經濟的「領先」指標（leading indicator），意思就是，債券善於預測未來將發生什麼事。（相反地，「落後」的指標則反映那些早已發生的趨勢，例如失業率通常反映了前幾個月的經濟陣痛。）因此，認識債券的運作能助你了解——甚至預測——經濟的重大改變。

這就是為什麼我不希望你在我們討論利率或者，喔不，通貨膨脹時兩眼無神。多多關注這些指標是如何改變的，會幫助你更明智地依據目標判斷行動的時機。舉例來說，在低利率的環境下，你拿到的貸款條件可能會更好，但是債券和儲蓄帳戶的報酬卻很差。

利用債券來衡量市場走向的訣竅是觀察「殖利率曲線」（yield curve）。這是一張圖表，上面涵蓋所有不同期限下所

有不同利率的債券。[31] 債券的利率每天都在變化，所以曲線的形狀也會隨之改變。景氣蕭條的時候，你通常會看到短期債券的收益率高於長期債券，這是因為經濟較動盪時會為投資人帶來較高的短期風險，此時的曲線就會呈現逆向。[32] 還記得我們聊過，利率越高意味著發行單位越爛嗎？短期利率若升高，就表示投資人推測市場即將大難臨頭。了解這一點能夠幫助你做出更好的投資決策。

債券的口味

許多最聰明、最富有的投資者堅稱，由於有美國政府在背後撐腰，美國公債是所有債券中最安全的一種。當然，美國政府並非全無違約可能，不過，萬一美國政府真的違約，那麼問題就不只是拿不回你其中一張債券本金那麼簡單了。所以，基於此原因，投資國債（Treasury，這是它的簡稱）是讓整體投資組合更加穩固的好辦法。當市場充滿不確定性，你會聽見財經新聞在討論各種「抗震避險」的話題。這句話基本上意味著一大票人都在爭相購買債券，因為其他玩意風險太高了。然而，不是所有國債都相同，甚至不是所有的國債都被稱為債券。請鎖定本頻道，千萬別轉台……。

---

31 請移駕至 Treasury.gov 查看每日殖利率報告。別害怕，如果我發現閨蜜正在手機上查看殖利率曲線，而不是在用 Instagram 當私家偵探，我會樂歪。

32 當長期債券表現優於短期債券時，曲線會變陡，因為這表明了未來會有更多的成長。如果短期債券的漲幅略高於長期債券，人們會稱曲線「趨緩」。如果趨緩的速度很快，曲線就會被視為逆向。

國庫券

不同的國債之所以有不同的名稱，是為了區別期限。那些期限最短的（短於 12 個月）稱之為美國國庫券（Treasury bills, T-bills），但人們多半稱之為「國庫券」。這種債券以週為單位發行：4 週、8 週、13 週、26 週、52 週。（為了你們當中那些還沒生小孩以致對週數沒概念的人，以上週數等同於 1 個月、2 個月、3 個多月、6 個多月，以及 1 年。）此外，也有一些幾天就到期的超短期限國庫券，稱為現金管理國庫券（cash management bill）。

國庫券「短小精悍」，購買與償付方式略有不同。每張國庫券會有一個面額——例如 1,000 美金、5,000 美金或 1 萬美金——也就是「票面價值」（par value）。這個金額並非你實際上要付出的錢。你會以「折價」的價錢買進，然後在到期時收回完整的票面金額。換句話說，假設今天有一張 52 週後到期的國庫券，面額是 1,000 美金，折價率是 2%。這代表，你會先以 980 美金的價格買入，到期時則會收到完整的票面金額 1,000 美金。你最終一定會得到一筆收益，但拿不到像期限較長的債券會配發的利息。

期限越短，投入的門檻也越低。所以，如果你有 100 美金，購買國庫券所得的收益會比放進儲蓄帳戶來得多，而且風險不會增加多少。購買國庫券的方式有兩種。最簡單的方法是上 Treasurydirect.gov 網站參加非競爭性的競價流程（順帶一提，

雖然名為競價，但國庫券基本上是以固定價格出售，不會有喊價的情形發生。）假如你在上一章中透過像是嘉信、先鋒領航或富達這類的券商開設了儲蓄帳戶或其他帳戶，你也可以透過這些平台購買國庫券。

國庫券以 100 美金為單位出售。借錢給政府的好處是你賺來的錢不必支付州稅及地方稅。（但還是得繳聯邦稅，討厭。）而且，提前解約不必支付違約金——不過你可能還是要支付某些煩人的交易費給你使用的銀行或券商，所以如果可以，還是盡量避免提前解約的好。

國庫票據

美國國庫票據（Treasury notes,T-notes），又稱國庫票據，是國庫家族（沒有這個專有名詞，我亂編的）中屬於中等期限的債券，介於 2 年到 10 年之間。國庫票據的期限有：2 年、3 年、5 年、7 年、10 年。每 6 個月支付一次利息。

國庫票據時常被視為一般長期利率的基礎指標。景氣差的時候，美國聯邦準備理事會（Federal Reserve）這個為整個國家制訂利率的機構會調降利率。這是為了刺激投資者進行風險更高的投資（以及鼓勵一般老百姓去買車買房），達到刺激經濟的功效。然而，在高利率時期（通常伴隨著低迷的股市），國庫票據實際上是很好的投資標的，因為它們的收益率比其他投資要來得高。

國庫長期債券

　　就定義上來說，我們在本步驟中所討論的所有投資工具都是債券，但是財政部只將 10 年到 30 年到期的那些稱之為「國庫長期債券」（T-bonds）。國庫長期債券和國庫票據一樣，每 6 個月支付一次利息。國庫長期債券的最低持有天數為 45 天，在那之後，你便能將其拿到次級市場販賣。如果想清算或兌現，只要打給你的券商就行了。

　　出於所承擔的風險，國庫長期債券的利率是所有國庫家族中最高的，不過這裡的風險並非意指國家有垮台的可能，而是往後還會出現利率更高的債券，而如果你還記得翹翹板理論的話，利率升高將會降低你債券的價值。

心路歷程

別賞小費給你的財務顧問

　　我踏出電梯，準備前往我與財務顧問的第一次會面。滿身是汗，我沒誇張，幾乎是汗如雨下的程度，嚴重到我去公司廁所的投幣販賣機買了加長型衛生棉塞進腋下。

　　「拉平小姐，很高興能為您服務，我是蕾貝卡。」我的財務顧問說，伸出手和我進行手汗之握。

　　「哦，呃，叫我妮可就好……還是你也希望我用

小姐稱呼你……？」

她笑了，然後說，「想都別想。」

蕾貝卡和我想像中的財務顧問完全不一樣。我以為她會是一位有點年紀的、穿著長褲套裝的山怪，整天抱著計算機和一疊文件躲在黑漆漆的衣櫥裡——但我錯了！她比我大 10 歲左右，有個小家庭，還頂著一頭大波浪。她**的確**穿著長褲套裝，但超級時髦，我忍不住問她是在哪裡買的。

「我在 Express 買的，」她親切地說。「她們家的套裝很不錯。」

嗯哼，對，真的很不錯，蕾貝卡。「**我的財務顧問是不是很……酷？**」我走進她品味絕佳、充滿「西榆家飾」（West Elm）風格的辦公室時，心中一陣驚呼。「**沒錯。她超酷。**」

我們將我所有的銀行帳戶、帳單、信用卡全都檢視過一遍，微調這些東西背後的自動扣款設定。過程還蠻順的，而隨著會議進行，我發現，也許墊加長型衛生棉是太誇張了沒錯。

「現在，讓我們來聊聊如何增加財富吧，好嗎？」她問。

「當然好。我有一份不錯的六位數薪水，而且正在努力提升中，所以我的財富應該有在增長。」

「那很不錯，」她說。「但即使薪水不斷上漲，財富也不會增加。事實上，就算你的錢越存越多，但

隨著時間過去，你的一般存款和活期帳戶實際上是在虧錢，像你現在的狀況一樣。」

「怎麼會？銀行現在不安全了嗎？」我以一個才剛經歷──並且報導過──2008 年金融風暴的受創心靈問。

「這個嘛，它們現在被監管得比較嚴了，籌措資金時也更加小心。現在每家銀行對於 25 萬美金（約 750 萬新台幣）以內的錢都有給予保障，而萬一你使用的銀行倒閉了，我們會有比那更大的問題。所以，不是的，不是那樣，是因為通貨膨脹。」

我對於通貨膨脹其實似懂非懂。我微笑，點點頭。

「你想想看，」她說，（精準）發現需要多解釋一點。「往年，通貨膨脹率每年大約上升 3%。假如你一年在銀行賺 1%，那麼你的錢在未來實際上會損失 2% 的購買力，通貨膨脹率還是勝過你賺的錢。」

「哦，我懂了，好慘。所以那表示，我應該再更努力多賺一點嗎？」

「如果你的工作與生活能維持平衡，想辦法透過工作多賺一點總是好的。」她說，聽起來像位保護慾強的大姊姊。「但你應該要讓錢為你賺錢，至少要能抵銷通貨膨脹的幅度。你聽過 TIPS 嗎？」

「當然聽過，我很會給 tips。」我說，試圖搞清

---

33 譯注：此處的 TIPS 是縮寫，但「tips」另外也有小費的意思，作者誤會了。

楚她是不是在暗示我給她小費[33]。

「喔，太棒了。那你就可以用它來保護自己，這方法很好。」

好吧，我想她是在暗示沒錯。如果我給得大方，也許我能從她那裡獲得更好的建議？

「所以，通常要給多少？15% 之類的嗎？」我問，顯然完全漏掉艾蜜莉 • 波斯特（Emily Post）在《禮儀》（*Etiquette*）裡是怎麼教的。

「不，那太多了。跟通膨率一樣就行了。幸好美國的通膨狀況不像阿根廷一樣。」她輕笑著說。

靠。我對於通膨率完全沒概念，但我想離開時查一下就好。「那，可以下一次再說嗎？」

「當然，你準備好的話隨時都可以，我只是要確保你知道自己有哪些選項，而且我很樂意幫忙。」她說。

「聽起來不錯。那麼，你會直接加進帳單裡嗎，還是要像美甲店一樣付現？」我邊起身邊問，以為談到小費表示會議差不多要結束了。

「不是這樣的，」她有耐心地說，像醫生在回答病人提出的愚蠢問題那般。「要買 TIPS，你只要直接找財政部或是合作的券商就可以了。TIPS 的收益足以抵銷通膨會造成的任何影響，而我們永遠說不準那會是多少。」

什、麼、鬼？！我顯然誤會了什麼。「等等──TIPS 不是要付給你的小費？好讓你給我更多建議的小費？」

「哦，天啊，不是的！」她說，快要從她那時髦的中世紀風格辦公椅上摔下去。「太搞笑了。不對啦，我在說的是抗通膨債券（Treasury Inflation-Protected Securities），簡稱為 TIPS。這是一種可以用來保護你的資產的債券。**永遠**不用給我這個，不管是為了通膨還是其他什麼！」

這次的會議成了我和蕾貝卡時常提起的笑話，也是我最喜歡講給其他女人聽的笑話之一。最棒的玩笑就是拿過去的自己開玩笑，我早就不再恨那個女孩，因為她已經盡力了。但我永遠不會忘記 TIPS 是什麼（而且蕾貝卡也不會輕易放過）。

小費是賞給服務生的。別賞給你的財務顧問。

我對抗通膨債券的建議

簡稱「TIPS」的抗通膨債券的主要用途是保護我們的錢不受通貨膨脹波動影響。當你買進抗通膨債券，你的本金（或者說票面價值）會隨著與通貨膨脹連動而上升下降的消費者物價指數（consumer price index, CPI）漲跌，並且每半年支付一次利息。

舉例來說，如果你買了 1,000 美金的抗通膨債券，利率是 1%，便會領到 10 美金的利息。假設通膨率保持不變，那麼什麼事都不會發生。然而──這是我最喜歡的部分──當通膨率

上升，假設變成 5% 好了，你的債券價值就會變成 1,050 美金，而利息也上升至 10.5 美金。我知道 50 美分（約新台幣 315 元）聽起來不多，但假如你持有更多的抗通膨債券，而通貨膨脹也瘋狂上漲的話，將是一筆可觀的數字。

「到底什麼是通貨膨脹？」你可能心想。我很開心你問了，當商品的成本比過去更高，就會發生通貨膨脹。這就是為什麼電影票在我們小時候只要 5 美金，現在卻要價 15 美金。商品沒變，但價格提高了。這就是消費者物價指數所追蹤的：它關注幾項主要商品（如交通、食物、醫療）並且長期追蹤它們的價格，好判定通貨膨脹是否存在。相反地，通貨緊縮（deflation）則發生在物品成本比過去更低時。沒錯，這是有可能的，經濟大蕭條時期便發生了，甚至金融海嘯時也發生了些微的通貨緊縮。東西成本下降聽起來固然不錯，對整體經濟來說卻是壞事一樁，因為價格下降會導致消費者支出減少。通貨膨脹與利率是連動的。當我們身處通貨膨脹時期，利率通常會上升。而當我們處於通貨緊縮時期，利率則會下降。

預期我們將進入通膨時代的投資者通常會買進許多抗通膨債券，好善用通膨的上漲去增加自己的回報。抗通膨債券的價值會隨著通膨率上漲而向上調整，同理，也會在通貨緊縮時期下修——而我們並不樂見。通貨膨脹實在難以預測，因此，要平衡這些力量的最佳辦法是：**別閃躲它們，並且衡持有抗通膨債券與傳統公債（我們的國庫家族：國庫券、國庫票據與國庫長期債券。）**

為什麼？我知道你知道答案，但我還是在此說明一下，好將每件事解釋清楚。當利率上升，通膨率通常也會上升——抗通膨債券價值因而下降，傳統公債的價值則會上升。沒有人能精準料中利率或通膨將如何變化，就算擁有全世界的圖表和曲線圖和分析也一樣。不過，假如你的投資組合中兩種都有，無論通貨膨脹如何變化，你都能得到完整保護。

Miss Independent

重要資訊

你也許聽說過有人會為小孩購買儲蓄債券（savings bond）。我爸媽對那種東西沒興趣（現金是我們家唯一持有的資產形式），但我真希望她們有。如今我自己成了大人，為朋友的小孩挑選禮物時，我都選股票或債券，而不是包屁衣。股票或債券是更棒的投資——是真正能在成長過程中持續發揮功效的禮物！

購買儲蓄債券的唯一管道是透過 Treasurydirect. gov 網站，到期期限是三十年（且至少需持有一年）。這類債券分為兩種：

EE 系列債券（Series EE）支付的利息很低，例如 0.1%。

> 　I 系列債券（Series I）透過同時參考過去半
> 年通膨率與固定利率（有可能為 0%）的方式保護你
> 的資金免受通貨膨脹影響，因此，提領時的價格會
> 是原始資金的當日現值。
> 　你以為沒有完美的彌月禮物？你錯了。

　任何穩定的投資組合中都會出現這些不同類型公債的身影，因為市場表現下滑時，能挽救局面的通常正是這些增長緩慢但穩定的投資。一般的經驗法則是，債券所占投資組合的百分比應該與你的年齡相同，剩下的放進股市裡。[34]也就是說，如果你 30 歲，就該將你打算投資的總資金的 30% 放在債券，剩下 70% 投入股市。這項法則背後的規則是，年齡越大，你選擇的投資風險就該越小。

　因此，資產配置的方式真的必須依照你的人生規劃來決定。你在步驟五訂定的規劃長什麼樣子？短小精悍？長期作戰？還是兩者中間？從這點出發，你便能找到最適合你、也最能助你實現目標的投資長短。

---

34 這方法聽起來有點假掰，卻是從 1990 年諾貝爾經濟學獎得主哈利・馬可維茲（Harry Markowitz）博士的理論中歸結出的。

市政債券

　　與聯邦政府需要資金建設時會發行債券一樣,各州政府、市政府和郡政府也是。好比說,當某市或某州為了蓋一座大公園或是大眾運輸系統而必須籌措資金時,通常會發行市政債券（municipal bond）,又簡稱為「市政債」（munis）。市政債券所發放的利息通常不用繳聯邦稅,州稅可能也免了,所以這又是一個與州政府打交道的好處。[35]也就是說,如果你的稅率級距較高,一張收益較低（例如4%好了）但免稅的債券,最終的回報可能與報酬率7%的應稅債券相同。單是稅負方面的優勢就足以讓市政債券成為值得研究的對象。

　　還記得債券背後的政府風險越高,你能得到的利息就越多嗎?市政府和州政府的情形也一樣。在美國,有些城市的財政風險——例如底特律或芝加哥——比其他城市來得高。這些財政狀況差的政府會提供更高的利息來吸引投資人借錢給她們。有些市和郡甚至已經破產,好比2013年的底特律。這種狀況發生時,持有市政債券的投資人可就倒大楣了。不過這並非常態,市政府往往有能力透過徵稅擺脫困境（向該市市民徵稅,而非債券持有人）,最終償還自己的債務。

---

35 利息不會被課稅,但資本利得會。只有當你售出債券的價格高於當初支付的價格時才會被課稅。

市政債券主要分為兩類：

1. 一般責任債券（general obligation bond）主要是為了不以賺錢為目的、致力促進轄區公益的項目而發行，例如用於升級學校系統。

2. 收入債券（revenue bond）是為了設立後能馬上產生收入的項目而發行，例如收費公路。

債券指數基金

如果這些五花八門的債券搞得你想朝我大喊「投降！」我能理解。如果你被豐富的選項弄得不知所措，覺得我介紹的任一檔債券都不錯的話，那麼，針對所有這些債券進行分散投資也許是你最好的選擇。債券指數基金（bond index fund）能藉由接觸債券市場的不同部位幫你分散風險，同時也讓你不用再費心猜測如何才能選出最完美的債券投資組合。

債券指數基金的最大優點？實現基金所持債券的即時多樣化。一檔基金所持有的債券也許能達幾十種甚至幾百種之多，基金會將債券發放的利息扣掉費用後發放給投資者。由於基金是由一大群人的錢組成的，它能讓你用比自己獨立出資時便宜許多的價錢去買到昂貴的債券。[36] 其缺點是：可能含有潛在的高額管理費，而且是經常性徵收。還並不保證能

---

[36] 舉例來說，由美國政府國家房貸協會（Government National Mortgage Association）發行的吉利美（Ginnie Mae）房債抵押債一張總額是 2 萬 5 千美金，但你只需要花 1,000 美金就能買入該債券。

拿回本金。基金的價格會波動，你出售當下的價格便是你能拿到的價格。我的建議是：找一檔符合你當下人生階段的低成本、低費用的債券指數基金。

我不打算在本書中推薦某檔特定的債券指數基金，因為它們一直在變。不過，若是你準備好扣下龐德女郎扳機[37]，我會提醒你該特別注意哪些地方，或是可以詢問財務顧問哪些問題。最需要仔細研究的——都到了這個階段應該不足為奇——是費用，即便是在它看起來很少的時候。

一般來說，債券型共同基金的費用應該低於股票型共同基金。高收益型債券基金的平均費用大約落在 1.35%。國際債券基金（international bond fund；我們接下來會談到）的費用也在 1.35% 左右徘徊，與那些涵蓋我們剛才介紹的安全債券的基金費用（約為 1.07% 上下）相比，被認為是偏高的。

在研究債券型基金時，我會先篩選出那些費用最低的基金，最好要低於 50 個基點（我們現在知道是 0.50% 了）。這麼做是因為，費用會吃掉你的利潤，而且多半被直接視為利率的損失。好比說，假設一檔平均能賺到 6% 的基金費用為 1.5% 的話，你淨收益率就是 4.5%；而假設費用為 0.5%，你就能拿到 5.5%。我們都知道這 1% 之差長期下來將有多可觀。

接下來，我會考慮：

37　譯注：英文的「龐德」與「債券」同字

✽ 30 天的 SEC 收益率（依美國證券管理委員會規定算法計算出的配息率），也就是在過去一個月中投資人實際拿到多少利息（這個數值並不像購買債券一樣是固定的。）

✽ 涵蓋多少種類型的債券（政府、市政、公司……等等）

✽ 債券的信用等級（記住，AAA 是最棒的。）

✽ 基金中債券的平均到期期限或存續期間。

　　針對你想要達成的財務目標選擇何種期限的基金，與你目前處於哪個人生階段息息相關。短期基金所持有的是 4 年內到期的債券；中期基金持有的是 4 年至 10 年內到期的債券；而長期基金持有的則是 10 年之後才會到期的債券。

　　債券 ETF 則是一種新的債券型基金。ETF，也就是指數股票型基金（exchange traded fund），是以股票的方式進行交易，費用也較低廉。記住，無論是債券 ETF 或是債券共同基金，都不保證能像購買單獨債券那樣拿回本金。你還是能固定收到利息，但它永遠不會像單獨的債券一樣完整到期，所以你最終將拿回的錢會是別人願意為它支付的金額。共同基金每天只能在股市收盤後賣出一次，但任何一種 ETF（我們會在步驟十中介紹股票型 ETF）都能在一天當中隨時賣出，就像操作股票那樣。

　　這種債券基金最大的風險是利率。你應該還記得，價格和利率就像是翹翹板的兩端。當利率上升，價格就會下降。期限較長的基金通常承擔較高的利率風險（interest rate risk），也被稱之為市場風險。（假設你有一張票面利率 5%

的債券要贖回，不過現在你能拿到的利率只剩 4%。我們已經看過好多次這「小小」1% 之差的威力，長期下來它將大大侵蝕你的收益。）為了掌握個大概，這裡需要特別關注的地方是存續期間（duration）。存續期間和到期期限不一樣。這裡頭有一大堆數學廢話，但你只需要知道，存續期間越長，該債券基金的波動性就越高。存續期越短，它可能的波動性就越低。假如你想認真當一個債券龐德女郎，這點便值得你格外關注，因為它能估算出你將面臨多大的風險。

重要資訊

別為帳面損失哀悼

踏入投資的世界就得明白，股票、債券、基金、房價皆有漲有跌，而且是一天到晚。這就是市場的本質。投資的第一要律就是：**別將波動性和風險混為一談。**

沒賣之前都不算虧。只有在實際變現一項投資時才會真的賠錢，「帳面」上的價格降低並不算。盡早養成這項習慣，不要一進去銀行帳戶首頁發現疑似虧損時就傷心半天。[38] 除非是能保證回收的投資，否則一項投資的價值只取決於別人願意為其支付多少。

---

38 多數股市、市場報告以及你在財經新聞看到的股票行情表中，紅色等於下跌，而綠色（有時是黑色）等於上漲。（譯注：臺灣正好相反，臺灣的股市是「紅漲綠跌」。）

> **沒賣之前都不算賺。**如果你跟我很像，那麼也許你在看到自己戶頭上那龐大的數字後，轉頭便會開始搜尋東京的五星級飯店。然而，跟沒賣之前都不算虧的道理一樣，你唯有在賣掉之後才算真的賺錢。市場變化永無止境，明天那個龐大的數字很可能會面目全非。
>
> 最重要的一天是你賣出的那一天，其餘都只是噪音。（抗噪耳機也許是一項不錯的投資。）

高檔口味

到目前為止，我已經在本步驟中大致介紹了幾種最基本款口味的債券。我不打算在本書中介紹那些太過進階的產品，但我想讓你知道，外頭還有很多選擇等你準備好去探索。我對其他大多數聲稱能幫你增長財富的書感到最生氣的一點是（除了它們多半喜歡男性說教之外），它們通常略過一些更高級的投資選項不提。這裡不會出現那種情況，女士。我們不來「簡單化」、「粉紅化」那一套，你絕對能夠搞懂那些玩意。也許你目前還沒進入那個階段，但我希望你能有個完整的概念，好讓你能根據自己目前的狀況——以及你想去的地方——為你的致富旅程做出明智的決定。

連動式債券

連動式債券（structured notes；又稱為境外結構型商品）是一種複合型投資產品，由銀行的債券以及風險較高的商品，如衍生性金融商品（derivatives）、大宗物資或貨幣組成（我們將在〈步驟十一：最危險的生意〉中聊聊這些奇珍異獸）。我想及早聲明：美國證券管理委員會（SEC）已經針對連動式債券發出警告。我不認為這表示你應該離它越遠越好，這只是意味著你需要睜大眼睛提防一些潛在的風險弊端。

連動式債券的發行單位是銀行，而且類型各異。我之所以要特別提出這點，是因為外頭經常出現所謂保護你本金的「保本型」債券。假如是真的（而且你得確定保障的範圍是全部，而非部分），那麼該投資可能會發生的最壞情況便是，你只能拿回你放進去的錢，不會更多。連動式債券也有能力透過止損機制保護你免受市場下滑影響。我在這裡介紹它的另一個原因是，它可以助你一窺更複雜的市場。

最好的連動式債券是這樣運作的：你在一定的時間（期限）內借錢給銀行（而不是像國庫債券那樣借錢給政府），而銀行承諾會在到期後歸還本金，或是會從其風險較高部分所累積的收益中發放一定比例的利潤給你，兩者中取金額更高者。這意味著，當市場下跌，你可以收回本金。當市場上漲，你也許無法獲得全部的收益，但你可以拿到大部分的收益，以換取情況相反時的保障。可回收的收益百分比會隨著

成為獨立小姐的滾錢心法：12個打造財富自由之路的簡單投資計畫

產品內容與承擔風險的不同而有所浮動。

最棒的保本型連動式債券往往被極端富有的投資人占據，但一位可靠的受託人有時可以為我們這些凡人找到參加遊戲的入場券。如果發生這種情形，請務必確保你小心留意自己所簽署的條款。如同其他任何投資工具，市面上的連動式債券有些非常低劣，但也有相當優質的。我無法為你挑選，但我可以教你觀念，好讓你把握最符合自己財務目標及人生階段的產品。

不需要我多說，你也知道應該要選一家信譽優良的銀行 [39] 購買連動式債券，原因正如同我們目前為止介紹過的其他債券商品，債券的好壞取決於發行商的好壞。你已經成為一名能揪出費用的忍者，但此處更重要的是要明察秋毫，看是否會有其他費用出現，例如承銷費與分銷費。最後，如果你有足夠的金錢和時間去追求正當的境外投資，我完全不怕，只要你能確保自己不要太一頭熱，也別操之過急就好。

國際債券

我在這步驟稍早中約略提到了國際債券（international bond），所以我打算在我們暫時離開債券領域之前回頭補充一下。我真的不太建議美國投資新手涉足國際債券，最大的

---

39 有信譽的銀行中也包含我們的加拿大朋友，金融海嘯期間沒有任何一間加拿大銀行倒閉。

原因是，國際債券是以外國貨幣 [40] 交易，但是匯兌美金的匯率風險（currency risk）難以預測。好比說，利率也許看起來表現良好，但假設債券的貨幣面額相對於美金是貶值的，那麼它實際上的表現一點也不好。

如果你想要投資在世界上的其他地方（我們不都有旅行的欲望嗎？）那麼請留意以下一些注意事項：

要從債券基金開始，從中尋找國際債券。有一些「美金對沖」基金 [41] 會運用工具預防基金中的外國債券匯率波動。

不要選擇新興市場，例如印尼、馬來西亞和肯亞，除非你正好是這些地方的專家。

要堅持選擇已開發國家，例如英國、法國和德國。

不要忘記我們的加拿大朋友，加拿大的銀行像個老大一樣挺過了金融海嘯的風暴。就定義上而言當然算是國際債券，但與購買本國公債一樣安全，甚至更安全。

為了使你的財富以健康、永續、成功的方式長期增加，你不僅需要投資債券，也要了解債券市場是如何運作的。唯有當你完全掌握了這一步驟中的觀念，包含那些曾經令你雙眼呆滯的概念，例如通貨膨脹與利率，你才能在投資的世界中成為真正的玩家，並且全力以赴。

---

40 有些外國債券是以美金發行，而這些債券被稱為「洋基債券」（Yankee bond，大都會隊的球迷們請勿見怪。）

41 別和避險基金（hedge fund）搞混了，兩者是完全不同的東西。

我向你保證。而你知道我說一不二。

總結

俗話說：如果你想要更多錢，你就得賺更多錢。

沒錯，賺錢真的很重要——但真正的富有其實不只是為錢工作，而是讓你的錢為你工作。那些賺最多錢的人不一定就是戶頭有最多錢的人。許多時候，維持財富與增長財富本來就比賺錢還要困難。

俗話說：債券是老套又無聊的投資。

債券的確不是華爾街最誘人的投資方式。沒錯，你的投資報酬可能比較低，但是相對地，你承受的風險也會比較小。

俗話說：任何種類的投資都會被通貨膨脹影響。

通貨膨脹的風險確實存在，但是市面上有一些特定的投資可以保護你不受影響，例如 l 系列儲蓄債券和抗通膨債券。還有其他類型的資產也能抵銷通貨膨脹，例如房地產（我們將在步驟九討論）。

步驟八
優雅退休

照顧未來閃閃發光的自己

你現在八成已經了解我是怎樣的人。我的個性很急沒錯，不過，每當遇上所謂可怕的理財概念，我通常都能保持冷靜。情況已經夠嚇人了，我不想再給出更多令人聞風喪膽的策略。然而，一旦我們開始進入退休的話題，我就會成為令人聞之生畏的對象。

我很少大驚小怪（在解釋複雜的理財話題時），所以當我板起臉，我希望你能特別注意。在本步驟中，我將會變得相當激動，因為說真的，整套退休制度都讓老娘很不爽。我真心被這套制度的設計方式嚇壞——而現在很少有財務相關的事情能嚇得倒我。

普羅大眾對於退休及退休帳戶的誤解令我憂心忡忡。最大的問題是：像我這樣的千禧世代，會成為第一批在沒有退休金的保證收入、可能也沒有社會保險的狀態下退休的人。

我們目前所知的帳戶，以及已經開設的那些，都與股市唇齒相依，這在以前可是聞所未聞。我們如今被一種觀念洗腦，認為我們可以藉由每年提撥 3% 至 10% 的收入，提撥 30 年，存下來的這筆錢就能支付 30 年的退休生活。正如我們在步驟二中計算你的「夠用就好」資金時得知的，這簡直是天方夜譚。假如你是另一代人，情況可能也不會好到哪裡去，因為政府過去幾十年來不斷縮減社會福利，而通貨膨脹打從一開始就對退休存款不利。在這個步驟中，我將打破坊間對於退休的誤解，並助你採取真正可行的做法。

老了沒錢，萬萬不能

我最喜歡的劇作家之一田納西・威廉斯（Tennessee Williams）說的最好，「你可以當一個沒錢的年輕人，卻不能當一個沒錢的老人。」我想我們都很了解前者是什麼感覺。我不希望你還得嚐一嚐後者的滋味。

多老才算「老」？

時光倒回經濟大蕭條時期，當時美國人的預期壽命為 62 歲，而那時社會安全制度（social security）的概念剛成形，預計在每位國民 65 歲時啟動。這代表著，一，能領到福利金的人不多；二，就算能領到，也領不長久；以及，三，人們基本上會工作到死。

時至今日，我知道許多 65 五歲的人身體都比我好，離

駕鶴西歸還早得很。預期壽命顯然今非昔比。如今，一位65 歲退休的人大概都還能活上 20 幾年左右，而這也意味著要過上 20 年甚至更長的退休生活。女性的壽命比男性更長，[42]65 歲時，女性的預期壽命還有 16 年以上，然而男性的預估壽命只剩 11 年以上。[43] 好吧，先為我們能活得更久而歡呼。不過，活得更久也代表需要花錢的時間變長了，而長時間盡情享受人生實在所費不貲。

這筆錢並非人人都有。我相信你不會對這項資訊感到驚訝：每四個美國人中，就有三個人的積蓄和資產不夠她們用到過世。更何況，社會保險如今顯然瀕臨破產，我們不能繼續依賴它。

你想幾歲退休？

我的意思不是說，你會永遠不想再工作。有趣的是，一些最有錢的人往往也是工作到最老的人。年收入超過 75 萬美金（約新台幣 2,200 萬元）的人中，有一半的人都說他們絕對不會停止工作（包括我在內）。要躋身富婆名人堂，其中一個關鍵就是要熱愛你所做的事，更勝於愛錢（否則錢充

---

42 美國女性的平均壽命為 81 歲，男性則為 76 歲。當然，一旦你活到 65 歲，能活超過平均歲數的機率就增加了，這也就是為什麼我要引用這個數據。討論退休話題時，這樣看比較準。

43 民眾現在可以將自己的社會安全福利轉給配偶了。此外，社會安全制度也為政府的其她措施埋單。你不需要擁有經濟學博士學位也能看出，這種做法鐵定無法長久，而且很可能在千禧一代退休前就彈盡援絕。

其量只是一堆紙罷了），就好比這些女性：

* 67 歲的歐普拉（Oprah）
* 80 歲的瑪莎・史都華（Martha Stewart）
* 73 歲的希拉蕊・柯林頓（Hillary Clinton）
* 76 歲的海倫・米蘭（Helen Mirren）
* 99 歲的貝蒂・懷特（Betty White；也是我最要好的幻想朋友，因為她實在太酷了。）[44]

我並非歌頌「做到死」這件事。但關鍵是，仔細想想你現在的喜好是什麼，以及假設未來這些喜好改變後（非常有可能），你會需要多少錢。

我說過，成天算這算那實在很不可愛，而我也不會讓你這麼做。這就是為什麼我們已經在步驟二中規劃出你大致需要的金額了。請回去翻閱並查看，在不同的生活水準下（夠用就好、還算有錢、超級有錢），你每年需要的數字是多少。當時，我們在步驟二中思考你的人生以及你所希望的生活水準時，得出的數字是為了反映你短期和長期的理想生活。但是，在此步驟裡，你也可以運用同樣的每年資金消耗額來為退休生活做打算。

到了這步，你便可以為自己選擇，在邁向獨立小姐之路的旅程中，下一步要出現什麼風景。當你在思考現在想要怎樣的生活、退休後想要過怎樣的生活、或者是否真的想要退休時，沒有一種絕對正確的方式能計算出你所需要的金額。

44　此處列舉的年齡是 2020 年的資料。

不過，有一個方法絕對是錯的，那就是完全不去想。計畫可以改變、也一定會變，但是，要想釐清自己該如何達成目標，唯一的方法就是對自己的目標有實際的理解。

外面有很多不同的計算器可以幫助你神經兮兮地計算出預期壽命。但假如你很健康，而且還不到 50 歲，便能合理推斷你退休後能再活 20 年，所以，現在就開始計算你的退休數字吧，只要將你選擇的每年資金消耗額乘上 20 就可以了。也就是，如果你想過的是「超級有錢」的生活，而目前計算出的資金消耗額是 10 萬美金，那麼你的目標將會是存到近 200 萬美金，才能在（托斯卡尼）豔陽下過日子。

Miss Independent

撇步

另外兩個計算退休「密碼」的祕訣

如果你不太認同我們在步驟二中拆解資金消耗額的方式，或者你就只是想再算一次做為參考，[42] 以下是幾種同樣常見的公式：

將你的薪資乘以 12

將你目前的資金消耗額打 8 折，再乘以 25

45　4%法則遭許多人批評過度保守，可能會讓你成為墓園裡的富婆。我理解：身外之物留不住也帶不走，所以，讓我們在還來得及的時候，就善用財產改善我們自己以及周圍他人的生活吧。我不能略過這些經驗法則不談，因為那樣便是怠忽職守。然而，退休財務是你一定得面對的關鍵問題，所以量身打造絕對會比現成的好。

無論你採用哪種方法，都必須考慮通貨膨脹（喔耶，我們在上一步已經開始考慮它了。）為了能準確估計現在這個年度金額在未來會是多少，請將你傾向使用的薪資或資金消耗率乘以「1.03 的剩餘退休年數次方」。最簡單的計算方法是去 Google 一下。沒錯。舉例來說，假如我決定我每年需要 5 萬美金，而我打算 10 年後退休，我就會在 Google 搜尋欄打上「50,000×1.03＾10」。最後會得出 6 萬 7 千美金——10 年後我將需要這麼多錢才能買到今日的 5 萬美金能買到的東西。

　　你得到的數字感覺起來應該相當龐大。而它理應如此，因為事實很可能就是這樣。讓它感覺小一點的唯一方法？快點把罩子放亮，好好跟上本步驟接下來的內容。

拉平，你有什麼毛病？

　　我對退休還有另一個大不滿之處，那就是，即便大約有 50% 的美國人都受到傳統退休福利計畫的「保護」（沒錯，有一半的美國人不受保護），多數人獲得的保障卻是不怎麼樣的投資計畫，例如老掉牙的 401(k) 退休福利計畫。401(k) 不只具有風險，而且多半要酌收高額費用。更糟糕的是，多年來他們對我們推銷的方式，讓多數人相信這個計畫足以應

付退休生活。財經新聞快訊：401(k) 並不足以支付你的退休生活費用。

你沒看錯。我們一直被灌輸一種觀念，只要盡量往 401(k) 帳戶裡存錢、存到滿，一切就沒問題了。為了理解這個觀念為何不正確，我要再幫你上一堂歷史課。401(k) 計畫實際上和我同一年誕生（也就是說，它顯然相當年輕！）—— 1984 年。這項計畫讓更多人可以投入股市，不再是那些超級富豪與大型機構的專利。它從來就不是設計要來取代退休金的，但是對公司而言，執行 401(k) 計畫比加入退休金計畫（保證替代收入）便宜，所以公司行號紛紛投入，員工也是如此。

可以透過與市場連動的退休福利計畫而致富的觀念深植勞工心中，因此多數人自然而然選擇加入，不去選擇無聊（但穩定）的退休金。注意，1980 年代中期的股市表現可說是強強滾，所以這項計畫聽起來超級誘人。但為什麼股市會強強滾呢？因為所有的公司都在積極投注 401(k) 帳戶，造成大筆資金湧入！

我們是一個建立於自由之上的國家，而 401(k) 正代表了人們擁有自由投資的權利（儘管多數人根本沒參與選擇）。對雇主來說，提供 401(k) 保障也比其他種類的退休金更划算。因此，我們的職場退休福利計畫從原先的確定給付制變成了一堆自由的，也就是不確定的、模糊的、動盪的福利。在我寫這段文字的時候，我們的社會正出現第一批單靠

401(k) 計畫準備退休的人——而狀況看起來不是很理想。

這套制度根本沒用。要做到它使你相信的那種程度，你必須從 20 歲出頭開始，將賺來的每一美金存下 7% 才可能達成。假如你等到 50 幾歲才開始，每一美金就必須存下30%。接著，你還得確保你選中的都是最棒的基金，並且在最低價時買進，而且即使生活出現危機也絕不提領，好確保你投資的收益能超越通膨。最後，當你領出退休金時，你得準備好要繳一大筆稅（除非你夠幸運，有羅斯 401(k) 的選項可選，記得一定要選這個），然後想辦法妥善規劃提領時程，以確保這些錢能夠撐到你死掉的那一天。這簡直是不可能的任務，尤其是當你還不懂得如何好好規劃財富的時候。

在你嚇壞之前，請記得，你是有選擇的。假設你已經有了 401(k) 帳戶，你可以做一些簡單的措施，讓自己不會被401(k) 拋棄。不過，在我們進入解決方案之前，必須先面對現實，零修圖、無濾鏡的現實。開始吧：

❋ 一半以上的美國人正面臨退休金不夠的問題。

❋ 在美國，三分之一工作者的退休存款低於 1,000 美金。

❋ 近三分之二的人的退休存款不到 2 萬 5 千美金。[46]

朋友們，那可不是靠粗茶淡飯度日的程度了——得改吃貓糧才行。所以，怎麼會這樣？我們理論上都明白，假如我們多存一點錢，哪怕只是省下一條牛仔褲的錢，讓錢在戶頭裡隨著時間複利滾動，未來的自己一定會大大感謝我們。然

46　不包含任何退休金或房產。

而，在現實中，我們就是做不到，這感覺真令人洩氣。

倘若我們試著深入核心，探索許多人內心對於為退休而儲蓄的心魔，我們會發現，原因多半與眼前的選擇太多有關。科學研究證明，人類面臨太多選擇時會不知如何是好。我們要不就是隨便接受一個別人替我們決定的（例如由雇主提供的預設選項），要不更糟，根本不做選擇。我們並非缺少資訊，而是資訊太過氾濫。再者，我們可是「#人生只有一次」世代。變老、死去等等的話題一點都不有趣，所以我們假裝沒看見，希望它永遠都不會發生。親愛的，我真的愛你，但你沒辦法長生不老。正如靈性大師拉姆・達斯（Ram Dass）所說，「我們只不過是彼此返家路上的同行者。」讓我們好好享受這趟漫步之旅，好嗎？

多多益善

你算出的退休數字雖然值得銘記在心，但仍只是估計。未來會發生什麼事，你永遠無法預測，更不用說你到底會在幾歲退休，以及退休之後你還會活多久。不過，一個估計值能發揮北極星的功能，告訴我們該往哪前進。

在我們一步步累積退休存款的過程中，我要你記住兩件重要的事。第一，不管你選擇了什麼，都去設定自動化，沒必要每天反覆思考退休問題，一一認識你的選項，權衡一下稅務影響，接著「設定好，然後忘掉它」，至少放置一年，等到你想重新檢視的時候再說。第二，投資的選擇越多越好，

「專一」這個概念是獻給與你白頭偕老的人，對打造理想生活資金毫無益處。

401(k) 退休福利計畫

我知道我一直在抨擊 401(k)，但那是因為坊間對它有諸多誤解，而我希望你對究竟需要多少退休金有個實際一點的概念。跟之前一樣，我期待你在開始思考自己未來的財務、開始思考什麼才適合自己時，對習以為常的金錢觀保持警覺。事實是，401(k) 並不差——但它只是眾多的退休工具選項之一。現在，就讓我們來好好認識一下 401(k) 吧。

它是什麼？雖然 401(k) 是雇主最常提供的退休帳戶類型，也是個人創業者最常申購的選項[47]，但若是非營利組織和學校，通常會提供 403(b)[48]，而州政府與地方政府則會提供 457 型計畫。這幾種計畫的運作方式非常相似，只有些許差別。

我該申辦嗎？只要你的公司會對你投入帳戶的資金進行額外提撥[49]，你當然應該加入，而且如果情況允許、你也喜歡這個選項的話，請盡量投入、存滿上限。倘若你有意當個

---

47 雖然有點過時，但你手頭也許擁有一個閒置的「基奧計畫」（Keough）帳戶，如今更常見的名稱是「H.R.10 計畫」。這個計畫的運作方式介於個人 401(k) 和自雇者 SEP 個人退休帳戶之間。它的投入上限遠比任何其他計畫來得高，對私人執業的醫生或律師較為適用。

48 403(b) 的投資標的只有年金險和共同基金，而 401(k) 的投資標的則什麼都有。

49 請確認你需要任職滿幾年才能完全符合公司額外提撥的賦益資格，也就是確認那些額外提撥的錢要多久才會真的屬於你。

更積極的投資者，仔細評估你手邊有的選項，看看如果自己另作投資的話，回報是否會更高。

投入上限是多少？每年 1 萬 9 千 5 百美金[50]（約新台幣 58 萬元，假如你超過 50 歲，可以再多存 6,500 美金，約新台幣 1 萬 9 千 5 百元）；如果雇主有額外提撥的話，你和雇主一年的供款總上限是 5 萬 7 千美金（約新台幣 170 萬，假如你超過 50 歲，上限則會變成 6 萬 3 千 5 百美金，約新台幣 190 萬。）

此外，403(b) 有個額外的好處。如果你在該公司任職超過 15 年，它能允許你每年多存 3,000 美金，直到戶頭金額達到 1 萬 5 千美金為止。

何時開始提領可以不用繳納罰款？通常是 59 歲半，不過伴隨著一條 55 歲條款，也就是假如你在滿 55 歲那年的日曆年或是之後離開職場，國稅局會允許你提領而不必受罰。[51]

稅怎麼算？這筆錢現在還不需繳稅，可以在帳戶中「延稅」增長——意思是，你之後依然要為該帳戶所賺到的所有錢繳稅。人們很常以為他們在 401(k) 帳戶內坐擁鉅款，卻沒意識到在某些狀況下，當他們想把帳戶裡的錢領出來時，可能會遭稅金侵蝕。我們無從得知 3 年後的稅收規則是如何，

50　所有退休工具的供款上限都經常變動，我這裡列的是 2020 年的數據。

51　不過，倘若你在五十五歲前失去工作，你就必須等到五十九歲半才能提領而不用被罰款。這條特別條款也適用於 403(b)，另外，針對如消防員、飛航管制員與警察等公共安全相關工作者，適用年齡則調降至五十歲。

重要資訊

大多數公司規定，如果你想保留公司額外提撥給你的金額的話，必須先確認你的「賦益」（vested）資格。這項資格其實就是證明你已經在該公司服務滿一定的時間，通常是 2 年到 5 年。部分公司的賦益資格規定，就算員工在完全符合條件前離開公司，仍可以獲得一定比例的提撥金。

更別提 30 年後了，所以我們實際上並不確定帳戶內會剩下多少錢給成為老太太的自己花。但是，別擔心，我們後面會討論一些盡量節稅的方法。

羅斯到底是什麼玩意？羅斯 401(k) 帳戶是退休基金界的寵兒。如果雇主有給你這個選項，你就是天底下幸運的女孩。這個帳戶跟傳統的 401(k) 差不多，只有一個區別：你現在就要為這筆錢繳稅。

等等，拉平，為什麼我現在就要繳稅？這麼說好了，如果是傳統的 401(k)，你無從得知你退休時的稅率會是多少，而稅率也很少會下降，此外，你還必須為你在帳戶裡面賺的錢繳稅。然而，若是羅斯 401(k)，你的稅早就繳清了。日後等你從帳戶領錢時，你的錢就是你的錢，不必再繳稅。[52]

---

52 沒人喜歡繳稅，但如果能選擇現在就付清、從此一勞永逸，例如羅斯版本的 401(k) 或個人退休帳戶，請務必選擇它。又或者，在投資組合中同時持有延稅及現在就繳稅的選項，那樣做更棒。

我知道、我知道：我已晉升為費用警長。事情是這樣的：401(k) 因收取高額費用而惡名昭彰，費用高到讓勞動部大動作出手管制那些推出過高費用方案的企業。抗議費用過高的集體訴訟已經與卡特彼勒（Caterpillar）等公司以數百萬美金達成和解，和解的對象甚至包括美國銀行和富達投信等金融機構本身。這些費用之所以會失控，原因是退休福利計畫中的投資項目（例如共同基金）本身就會產生費用，再加上401(k) 自己還額外酌收溝通費、記錄管理與行政手續費、投資費或受託費。名目可多了。

如果你覺得你付的費用太高了 [53]，隨時可以去找公司（如果是大公司，請去找人力資源部門），提醒他們在法律上有義務為你與同事提供一個在費用上更優惠的計畫。如果你照做卻沒得到多大進展，你可以考慮提醒公司，他們如果不遵守規定可能會遭罰款。

關於具延後課稅功能帳戶的費用，如傳統 401(k) 或接下來會講到的個人退休帳戶，有一點要先提醒各位。雖然延稅聽起來是超讚的福利，但實際上並非真的好處多多。延稅帳戶的稅負費用被「計畫管理費」所取代，大約是 1.1% 左右。這些費用不包含在你所支付的其他一切費用中。那麼，像羅斯 401(k) 或羅斯個人退休帳戶這樣的應稅帳戶的稅負成本是多少呢？你準備好要聽了嗎——大約是 1% 至 1.2%！也就是說，有時候延稅帳戶基本上與一般帳戶大同小異，成本甚至

53　這裡有一個不錯的免費追蹤工具：www.AmericasBest401k.com.

可能更高。我只是再舉一個例子提醒你，不要被像是「延後課稅」這種聽起來相當有利的話術給騙了。當然，延稅帳戶確實有其優勢，它讓你所投入的錢能盡數為你工作，而且讓你此刻不需繳稅。但，「延稅」或「免稅增長」不代表「永遠免稅」。別被這些財務術語給操縱了。

個人退休帳戶

如果說，由雇主發起的退休福利計畫提供了部分空間由你操作（我們很快會討論到），那麼，個人退休帳戶（individual retirement account, IRA）能讓你自由掌控的空間便是最大的。這類退休帳戶中的「個人」意味著它歸屬於你名下，而且是可轉移的。如果你直接申購一個個人退休帳戶，投入上限雖然不會太高──但可以將它當作其他帳戶的資金轉存工具，或者將它當成一個不錯的加分項目，用來輔助其他的退休福利計畫。讓我們來分析一下個人退休帳戶：

它是什麼？傳統的個人退休帳戶是可移轉的退休帳戶，無論你去到哪裡、去哪間公司服務，它都能跟著你。即使你開始為自己工作，或甚至完全不工作，都能繼續使用這個帳戶並且持續供款。如果你在一間小型企業工作，你可能會獲得不同的選項，例如 SEP 個人退休帳戶（投入上限為 5 萬 5 千美金，約新台幣 165 萬元）或 SIMPLE 個人退休帳戶（投入上限為 1 萬 2 千 5 百美金，約新台幣約新台幣 37 萬元。）

我該申辦嗎？你很可能已擁有一個個人退休帳戶，即使你先前只將它當成其他帳戶的轉存工具。如果沒有，是的，拜託，去辦一個。如果你是自由工作者，而且沒有加入任何退休福利計畫，開辦個人退休帳戶是很好的開始，而且很簡單，只要去找你從步驟六開始穩定往來的銀行就能申辦。

投入上限是多少？6,000 美金（約新台幣 18 萬元，如果你年齡高於 50 歲的話是 6,500 美金，約新台幣 19 萬元。）

何時能提領？傳統個人退休帳戶的話是 59 歲半（55 歲條款並不適用於個人退休帳戶）。如果你的生活發生緊急狀況，而我們前幾個步驟中所設置的緊急預備金及現金型投資又不足以支付，讓你需要提前從退休帳戶中拿錢的話，你應該從你投入羅斯帳戶的錢開始提領，那部分是免罰的。如果你提領的是收益，得負擔 10% 的罰款與所得稅。[54]

稅怎麼算？傳統個人退休帳戶運作方式與 401(k) 類似，也就是當你提領時需要繳稅。

羅斯到底是什麼玩意？羅斯個人退休帳戶與羅斯 401(k) 類似，意即你現在要為放進去的錢繳稅，但以後就再也不用繳。然而，若你單身，收入不能超過 13 萬 9 千美金（約新

---

54 傳統個人退休帳戶和 401(k) 針對提前提領都設有罰金，不過死亡或身殘事故除外。如果發生這種情況，上帝保佑，罰金及稅收影響無論如何都會很低，低到你不用在意。如果提領事由是要繳自己或小孩的大學學費，或是首次購屋（上限 1 萬美金）的話，傳統個人退休帳戶也通融提領。還有一個奇特的方法可以避開罰金，那就是國稅局的 72（t）條款，該條款允許你依據預期壽命長短來提領，但詳細規定請向稅務專家諮詢。

台幣 400 萬）；若你是已婚合併申報，則不能超過 20 萬 6 千美金（約新台幣 600 萬元）。

利潤分享計畫

通常，公司在招募重要崗位時，會祭出誘人的利潤分享計畫（profit-sharing plan）來吸引搶手的人才。就像是送花圈給你想延攬進自己籃球隊的明星球員一樣。

它是什麼？利潤分享計畫限定只有雇主才能供款，即使你想自己投入也不行。

我該加入嗎？當然應該，但請先確保你了解賦益的時程表，舉例來說，因為如果它規定福利只在服務滿兩年後才生效，那麼假設你在那之前離職，便一毛都拿不到。

投入上限是多少？5 萬 7 千美金（約新台幣 170 萬）。

何時能提領？一般來說，你可以在利潤分享計畫中申請貸款，但若要提領，得等到 59 歲半，否則就得繳納 10% 的罰金。

稅怎麼算？通常，在開始挪用這筆錢之前都不需繳稅。

有哪些變化型？貨幣購買退休金計畫（money purchase plan）是一種介於利潤分享計畫與確定給付制（稍後會提到）之間的混合體，此計畫會要求雇主無論利潤如何，每年都得投入固定比例的資金。其餘的利潤分享計畫則允許雇主靈活處理。有時，雇主會在 401(k) 中加入利潤分享計畫以替代額

外提撥。這類型的計畫有三種主要形式：

1. 按比例（pro rata），計畫中的每個人都以同樣的比例從公司獲得雇主投入資金。

2. 新可比型計畫（new comparability）又稱交叉測試計畫（cross-testing）能讓業主拿到更多的利潤，其他員工則分至另一個福利組別，能拿到的福利金較少。這種情況通常發生在那些業主較年長而員工年齡層較低的公司或企業。

3. 年齡加權計畫（age-weighted plan）讓那些將屆退休的員工可以拿到更多，對於想要將人才留任至退休年齡的公司來說是個不錯的工具。

確定給付制

確定給付制（defined-benefit plan）基本上就是退休金，因為你拿到的金額是「確定的」，不受市場波動影響。這個概念與 401(k) 和 403(b) 那類的「確定提撥制」（defined contribution plan）相反，提撥（定期投入的金額）是固定的，福利卻不是。確定給付制正迅速成為市面上最受歡迎的計畫。讓我們看看為什麼：

它是什麼？確定給付制基本上是一種私人退休金。

我該加入嗎？如果你的其他所有帳戶（401(k)、個人退休計畫等等）都已投入至上限，而且你的收入很高，或是自己創業（最好是家庭經營），那麼你應該要加入。你也可以

將這個計畫當成雇主提供的另一個退休福利計畫選項。

投入上限是多少？薪資全額，但最高不超過 22 萬美金（約新台幣 660 萬）。

何時能提領？59 歲半，但可以選擇要一次全部提領、單一生命年金給付（每月領取固定金額，身亡不再支付）或是資格型共同生命年金（每月領取固定金額，身亡後繼續給付給配偶，直到配偶過世。）

稅怎麼算？投入的金額可以抵稅。不過實行起來沒那麼簡單，必須找第三方管理公司出具證明，然後與會計師密切合作，確保遞交的所有文件皆正確無誤。

有哪些變化型？現金餘額計畫（cash balance plan）近來迅速受到大眾歡迎，因為它的功能就像是確定給付制和確定提撥制的混合體。它保證終生支付，但需由個人帳戶持有，支付金額通常是薪資的某個比例。

Miss Independent
撇步

確保你的受益人能受益

我很欣賞人們創立生前信託來保護自己的財產。只要別跟有些人一樣落入陷阱，將退休福利計畫也納入信託，否則，一旦你過世，你將為配偶留下一張潛在的天價稅單。萬一真的發生這種情況，你的

> 未亡配偶可以採取所謂的「配偶轉存」（spousal rollover），將你的帳戶轉到配偶本人名下。[52] 此外，假如你的退休福利計畫放在信託的名義之下，那麼，不管計畫內有多少錢，都歸於信託所管，因此會成為應稅項目。如果你是要撫養孩子的單身人士，請直接忽略這個選項，因為這可能會阻礙孩子藉由你的帳戶獲得稅負優惠。

好好沙盤推演

在人們的職業生涯中，多數人（特別是千禧一代）會四處搬遷、換工作、最終為自己工作——以及以上其他可能的排列組合。在《老娘有權》中，我稱那個老掉牙的「職涯階梯」已死。如今，職涯更像是攀岩，而不是爬梯子。讀到現在，你可能已選好幾種不同的退休福利計畫，但還不確定如何讓它們好好相處，以便為你創造最大效益。以下是一些我常被問到的問題，以及我針對每個問題提供的解決方案。

問題一：我該拿舊的 401(k) 怎麼辦？

解法：如果你的前公司還在營運，你可以將它留在那裡，

---

55 如果你已婚，最好將你的配偶列為退休儲蓄計畫的受益人，這樣能讓她們在你過世後辦理配偶轉存。如果你育有小孩，而你與配偶都過世了，那麼他們將會成為受益人。

或是你可以將它轉到個人退休帳戶底下。我偏好後者，將舊方案轉到個人退休帳戶後，你更能依自己的想法操作，不必受制於前雇主的規劃。再者，萬一前公司倒閉了，你也會受到保障，因為你的錢將跟著你走。透過銀行移轉方案只需要花上幾分鐘的時間。

問題二：如果我收入太高，沒辦法申請羅斯個人帳戶怎麼辦？

解法：我很喜歡這個問題，因為那代表你賺的錢變多了！聽好，你實際上可以用兩個步驟做到一個步驟做不到的事，這聽起來很怪，但稅法又不是我制訂的。還有，是的，我知道你想問什麼──這完全合法。我會將錢放進傳統的個人退休帳戶，然後進行「羅斯轉換」，讓你可以現在就繳稅，同時讓資金在免稅的環境下增長。

問題三：如果我還在職，我能轉移 401(k) 裡面的錢嗎？

解法：雇主允許就可以，此舉稱為「在職分配」。譬如，假設你今天覺得費用太高（好樣的！）並且想藉由個人退休帳戶更靈活地管理退休儲蓄計畫選項，在職分配就是你所要的答案。記住：你必須符合公司的賦益資格，否則你就拿不到公司的額外提撥。

之所以要在資產配置中持有不同種類的退休工具，還有另外一個原因，那就是分散稅務風險。稅務優惠是退休福利計畫中很重要的一部分。如果你不確定稅率會上升還是下降，或者你甚至無從想像未來的你可能屬於哪個稅率級距，我可以理解。這就是為什麼要採用兩個不同的工具──一種

是現在就繳稅，另一種是以後再繳稅——來分散未來任何可能的風險。[56]

你可能會開始覺得，「該死的，拉平——我要管的帳戶也太多了吧！」沒錯，歡迎來到大聯盟，親愛的。但你要想，過去人們仰賴一張三腳凳來累積退休儲蓄：社會保險[57]、退休金與個人退休存款。由於前兩者基本上已形同虛設，你必須找其他辦法來穩住凳子上那位老太太。難道你會懷念黑莓機嗎？不會，你只要學會用安卓或蘋果手機來收發工作信件就行了。因此，別為逝去的社會保險或退休金難過了，讓我們轉而學習如何善用市面上其他的退休工具吧。

裡面到底有什麼？

多樣化投資工具是一回事；讓這些工具**裡面**的東西更多樣則是另一回事。任何一種工具——無論是 401(k)、457、個人退休帳戶、羅斯個人退休帳戶、SEP、SIMPLE 等等——都只是投資的一種手段。現在，我們得去逛街採買真正的投資本身。嗨起來吧！這將是我們與資產配置的第一次親密接觸。

---

56 我要聲明清楚，這不是叫你去重複開好幾種退休福利帳戶。別為了開一大堆不同的羅斯個人退休帳戶而在不同銀行間東奔西跑。只要確保你同時擁有一個羅斯版本和一個能延稅的版本就行了。

57 如果你符合社會保險福利金提領資格，請盡量延後領取，越晚領越好——就算你 63 歲就能開始領，理想上最好等到 67 歲到 70 歲之間再開始領比較好。你每晚領一年，福利金就能再增長多一點。

我從許多與我聊過的女性身上發現，她們希望在退休儲蓄計畫上保守一點（女性在投資時多半傾向保守，不過這個問題讓我們留待下一步驟再談。）我明白為什麼你會這麼想。畢竟，那可是退休，退休本來就不是多刺激的事，所以選擇追求無聊、基本款的投資也沒什麼好奇怪的，對嗎？這個嘛，首先，誰說退休不能是刺激的事？我自己就打算入手一棟由好幾間小屋組成的複合式建築，和我所有的好姊妹一起狂歡、度過最後的日子。第二，除非你計畫在 5 年內退休，否則你一定得追求增長，才能擊敗通貨膨脹，真的賺到錢。因此，這代表你再也不能打安全牌。

「打安全牌」的意思是，某一項固定收益資產在投資組合中占比過高，好比我們上一章中討論的那些產品。（用金融術語來說，安全的投資組合意味著過度依賴債券。）各種類型的債券、債券基金及定額年金險[58]（嚴格來說只是保險產品，只不過作用類似）也是退休福利計畫的投資標的，股票或股票型投資（我們將在剩下的內容深入探討風險更高的投資類別）也是。退休帳戶最常見的股票投資標的有共同基金、目標日期基金以及你所任職的公司的股票。

共同基金

先前，我一直提醒你小心別掉入共同基金的熱潮陷阱，因為它的費用往往很高（我會在步驟十中拆解費用），而且

---

58 美國國會於 2019 年底通過的《安全法案》允許提高退休帳戶對年金險的投資限制。

明明是由「專業」人士管理[59]，績效卻很少能夠超越大盤。不過，這還不是共同基金唯一的圈套。共同基金每季都會發放利息，且需於年底納稅。由於共同基金是設計拿來買了後放著的，我會建議你將這些會發放利息的長期投資放進延稅帳戶，例如 401(k)、個人退休帳戶、確定給付制、年金等等，這樣你就可以讓它在免稅的環境（如果是羅斯帳戶，就是未來會免稅的環境）下複利成長，盡可能地減少損失。

目標日期基金

倘若你有加入公司發起的退休福利計畫，你可以選擇的項目中八成包含了目標日期基金（target date fund）。如果你參加的計畫是由大公司發行的——先鋒領航、普徠仕（T. Rowe Price）、美國教師退休基金會（TIAA-CREF）或富達——那麼你會獲得蠻不錯的選項。這些基金其實也是共同基金的一種，只是依據目標退休日期進行主動式管理。萬一你還不確定自己想在何時退休，可以用 5 年為一個區間粗略下去抓。但可別搞崔西・芙利克（瑞絲・薇斯朋在《風流教師霹靂妹》〔Election〕中所飾演的角色）那一套，跑去買進多個不同的目標日期基金以分散風險並增加多樣性。我的

---

59 想了解更多關於市面上不同共同基金的評比等級，可以上 Morningstar. com. 查看。等級還蠻基本的：「金」、「銀」、「銅」。上面也有像亞馬遜評論那樣的星級評比系統。如果可以，請在網站上多方查證你所擁有的共同基金資料。（注意，一些較進階的功能需要繳交訂閱費用才能使用。）你也可以上基金教育聯盟（Mutual Fund Education Alliance）網站 mfea.com. 查看。

意思是，我喜歡你的想法，但這有點矯枉過正了。你可以隨時改變退休日期或是打算退休的年紀。在你選購之前，請先確認自己充分了解該基金的「配置原則」（glide path），也就是投資策略。有些基金在到了目標日期之後就停止調整配置，有些則在退休後還會繼續調整。如果可以，你當然會想選後者，因為過了那一天，你八成還會多活個幾十年。

別光把雞蛋放在自己的籃子裡

如果你在上市公司工作，你的雇主應該會在選項中放進公司的股票。身為一名忠貞不二的員工，我打賭你會出於肥水不落外人田的心態而打算投資自己任職的公司。那些在Google 或臉書上班的人藉此大賺一筆的故事聽多了，自然會認為大筆投資自己公司是件誘人的事。但是，你每找一位Google 員工聊完，請務必也找一位曾在雷曼兄弟（Lehman Brothers）或安隆（Enron）任職過的人聊聊。後兩家公司都倒了，股東的投資付諸流水，當中有些人恰好也是員工。記住，你不需要在公司股票押上過多的退休基金，也能繼續當公司的頭號啦啦隊。當你為他人工作，你便是在將財務未來的一大部分押在該公司的表現上。所以，如果可以，請將風險分散去別的地方。[60]

---

60 你隨時可以通過你公司的 10-K 財報來檢視自己的公司，這是每個上市公司都得繳交給證券管理委員會的報告。你也可以收聽公司每季為華爾街分析師舉辦的法說會，或是在 seekingalpha.com. 之類的商業新聞網站上找到會議紀錄。這些會議能讓你較客觀地掌握公司實際的營運情況。

關於最基本的資產配置，你可以回頭參考我們先前談過的「年齡占比」法則。我們會在步驟十二中接觸到更多種選項，可以供你挑選進整體投資組合以及退休帳戶的投資中。但現在，我會建議你「簡來好」：簡單來就好。你在打造資產、配置及再平衡過程中所能做的最重要的一件事，就是要習慣接受自己越來越積極進取。接著，確實了解自己手上有哪些選項，如此一來，你和你的蕾貝卡討論時便能大有斬獲。

重新思考退休這回事

在華爾街那一池子的退休福利計畫中，我剛才已經介紹了絕大多數。訊息量有點大，我知道，但我保證不會抽考。你只要將它當作一份小抄，下次你想仔細研究退休帳戶時抽出來看就行了。現在，讓我們跳脫剛才介紹的那些縮寫玩意，發揮創意，看看你的退休之路究竟可以是什麼樣子。

微退休

誰規定你一定要在某個年紀退休？絕對不是我。又是誰說你得不停工作、工作、工作，然後用盡餘生來休息？我也沒這樣說！

要運用所有這些技巧和策略來儲蓄自然是壓力山大。但要是你不辛苦工作 40 年，努力為偉大的結局存下一筆錢，會怎樣？要是你在「退休」兩個字的後面加上一個「們」，「微退休」個幾次，會怎樣？

心路歷程

那一次，我沒意識到我退休了

我生平第一次為工作信箱設置「不在辦公室」自動回覆，是在 33 歲那年。沒騙你。我十幾歲就開始工作，那之後就沒享受過真正的假期。當然，我會「離開」個一週左右，也很愛收集護照上的印章，但即便是在「度假」，我也總是窩在飯店的商務中心或泳池邊抱著筆電工作。

因此，我對自己這次精心撰寫的自動回覆感到很驕傲，如果有人寫信給我，她們就會收到。信的內容很簡單：「如果事情很急，請打 119。」對方收到自動回覆的同時，我正在享受 33 歲才首次迎來的真正假期。

「要再來一杯鳳梨可樂達嗎，señorita（小姐）？」女服務生問。

「Sí（好）。現在是緊急狀況，」我說，然後我們同時大笑起來。

我送自己去度假的地方是墨西哥的聖盧卡斯角（Cabo San Lucas），為了彌補十幾二十歲時錯過的那種成年儀式。在那段「黃金」歲月中，其他同齡的女孩都在徹夜跳舞，只有我忙著衝事業。

「您點的多一份櫻桃和蘭姆酒、冰一點的鳳梨可樂達來了，」服務生甜甜地說，遞給我一杯用椰子裝的鳳梨可樂達女神，看起來嬌豔欲滴，非常適合上傳Instagram打卡的那種。（無庸置疑，我的聖盧卡斯角之旅要比一般的春假版本要更豪華一些。這是長大後再旅遊的好處之一。）

「Muchas, muchas gracias（非常、非常感謝），cariña（『侵』愛的），」我用我的破西班牙文說，伸手想拿出手機照相。「哦，算了，我忘了我沒帶手機。故意沒帶的。」

「沒關係，拉平小姐，用心拍照是最棒的，」她說，模仿為飲料拍照的姿勢。

「沒錯！¡Sí!（是）！用心拍照……是享受每件事的最佳方式。」我說，提醒自己要更加享受當下。

你可能曾在《做你自己的英雄》中讀到，我之前因為嚴重的職業倦怠而經歷一連串的身心情緒崩潰，被送進精神病房待了一陣。這時候我剛出院，並且剛剛踏上康復之旅。也因此，才有了這趟遲來的旅程。

「您預計在這裡待多久，小姐？您享受沒有手機也沒有工作的時光嗎？」她問我。

「哦，我想我已經來一週了，也許再待個1、2週吧，或更久……也許1年！我一直非常、非常努力工作，所以想要試著享受暫時放下工作的感覺，」我說，當時的我還不知道自己將會繼續休息1年不工作。

「原來是 jubilación！」她說，幾乎是用唱的。

「歡慶（jubilation）？這麼說也沒錯，就像是為自己辦一場小派對，」我說，舉起我的椰子和她假裝乾杯。

「Sí，為了 jubilación（退休）而歡慶！」她邊說邊喚來一名同事，問她，「¿Cómo se dice 'jubilación' en inglés?（「退休」用英語怎麼說？）」

「英文的退休是 retirement，」同事說，她看著我的表情洋溢著喜悅。

「jubilación 是指退休？但聽起來像是歡慶！」我說，對這個我剛學會的西文字感到又驚又喜。

「Pero sí, señorita.（但它就是啊，小姐。）因為退休本身就是一場慶典！我們這裡是這麼認為的。」

為這句話舉杯！

你也知道，我喜歡將每件事拆解成小步驟，然後再將這些步驟拆解成更小的步驟，所以當你聽見我會一一拆解退休目標時應該不會多意外。我已經決定，在我人生剩下的職業生涯中，我的目標是要退休好幾次，每次休一到兩年。這樣一來不只更方便規劃未來，我想重振精神時也能回去做全職或兼職工作——而不是完全從賽道上退出。我保留改變主意的權利，但我知道，一旦進入無止境（呃，除了死掉以外）的完全退休模式，我一定會無聊透頂。再者，微退休也可以

有效避免職業倦怠。

如果你一直認為職業倦怠是心理問題而非金錢問題——那麼，你可真錯得離譜。論起燒錢和燒資源的速度，很少有東西能比倦怠的員工更快。數據寫得很清楚：

❋ 職業倦怠每年造成的醫療費用高達 1,900 億美金。
❋ 職場壓力占據全國醫療保健支出的 8%。
❋ 職業倦怠的員工令雇主損失了 34% 的年薪。

當你狀態不佳，損失的是所有人：我們的健保系統、你的老闆，還有最重要的，你。想想，因為你只能一跛一跛地去追，將會錯失多少大好機會。若你想更深入了解這個主題，可以去看《做你自己的英雄》，但我只是想說：增長財富與照顧好自己的身心健康，兩者不只是應該，而是必須，齊頭並進。

FIRE 理念

「FIRE」一詞指的是「財務自主，提早退休」。這個概念在 2021 年代流行起來，當時的年輕人開始積極儲蓄——例如存下收入的 50% 至 70% ——好讓她們在 35 歲或 40 歲前退休。

是的。存下你收入的一半。（現在看起來，我希望你存進獨立小姐基金的錢好像也沒那麼過分，對嗎？）

我很喜歡，也非常佩服這些年輕人驚人的魄力。這件事告訴我們，即便你得餐餐靠燕麥粥果腹，也不太能出門，但

只要那是你畢生所求最重要的目標，儲蓄及積極投資的確是可以做到的。不過，就算是為了理財，我個人也不太支持任何極端或魔鬼式節食法。我在《老娘有錢》中為你制訂了一套消費計畫，允許你偶爾小奢侈一下——例如其他理財專家不准你喝的拿鐵——因為我相信，如果你不偶爾對自己好一點，你之後只會在另一件事情上放縱。這就相當於用一小顆Hershey（好時）水滴巧克力取代外面那些嚴厲至極的流行節食法，這樣你就不會因為太飢餓或出於被剝奪感，而在半夜裡狂嗑一大塊誘人的巧克力蛋糕了。我想，同樣的道理也適用於 FIRE 伙伴身上。為了退休那塊應許之地而剝奪一切樂趣，看起來非常有可能會，嗯，「燒」[61]到自己。

出國

　　正如你可能曾經、或者正在幻想自己的婚禮會是什麼樣子（或是不希望它是什麼樣子！）我相信你也為成為老太太的自己幻想過退休生活的模樣。你不一定會為它創一個繽趣版面收集靈感，但腦中很可能已經勾勒出大致的雛形：海濱別墅？山中小屋？當個空中飛人？

　　在此，我想為你的退休白日夢拋出另一種可能性：出國。幻想一下你退休後可能會想住在怎樣的異國城市。如果你口袋不深，像是墨西哥、哥斯大黎加、柬埔寨和泰國這些消費水準比美國低很多的地方可以讓你的錢變大。同樣的花費在

61　fire：火

美國只能算得上一般水準，在那些國家卻能過上相當舒服的生活。例如，在瓜地馬拉，你每個月能以 300 美金（約新台幣 9,000 元）左右請到一名身兼管家及園丁的全職員工；如果你需要一名居家護理師，則是每月 500 美金左右（約新台幣 1 萬 5 千元，美國的平均費用是每個月 4,000 美金，約新台幣 12 萬元）。你剛才說，西班牙文裡的「女王」是怎麼說來著？

年金險

我先前提過，年金險（annuity）通常是退休帳戶中的選項之一，但你也可以自己申購一個。年金險近年來的評價很糟，其中有一些的確是罪有應得，但正如我們在上個步驟中所說，不是所有的結構型商品都很爛，所以，也並非所有的年金險都很糟。

年金險是一種與保險公司簽訂的契約，你預付一筆金額（可以想像成你投資進去的錢），換取一筆說好的給付。契約中的第一階段是積累期，第二階段則是給付期，你能定期收到保險公司的給付。如果你買對年金險，它的功能會與個人退休金類似。在你開始考慮要不要購買之前，先了解一下你手上不同延稅年金的選項間有何區別：

✱ 定額年金險（fixed annuity）最早能追溯到 2000 年前。我是說真的。古羅馬時期的凱薩大帝實施過，從那時起，它就被視為是種安全且穩定的投資選項。定額年金險的運作方式與定存單類似，本金受到保障，但利率往往較

存單高、期限較長，給付時程也不太一樣。好好安排利用的話，能為自己往後的生活打造一個穩定的收入。

✱ 固定指數年金險（fixed indexed annuity,FlA）也能保障本金，但收益的多寡仰賴特定指數或市場標竿的表現，例如標準普爾 500 指數。固定指數年金中「固定」的部分指的是，你拿不到該指數的全數收益，所以假設指數上升，你只能依事先決定好的比例獲取收益。但同時，發生重大損失時你也能有所保障，概念與結構型商品或機動利率存單類似。

✱ 變額年金險（variable annuity）不保證回收本金，它是一張保單，與一檔共同基金或你自選的投資相連（披上「保險的外衣」），而這些投資標的又稱為子帳戶（subaccount）。你的收益不是固定的，所以無論子帳戶是漲是跌你都得概括承受。出於所有這些不確定性，我不是那麼喜歡變額年金險。我之所以列出它只是為了讓你明白這些選項之間的細微差別。

歸根究底，任何年金險的好壞端賴背後保險公司的優劣與否，所以請確保你對該公司的信譽有十足把握。在某些情況下，你會將錢交給保險公司保管好幾十年，因此也要確實掌握這些公司本身的信用評級狀況。保險公司若倒閉，是不屬於聯邦存款保險公司保障範圍的（儘管如果它們真的倒閉，你的州政府可能會補貼你一些錢。）還有，費用差距很大，請務必弄清楚所有的內部處理費、後端退保費用及銷售費用是多少。

我知道「退休」一詞聽起來很可怕（在多數語言中都是如此，除了西班牙文！）但正如怪物只有在你看不見時才嚇人，退休也只有在你忽略它的時候才顯得可怕。是的，體制中的部分結構令我擔憂，這點我承認。不過，一旦你擊敗了腦中的怪物、打開燈，並且開始「歡慶」的話，沒有什麼不能迎刃而解！

總結

俗話說：我退休後，因為收入會比工作時低，所以所屬的稅率級距也會降低，這就是我為什麼應該在延稅的方案上加碼投資。

也許吧，但我比你自己更看好你的收入潛力，因為，到了那時，你的房貸應該已經還清了，小孩也早已長大離家。這代表你不再背負大筆的貸款和撫養費，因此你銀行裡的錢也會更多。

俗話說：我已經存滿了我的 401(k)，可以安心無虞了。

嗯，這取決於你對「無虞」的定義。如果你在死之前都打算吃貓糧並在孩子的沙發上過夜，那麼你有了 401(k) 當然就可以退休且「無虞」了。但假如你的「無虞」意味著要過上獨立且舒適的生活，那麼，你 30 年來每年供款 3% 的 401(k) 帳戶實在不足以讓你有尊嚴地度過黃金歲月。要達到目的，最好多多投資於不同的退休工具。

俗話說：我存的錢不足以退休，而有的時候我會懷疑自己一輩子也存不到。

我們都有過低潮，腦袋裡那位酸民版的自己會看衰我們，嫌我們真的很不會理財。直到現在我也時不時能聽見她說話！請盡可能叫腦袋裡那位閃邊，好讓你能思考其他可能的選項，無論是試試多次微退休，或是研究海外生活的可能。每當我悲觀看待一件事（很常），我會試圖想像最壞的狀況。我試著想，假如我沒有足夠的存款，到底會發生什麼事。只要我將可能發生的狀況想過一遍，就算其中包含睡朋友沙發，我便能安心許多，知道自己能過得去。

步驟九
搞懂房地產

萬丈高樓平地起，安全型資產也是

這些年來我發現，讓《老娘有錢》的讀者感到最不舒服的內容是我針對買房所給的非典型建議。我沒說永遠不要買房。但我也沒說一定要買房。不是所有人都適合買房，尤其是那些財務規劃尚未有著落的人。

該死！沒錯。雖然買房時常被吹捧為物質幸福的主要指標，但對於還沒準備好的人來說，足以是惡夢一場。我見過太多的女性在理財之路上操之過急，結果淪為只擁有房子的窮人。若一個人債務纏身或積蓄尚淺就將所有錢砸在房子上的話，便可能落得此下場。你有個能遮風避雨的地方，但除此之外一無所有——萬一屋頂開始漏水，你就完了。關於理財，「買房是個好投資」是坊間所流傳的最大迷思之一。別誤會我的意思，它可以是個好投資沒錯；但絕不像許多人傾

向相信的那樣是個真理 [62]，並且用它來合理化自己的操之過急。

我想你懂了：我不打算讓你為了一間夢幻家園而越級打怪（當然，一旦你做到了，要怎麼在樓梯跳上跳下、整天在扶手玩滑溜梯，都是你的自由。）因此，假設你已經完成所有先前的準備步驟，蓄勢待發，等不及開始建立你的安全型資產，那麼就讓我們來徹底搞懂房地產吧。本步驟中，我將助你以正確的方式買房，制訂出一個買得起的方案。

要買還是不買

我懂，房子不只是貸款和投資的問題，那是你的窩，你的小天地。身為一個在破碎家庭中長大的人，我一直渴望擁有一個屬於自己的家，那裡安穩、安全又漂亮。

然而，隨著年齡漸長，我逐漸了解，我所在的地方就是我的家，不必非得住在《建築文摘》（*Architectural Digest*）中的那些房子裡。從 20 歲開始一直到 30 歲出頭，我一直在搬家，我開始想像自己的身上背負著「家」的概念，就像蝸牛身上的殼。儘管我十分想要定下來，但我也明白，鋼筋水泥給不起我所渴望的安全感。事實上，正因為我太常

---

62 由勞勃・席勒（Robert Shiller）主導的凱斯 - 席勒房價指數（Case-Shiller housing index）是全球規模最大的房價研究。研究發現，如果將通貨膨脹納入考量，房價已經持平了一世紀（！！）人們之所以認為買房能致富，其中一個原因是他們只看售價，卻未考慮通膨，也沒考慮那些永遠無法回收的費用，例如維修費或過戶費。

搬家，我總不可能每次在全國搬來搬去時都買進賣出，我負擔不起。而且，比起永遠的小窩能帶給我的安全感，我心中唯一更渴望的是財務安全感所能帶來的自由。

在我們深入認識房地產前，我還有另一件事要先聲明，那就是，假如你認為自己接下來應該會像我一樣常搬家——無論是出於工作或家庭，或者只是因為你想這麼做——那麼買房可能不太適合你。人們常說，唯有當你打算持有房子 5 年以上才該買房，關於這一點我們之後再來討論。租房人生沒有什麼好羞恥的。讓我重複一次：**租房人生沒有什麼好羞恥的。**

事實上，依據生活情況的不同，租房有許多好處。其中最大的好處是，你能將為了買房而不得不生出的一大筆頭期款拿去市場上投資，或是投資在自己身上。你將錯失這筆投資日後會帶來的好處，而這就是你的「機會成本」。有非常多富翁以及／或名人明明有能力買房卻選擇租房，正是因為這樣可以減少必須搬遷時（常常發生）的買賣成本[63]與麻煩，也進一步讓她們多了一大筆能自由運用的錢，而不是被綁在一堆磚塊（或木頭、灰泥什麼的）中。不只富翁和名人選擇租房，根據 2019 年美國人口普查統計，36% 的美國人也這麼做。所以，儘管你可能以為怎麼只有我還在租房，其實大約有 4,500 萬人陪你一起。

---

63 當你買房後，請好好照鏡子：那位是你的房東。白蟻？靠你了。水管爆掉？靠你了。可惡。

五位選擇租屋的名流

1. 碧昂絲[64]和 Jay-Z 租下荷姆比山莊（Holmby Hills）豪宅，15 萬美金／月（約新台幣 450 萬元）。

2. 凱特琳・珍娜（Caitlyn Jenner）租下馬里布（Malibu）獨棟房，1 萬 4 千 5 百美金／月（約新台幣 43 萬 5 千元）。

3. 蕾哈娜（Rihanna）租下紐約公寓，4 萬美金／月（約新台幣 120 萬元）。

4. 女神卡卡（Lady Gaga）租下貝萊爾（Bel Air）豪宅，2 萬 5 千美金／月（約新台幣 7 萬 5 千元）。

5. 琳賽・蘿涵（Lindsey Lohan）租下比佛利山莊（Beverly Hills）獨棟房，9,000 美金／月（約新台幣 27 萬元）。

　　這些明星所租的房子要價數百萬美金。以碧昂絲與 Jay-Z 承租的房子為例，售價為 3,550 萬美金（約新台幣 10 億元）。頭期款少說也要 20%，也就是 710 萬美金（約新台幣 2,100 萬元）。毫無疑問，這點錢對碧昂絲女王來說也許只是小數點的誤差，她甚至無須動用到她丈夫的資產，大可擺出她的 4 億身價直接用現金買房。然而，這仍然是一大筆錢，能拿去投資，或是做任何她們想做的事。理論上來說，只要不是拿去付房子頭期款，無論她們最後怎麼花用那筆

---

64 碧昂絲的父親超級可愛，而且對於自己為何偏好租房而非買房的理由直言不諱。請去網路上看一段他談論此議題的影片。收養我吧，諾斯先生。

錢，能為她們賺進的錢⁶⁵都會比賣掉房子的利潤來的多。

這當中的祕密在於，房屋價值越高，出租租金與房貸的比例就越低。也就是說，如果你擁有一間價值 20 萬美金的房子，每月要繳的房貸可能是 1,500 美金，能以 2,000 美金出租，這之間的溢價自然就成了你的利潤。但是，如果你擁有的是一間 200 萬美金的房子，不太可能以每月 2 萬美金的租金出租，因為這個價位區間的租客在大多數地區中都很少見。因此，你為這棟天價房子所繳的貸款很可能會高於你的租金收入，賺不到錢。我們將於〈步驟十一：最危險的生意〉談論房地產投資，而從房地產投資的觀點來看，屋主可能會願意少拿一點利潤，希望改在售出時彌補損失。但對於一位具有那種消費水準的投資人來說，比起支付兩倍的房貸，還是以每月 2 萬 5 千美金的價格租下一間 1,000 萬美金的公寓較合理，而且還無須費心維修和保養（空調、管線、景觀以及所有需要現金流的昂貴玩意。）單純從現金流的角度來看，如果租房或買房對現階段的你來說都沒差的話，租房能讓你處於更有利的位置。

這個重要觀念不僅值得牢記，甚至頗有啟示的味道：在繳清貸款之前，你的房子不是真正的資產。而即使還清了房貸、完整持有了房子，依舊得負擔房屋稅、保險以及定期維修費用。你的房子會是一項開支，永遠都是。這項觀念藉由

---

65 計算究竟能賺多少利潤時，請確保你有將所有投入買房的費用以及買房過程中拿不回來的錢（咳……過戶費）算進去，也要記得考慮通貨膨脹。

羅伯特 · 清崎（Robot Kiyosaki）的《富爸爸，窮爸爸》（*Rich Dad Poor Dad*）首次得到普及，這本書是 1990 年代與 2000 年代最暢銷的理財書籍。這個觀念——當時真的惹惱一票財經專家與中產階級房仲——是在解釋，有錢人所擁有的是能增加現金流的投資，例如出租用房產或其他投資項目，但一棟還在繳房貸的房子做不到。相反地，它還讓你每個月得從口袋裡付錢出去。[66]

撇步

別光是亂猜

每當我面臨一個容易令我情緒激動的重大決定，我喜歡回歸數據思考，而買房就是這樣的一件事。如果你正在掙扎要租房還是買房，請參考以下這些指標：

房價租金比（price-to-rent ratio），又稱租價比，是一套用來衡量某特定房屋市場是否被高估或「泡沫化」的公式。要計算你目標地區的租價比，請用該地區的房價中位數除以租金中位數。

---

66 清崎先生基本上主張，如果你出租房子並從中獲利（意指你賺的錢扣掉所有支出後仍有剩），那麼該房子就是資產，就像是你擁有一樁事業，但你自己不在那邊工作、也不管理一樣——即便那個事業只是一台販賣機。該策略會為你帶來足以過活的現金流，同時讓你的自住屋成為生活的所在，而不是用來賺錢的資產。

如果你得到的數字介於 1 至 15 中間，那麼買房應該比租房划算。如果數字大於 16，那麼該地區房價可能處於泡沫之中，在價格下降之前，你應該強烈考慮租房。[67]

5 年法則（The Five-Year Rule）是另一個常用的指標，意指你在出售房子前至少應該住 5 年以上，這樣才不會虧損。繳交房貸的頭幾年中，你所支付的大部分過戶結算費（closing cost）、稅金、利息及維修費[68]都不會算做本金或實際房屋價值。至少要持有 5 年，累積的價值才會讓買房比租房更有利。

我知道要在彈性和穩定性中權衡絕非易事，但面臨茲事體大的財務決策時，請將內心的情緒小劇場寄放在門口，轉而仰賴這些現有的工具和數據。

我絕對不會低估情感的價值，這些無形的想法能讓買房這件事變得複雜。我們很小就聽說擁有房子是「美國夢」的一部分，這也難怪它會跟結婚生子及其他人生事件一樣深植

---

67 這就是為什麼選擇租房的有錢人比你想像的還要多。他們通常住在費用高昂的城市，例如紐約、倫敦或舊金山，在那裡租房比買房更划算。

68 還有潛在的房屋保險費、房屋抵押貸款保險費（若頭期款低於房屋價值的 20%）、房屋檢查費、房仲佣金、中介費與／或裝修費。

我們心中，如果你想成為社會中成功人士的一份子，就不得不做這些事。這些包袱足以令人感到沉重，進而令我們判斷失準。為了克服這一點，你必須不斷反思這些傳統觀念，並問自己：我是一個戀家的人，還是一名投資者？[69] 我無法替你回答這個問題，但我相信你知道誰能回答。

有一個買房的理由我無法反駁：買房就是能讓你感到快樂——而且你其餘的財務避風港也已準備就緒。無論你只是迫不及待想要隨心所欲裝點家裡，或為家庭打造一個溫馨的環境，還是是為了撫慰過往的創傷，相信一個家能為你帶來快樂本身，絕對是正當的理由。只要你承認這就是你買房的原因，而不是為了賺錢，那麼這就跟任何原因一樣都是好理由。

所以，你想當有產階級？

如果你通盤考慮我目前為止所列出的事實及數據後，得出了這個結論，那麼很好。現在，我要幫你一層層抽絲剝繭，讓你省下一些工作（以及眼淚）。首先你該知道的是，能每個月不用花錢就有房子可住，實在是棒呆了的一件事。但唯一能做到的方法只有繼承它、贏得它（還沒看到 Instagram 舉辦過相關比賽，但我相信以後會有的），或買下它。

在本步驟剩下的內容中，我會假設你是貸款買房。我也會假設你並未打算成為下一位 HGTV 房屋改造王節目明星。

---

69 很多成功的房地產投資人會勸你將買來的房子出租，自己住在租來的房子裡。

重要資訊

別讓房仲或銀行家用「飢餓行銷」的硬性推銷手段騙倒你，逼你鎖定史上最低利率。別聽信那些「即刻下單，這是千載難逢的大好機會，因為不會再低了」的花言巧語。要記住，這些人仰賴顧客下單或申請貸款來賺錢。單憑鎖定低利率這個理由，不足以讓你為某樣你本不該買的東西許下 30 年的承諾，就算是零利率也一樣。這就好比「僅僅因為目標在打折，不代表你就該買」，只是再極端一點。

事實上，如果你認為利率會上升，等待也許是更好的策略。當利率上升，房價會下降。當然，你因此要繳的利息變多了，然而當利率再次下降時，你可以重新融資。你永遠無法重新針對房價討價還價，但利率可以。

最後，我還會假設你希望盡快還清房貸。畢竟，至少在本書所關心的範疇內，買房的的目的是為了累積更多資產，而非更多負債。因此，透過貸款買房及償還貸款，[70] 你是在提高資產基礎，並且提升整體財富水準，同時還可以嚐到低利

成為獨立小姐的滾錢心法：12 個打造財富自由之路的簡單投資計畫

---

70 如果你想看看令人沮喪的圖表，了解一下越慢還清的話你最終需要支付多少，請去查查房貸款攤還試算表。標準的表顯示，在 30 年的房貸中，你最後 10 年所償還的本金和頭 20 年償還的一樣多！

率 [71] 及一些節稅的甜頭。

時機當然很重要——無論是對你還是對整個世界。一個人不可能完全「洞察市場先機」並以低於市價的價格買房，但我們可以運用現有的工具和數據去做最明智的判斷。而我說的「工具和數據」，並不是指你從友人或親戚那裡聽來的故事，關於莎莉阿姨是如何在紐約波基普西（Poughkeepsie）以 25 萬美金的價格買下一棟房子，然後轉手用 40 萬的價格賣掉，「所以說，市場很熱。」首先，沒有人能真的知道市場的熱度在哪裡，而且情況總是在變。第二，你不是莎莉阿姨，你是你。第三，房子的價值最終只取決於有人願意為它支付多少錢。

量力而為

買下超出自己負擔能力範圍的房子是多數人最常犯的錯。他們勉強維持生計，但一旦死亡、離婚、全球疫情等無法預料的事情降臨，便人財兩失，讓他們「窮得只剩下房子」。重點只有一句話：景氣糟的時候，你需要的是流動性以及信用。如果你的槓桿過高——換句話說，你的債務收入比（debt-to-income ratio）偏向債務那側——那麼你兩者

---

71 到了這一步，你的信用分數不該很爛，但若真是如此（比如低於 600 分），你就會被放貸人視為高風險一族，能拿到的利率也會很差。如果你屬於這類人，那麼這正是另一個你該認真考慮租房的原因，改將頭期款拿去不需要驗證信用分數的市場上投資。如此一來，你還可以把修剪草坪的時間拿去拯救信用分數！

都得不到。而萬一你沒有現金，也沒有未使用的信貸額度能救急，最終將落入被迫賤價拍賣的窘境。獨立小姐不是那些冒著未知風險而讓自己陷入困境的懵懂少女，我們是會反思傳統金錢觀念的女王，懂得未雨綢繆。

　　一個不錯的通用規則是，每月住房支出的比例應不超過你總收入的三成至四成，才是安全範圍。因此，假設你年薪10萬美金（約新台幣300萬元），每月總收入約為8,300美金（約新台幣24萬9千元），住房支出的安全範圍便落在2,400美金（約新台幣7萬2千元）至3,400百美金（約新台幣10萬元）。另一種方法是看你的前端比（front-end ratio），或者稱為房貸收入比（mortgage-to-income ratio），也就是年度總收入中有多少比例能用來負擔購屋支出（PITI）：本金、利息、稅金及保險。貸款方通常希望看到這個比例占借款人總收入的三成以下。

　　至於房子的頭期款，我已經說過很多次了，但我還要再說一遍：**別將所有積蓄都砸在頭期款上**。我知道這可能是你這輩子所付過最大筆的帳單，但是若為了頭期款而花光畢生積蓄，你最後可能會一無所有。

　　一般來說，人們可以負擔的房價是總年收入的2.5倍。以剛才例子中的10萬年薪為例，你的目標就會是25萬美金（約新台幣750萬元）的房子。我得再次聲明，這些規則及計算方式都只是拆解問題的其中一種方式。我知道，在計算你每個月的開支應該是多少、能負擔多少頭期款時，這些規

則都是保守估計而已。但我寧願你保守一點，而非鋌而走險。

準備迎接文件地獄

申請房貸的過程中有堆積如山的文件要填。進入那個階段後，你應該盡可能打起精神來。過程中你會多次被問到資產持有現況（而如果你和我一樣是自雇者，將會被要求提出更多證明），所以要提前將下列這些文件準備好存放在硬碟中，或是在筆電開個資料夾方便查找：

* 過去 2 年的 W-2 年度薪資單，1 到 2 年的納稅申報單，若你受雇於人，還要提供薪資單影本。
* 過去 2 年的雇主姓名及地址。
* 如果你是自雇者，請提供簽章後的納稅申報單，以及從年初到現在的損益表。
* 2 至 3 個月來的銀行對帳單。
* 任何其他收入資訊：社會保險、退休金、殘疾津貼、育兒津貼、贍養費、獎金分紅等等。
* 債務資訊，包含學生貸款、汽車貸款和信用卡債。
* 投資帳戶資訊：股票、債券、退休帳戶、壽險。

請記住，符合房貸的資格預審不等於通過房貸審核。在預審期間，銀行（或像「急速貸款」〔Quicken Loans〕這樣的線上房貸業者）會透過簡單的公式估算出你能花在買房的金額有多少。但是，當你真的準備買房，想要正式為房子出價時，他們會詳細檢查一切。他們時常以各種理由拒絕認

列你在預審中包含的收入。他們對自己創業的女強人特別嚴格，因為那些人的收入可能不那麼穩定，也很難預測。（至少一位朋友是這麼說的。）

我應該申請哪種房貸？

簡單的答案是，以最低的利率申請 15 年的固定利率房貸。你的利率可能落在 2% 到 9% 不等，而要繳交多少頭期款則取決於你的信用分數。你不需要拿到完美的分數（850 分），反正只有不到 2% 的人能得到這個分數。我會以 775 分以上為目標，這樣才有資格拿到最棒的利率。在開始申請房貸前，請確保你的信用分數處於絕佳狀態，具體作法如下：

❋ 對信用報告中的所有錯誤提出質疑。

❋ 不要申請新的信用貸款，也盡量不要進行大筆消費。

❋ 要求提高信用額度。[72]

❋ 找一位信用分數滿分的人，將自己登記為對方名下帳戶的授權用戶。

❋ 研究一下信用建立者貸款（credit-builder loan）。[73]

一旦你在信用健康上下足了功夫，就去申請進行快速信用重審。你需要準備帳戶狀態優化的證明，提交給三個主要

---

72 只要你能維持相同的消費水準，對於任何能提高額度的機會都要說好，因為那會強化你的信用額度利用率（utilization score），也就是你實際剩餘的額度占總信用額度的比例。

73 這點影響不大，但能讓你的信用類型更多樣，而多樣化占你信用分數的 15%。

的信用機構：益博睿（Experian）、易速傳真（Equifax）、環聯（Transunion）。透過這個方法，等到錯誤或扣分的資訊從你的信用報告上清除後，你的信用分數可以在幾天之內提高 100 分以上，而不像平時需要花上幾個月的時間才能讓帳戶的優化反映在信用分數上。

這兩項因素——你的利率及你的頭期款——非常非常重要，要盡可能地壓低，就算降低 1 基點也好。只要利率稍微高一點點，就意味著你在償還期間可能要多繳好幾千美金，另一方面，頭期款則決定了你能保有多少資產繼續自由投入別的地方換取報酬。[74] 反過來說，較高的頭期款可能可以讓你獲得較低的利率，因為貸款方喜歡看見借款方是有紀律能夠存下更多錢的人。

針對頭期款要採取的策略取決於你的整體財務狀況，但人人都同意，盡可能地拿到最低利率是最理想的作法。如果你透過一般管道申請貸款時遇到困難，找一名房貸經紀人幫忙不失為一個好主意（但顯然要仔細確認那個人夠不夠細心）。我請過的那位房貸經紀人幫我找到了最適合我的絕佳方案，而且經紀人的佣金還是貸款方付的。如果你是第一次買房，那麼記得一定要查看你所屬州提供的債券貸款計畫。

---

74 如果你頭期款付得少，最終你要支付的會更多。舉例來說，如果你買一間 20 萬美金的房子，頭期款是 5% 而不是 20%，30 年房貸繳完後，你最後會多付 3 萬 5 千多美金的利息。顯然，你用來償還本金的錢也更多。還有，當頭期款越低，你的「套牢」風險就越高（借款超過了房子的實際價值）。

越短越好

廢話不多說：請盡量不要申請 30 年房貸。我認為這是金融界的騙局之一，表面上對財務無害，實際上卻是毒瘤。

好，我現在冷靜一點了。讓我們看看數據吧？如果你申請一筆 30 年、利率 4.5% 的 30 萬美金（約新台幣 900 萬元）房貸，那麼你每個月要繳的房貸就是 1,519.98 美金（約新台幣 4 萬 5 千元）。你知道 30 年後這些錢加起來相當於多少嗎？！ 54 萬 7 千 2 百元（約新台幣 1,600 萬元）。這些利息長期累積下來，最後你等於是花了雙倍的錢買下這間房子。若申請 15 年的房貸，每個月要繳的錢會稍微提高至 2,295 美金（約新台幣 6 萬 8 千元），而全部繳清時的總額會是 41 萬 3 千美金（約新台幣 1,200 萬元）。買房時比原價多付十幾萬美金聽起來或許有些令人不爽，但至少不像多付 25 萬美金那麼糟。

「我的媽呀！但我已經在付一筆 30 年的房貸了！」我聽見你們當中一些人這麼說。繼續繳吧。30 年房貸少數的優點之一是，你有很大的彈性。換句話說，你可以將騙你上船的 30 年房貸變成 25 年、20 年或甚至 15 年（真的，你想要幾年都可以），只要簡單提高月繳額就行了。只要你有能力提前還款，就算一開始每個月只能多還 100 美金、讓期限縮短一點，這樣也很好，請務必這麼做。打給你的貸款方，讓對方知道你正在這麼做，並且聲明你希望這些錢要用於償還本金，而非利息。

之所以要盡可能以最短的時間還清房貸，背後的邏輯是：我們要努力累積資產，而非被債務拖累。30 年房貸無法讓你衝向致富。甚至連慢跑也稱不上。如果真要說是什麼的話，是用爬的。[75]

最厲害的房貸攻略之一

　　我非常開心能和你分享這項攻略，因為它是如此簡單，卻能帶來巨大的變化。請將你的房貸從每月償還改成每兩週償還（也就是將你每月的房貸分成兩半，一個月付兩次）。以剛才 30 萬的房子為例，單憑改成雙週支付，你就能省下超過 4 萬美金的利息。這是因為，雙週支付意味著你將在 1 年 52 週內支付 26 次──相當於定期支付 13 個月，而非原本的 12 個月。只要對還款時程動點手腳，就能使你的房貸縮短幾年，並降低大量的利息。接著，再請銀行將你的雙週繳款設定為自動。有些銀行或信用合作社會透過第三方機構處理雙週繳款，並酌收高額費用，所以如果是這種情況，你可以改成手動進行，只要隨便選一個月支付兩次就行了。但你不能二話不說就多匯錢過去。你得先去找貸款方進行以下對話：

　　你：你好。我想將我的房貸設定為雙週繳款。

　　貸款方：沒問題，我們可以幫您處理。

---

75 有趣小知識：房屋抵押貸款（mortgage）一詞來自來丁文，意思是「死亡保證」。哎呀。

你：多繳的錢可以用來償還本金嗎？

貸款方：可以，我能協助您設定，但我們需要您寫一封信，信中載明您想將多繳的錢拿來償還本金，否則我們的預設方式是將多繳的錢存入一個無息帳戶。

你：還好我有問！你們是否有載明這點的制式信件，讓我可以直接簽名就好？如果是電子檔就更棒了。

貸款方：當然，請您接下來幾天留意一封銀行寄的加密電子郵件，然後依照指示簽名並回傳。

……卡！收工。

另外一種策略則是預付次月一半的本金，如此長久執行下來，也能讓你省下一半的費用。數百萬美國人每個月乖乖繳房貸，渾然不知只要預付一點零用錢就能發揮巨大的力量，即便他們明明負擔得起。提前還清貸款的本金（不是利息），就算提早一點也好，便能幫你減輕房貸所帶來的龐大利息負擔。一棟 50 萬美金的房子，最後連本帶利卻花了你 100 萬，我聽了心都在淌血——而我猜你也是。

別耍花招

我們最近愛上的簡稱，「簡來好」（簡單來就好），也適用於房貸。請堅持採用固定利率，就這樣，句點。我知道可調整利率房貸（adjustable-rate mortgage）聽起來也許很

成為獨立小姐的滾錢心法：12 個打造財富自由之路的簡單投資計畫

誘人。我知道無本金房貸（interest-only mortgage）也許在呼喚你的名字。我知道負攤還貸款（negative amortization loan）聽起來有點性感。它們我全都認識——但我一個也不喜歡。這些五花八門的房貸只是次級房貸（你知道的，就是2008年搞垮經濟的那些玩意）的花俏偽裝。這些貸款不止風險高，它們簡直是壞透了，可以在一夕之間暴增，甚至害你付的比當初同意的還多。我喜歡生活中許多花俏的事物，但房貸絕對不是其中之一。我希望你穩紮穩打，老老實實地進行。如果你資格不符，無法申請到傳統的固定利率房貸，那麼直到你符合資格以前，請重拾租房的樂趣。不准跟我討價還價。

心路歷程

火大

「等等、等一下，這是真的嗎，艾立克？」我那洛杉磯的給力房仲傳來一間房源，是一棟海濱的新房子，開價70萬美金（約新台幣2,100萬）。我馬上回傳簡訊。

「我再打聽一下，但我一看到這間房子就想到你、莎拉、崔西（笑臉）。」她回傳。她指的是我長久以來的夢想，有一天能和我的閨蜜們一起在海邊生活（和死去，雖然聽起來很詭異），各自擁有一棟小屋，這

樣我們既可以保有自己的空間，又可以隨時隨地膩在一起。

「是說，雖然我還沒準備好要開始過我的黃金女郎生活，但是一、你竟然記得我的夢想，愛死你了，二、旁邊兩間房子也在賣嗎？開價一樣嗎？」我問。

「我會問到的，不過這間感覺真的太完美，又便宜。」他傳，很可能和我在想同一件事：這好到不像真的。

我不是真的打算買房，但我沉迷於逛房的樂趣，而且我也喜歡找藉口跟艾立克抬槓。看見這三棟外觀一模一樣的（超可愛）全新小屋，各自有一塊面向海灘的小院子，實在很驚喜——而且價格比其他該地區待售的類似房源便宜太太太多了。如果一切條件都符合，我已經做好心理準備要進行這輩子最高額的一筆網路購物，還沒見到本尊就要為我的小屋出價，因為我無法親自飛去那裡看房。如果這個房源不是騙人的，那麼競爭鐵定相當激烈，而老娘是不會輸的。

「結果……這是一個 TIC。」艾立克寫道，附上一個不知道是翻白眼還是「呃。」的表情符號。結果，兩者都有一點。

「什麼意思？！」

「TIC 就 是『 分 別 共 同 持 有 』（tenancy-in-common）的意思，這是一種加州越來越流行的貸款方式，有點像是紐約的合作公寓（co-op），但多了一

點共產主義的味道。蠻潮的（笑臉）。」他寫道。

艾立克口中「潮」的意思是：分別共同持有是一種部分貸款，簡單來說，你和其他公寓住戶一起擁有這棟建物（或此房源的小屋區）的產權。雖然你擁有你公寓的獨家產權，但嚴格來說那間公寓並不屬於你。分別共同持有的房源因為售價低，所以條件通常非常嚴格：最低頭期款很高，且只接受機動利率出價。此外，很少有銀行願意處理分別共同持有的房子，所以你無法貨比三家，好拿到最棒的貸款。

「所以這表示我的黃金女郎夢想破碎了嗎？」我在簡訊中說。

「沒啦，你這個誇張的女人。但這麼說好了：沒有人是衝著分別共同持有而來。他們愛上那棟房子，也愛上便宜到令人吃驚的價格，結果，發現那裡是分別共同持有的房子。所以，你的夢想沒有破碎，但也許得等一等了。」

「可惡！」我火大地回覆。

納稅時間到

屋主們喜歡、超愛、熱愛吹噓他們繳的房貸利息可以額外減抵稅額。此話不假，你可以在報稅時列舉扣除房貸利息成本（最高 75 萬美金，約新台幣 2,250 萬），也就是說，政府給了一個巨大的誘因吸引你買房。如果你屬於 30% 的稅

率級距，那麼政府可以說是幫你負擔了三分之一的房貸。這點在頭幾年很有幫助，因為正如我所說，你每月支付的大部分款項都是在償還利息（噴！）你的房屋稅也是可以列舉扣除的（最高1萬美金）。

然而，雖然一招聰明的節稅策略足以成為節省大筆資金的殺手鐧，但千萬不要把稅額當成你判斷的依據。別因小失大，讓區區稅金影響你的財務大局，這麼說也並不為過。為了抵稅而花100美金繳利息是我聽過最扯的理財建議之一，這根本就是叫你應該為了省小錢而花更多的錢。

邁向獨立小姐的過程中，你的確每一步都該百分之百掌握任何可能的稅收影響，但事情不應該反過來。我承認，直到現在，談論稅務還是會讓我打個寒顫。那是我最後才克服的財務恐懼。多數人應該都不愛思考或談論稅務話題，不過一旦駕馭了它，便能讓你省下錢去做其他你愛做的事。

每當我遇到那些無論如何就是要買房的死忠支持者想向我炫耀他們省下了多少稅，我都會提醒他們，等他們要賣房時，賺來的錢可能會被課徵一筆不小的資本利得稅。通常他們都會回我，你只需要為超過25萬美金的資本利得繳稅（如果單身的話，已婚人士則是50萬美金），而這時我就會向他們分析所有並非如此的例外，例如，倘若你沒有住滿至少2年的話。有時，他們會搬出他們「私藏」（其實沒那麼不為人知）的稅法1031條。簡單來說，這項條文規定，假如你買了另外一棟房子，就能延遲繳納這筆賣房收入的稅金。當

然啦，那是延稅，而不是免稅。嘿，也許這對你來說是喜事一椿，能讓你甩掉一些稅金——但也可能不會。別視任何事為能拯救你的福音，尤其是買房的時候，請先諮詢稅務專家。

再融資的樂趣

我知道我不斷在警告你用房子理財有哪些可能的陷阱，但說到房貸，有一點很棒的是，你可以趁利率下降時進行再融資（refinance）。更棒的是，假如你的房貸採固定利率計算（應該要是這樣），利率上升便不是你該擔心的問題，你的利率是固定的。這點很關鍵，這給了你極大的空間與銀行談判。

房貸再融資的注意事項

要慎選貸款方，就像你在慎選醫生或律師那樣。各家貸款方提供的方案不同，費用也不同。你首先該弄清楚，該貸款人是代理不同房貸公司銷售產品的仲介，或是「專屬」放款人，只能賣他們公司的房貸。下一步，向你正在考慮合作的貸款人問這些基本問題：我適用哪種再融資方案？不同方案下，我每個月預計的還款金額是多少？前期費用是多少？估價費、信用審查費、交割託管費以及任何衍生費用是多少？我可以花錢購買較低的利率嗎？

不要對房屋價值抱有不切實際的幻想，那只會拖慢申請進度。還有，我希望這點不用我特別提醒，那就是千萬別賄

賂房屋估價師，**絕不**。如果你打算幫房子整修改造一番以提高價值，請在申請再融資前完成。

要問清楚，如果你提前還清目前的貸款，是否需要支付預付罰金。

不要選擇允許「利率調整」（float down）的方案。假設利率在再融資生效後 30 至 60 天內下降，這個方案對你有利沒錯，對買房來說也的確是個好選擇，但是「利率鎖定」（lock-in）通常才是你再融資時的重點，也就是即便利率上升，你們當初說好的利率依然不變。倘若利率突然下降很多，而你想善加利用，你大可隨時取消再融資，換一個貸款方重新開始。（原本的貸款人可能不會太開心，但這就是做生意，親愛的。）

要搞懂並計算你的損益平衡點（break-even point）。該值能告訴你大概需要多少時間才能回收再融資的成本，開始看到再融資為你帶來的任何差異／好處。舉例來說，如果你支付了 5,000 美金的過戶費，而透過再融資每月能省下 100 美金，那你便需要 50 個月（4 年多）的時間才能損益兩平。如果你再融資後每個月省下 50 美金，那麼得要花上 8 年才能打平。

不要無腦接受貸款方提供的選項。記得仔細查看利率（通常這會是最重要的關鍵）和期限。簽字之前，計算一下新的方案是否真的對你有利。

一般來說，你的新利率應該至少要比原利率低至少 75 個基點，才值得再融資。如果你買的是較貴的房子，能省下的金額會更高，因此利率調降的幅度變小是可接受的。此外，可別太貪心，也不要沉迷於再融資。我見過有人太常申請再融資，企圖一次又一次地追逐更低的利率，反倒漏將 3% 至 6% 的貸款餘額過戶費列入考量。如果你過於頻繁地申請再融資，你的成本會越堆越高，當你的本金膨脹到一個地步後，你實際上並未得利——甚至還浪費大把時間（也製造了太多頭痛），雖然我總是主張要你多做功課、大膽出擊，但強迫性地追逐利率仍有其機會成本。我寧願你用正確的方式好好再融資，一次就好，然後用剩下的時間去做一些聰明的投資決策——以及賺更多的錢。

　　身為一名偏頭痛患者，我可以告訴你，我寧願讓我的利率高幾個基點，也不要受不必要的苦。我希望盡可能地為我倆避免這種情況。所以，如果沒必要，請不要硬是追逐世上每一個機會和可能性，尤其在投資報酬率（return on investment,ROI）不夠高的狀況下。

　　說到這，很多人會拿自己的房子淨值去再融資借錢進行整修，或應付其他大筆支出。這種低利率借貸方式似乎挺吸引人的 [76]，不過，當你兌現了太多的淨值，房價下跌對你的

---

76 這個概念就是投資人口中的「花別人的錢」。但是，單單因為你有「免費的錢」可拿（雖然實際上並不是免費的，而是你以較低利率借來的錢），不代表你應該這麼做。

影響就越大。我知道你想在這個地球上創造歷史，但可別讓自己成為歷史糟糕重演的一部分。我十分欣賞一句話：「大自然不會製造無止境的風暴。」自然界如此，房屋市場也是如此，不停試圖跟上天氣走勢足以令人筋疲力盡。有好日子，自然就會有壞日子。我們只得坦然接受。我們將在下個步驟中討論股票市場，但是，房子不應該是你投注股市的資金來源（不幸的是，就在那場導致金融海嘯的 2008 年重大房市崩盤期間，一些自詡為專家的人如此鼓吹。）一天將盡時，你無法拿指數基金來煮晚餐。你得在家裡煮才行，所以別把你的房子當成提款機。

現在，我們已經拼上了安全型資產的最後一塊拼圖，我們的獨立小姐之旅便完成了 75%。過去四個步驟中，我們介紹了很重要的主題：一、資產配置；二、多角化投資；三、節稅；四、降低費用；五、自動化。這些都是理財時最強而有力的助手，將為我們帶來最豐盛的回報。接下來，當我們慢慢進入風險型資產，這些概念仍會繼續派上用場。

總結

俗話說：租房就是把錢丟進馬桶裡。

哈囉，你聽過生活費嗎？你覺得吃東西是把錢丟進馬桶裡嗎？（雖然最後真的進了那裡沒錯）生活中有許多開銷就只是普通的開支，不是投資，這沒有什麼問題，有問題的是不懂得分辨兩者的區別。有些人認為，房租不過是他們記帳表上的一

個項目——而他們還是很有錢。在當今這個產業與生活方式不停高速變遷的社會，租房與成為獨立小姐並不互斥。

俗話說：我買房時一定會申請 30 年房貸，因為那樣就有很長的時間可以償還，反正我還清前應該就把房子賣掉了。

首先，時間的長度不是免費的。房貸拖越久，要付出的利息就越多。第二，如果你在買房之前就想著要賣房，那麼你應該捫心自問是否真的要買。

俗話說：你的家是你最棒的投資。

不、不、不、不、不。快把「我要用主要房產來賺錢」這整個念頭從你腦袋中抹去。房子是家，一間尚未繳清貸款的房子是支出，房子不是一種投資。

步驟十

指數型基金，
佛系化煉金

冒險時刻到

撰寫本步驟讓我快樂極了，因為這章涵蓋了我從沒想過自己有朝一日能談論的股市話題——更遑論向別人傳授了。近來，每次有人找我諮詢投資或請教首次接觸股市的問題時，我的話匣子基本上沒停過，恨不得將自己認為「相見恨晚」的資訊全部塞給她們。我簡直是一名星媽，為台上所有投資北鼻高聲喝采。

不知道自己想要什麼是投資新手常犯的錯誤之一。要命，這個問題在我們人生的各方面（＝愛情）不斷反咬我們一口。最好的反擊方法？回答這個該死的問題。我知道啦，謝謝你哦廢話隊長。

好消息是，透過本書稍早的步驟，你已經釐清自己想要的是什麼，也制訂出實踐目標的時間表。你可將這張地圖視為一份計畫，按圖索驥採取投資行動。在本步驟中，我將向

你介紹華爾街這個奇妙世界。我們會先從風險較小的投資開始，慢慢移動到風險較高的投資，像我們先前探索其他資產時所做的那樣。如果你的投資期限較短，你還是先在待在股市池子的淺水區就好，但倘若你有的是時間玩，就請去深水區找我吧。

漫步華爾街

開始漫步前，有一點你必須明白：人行道是不平的。這條破路會變得崎嶇顛簸，有時還會整段消失，逼你得穿越馬路。因此，要嘛現在就接受這個事實，要嘛就根本別啟程，我是說真的，外面也有不靠股票就能累積財富的方法。我當然很希望你能跟我一起上路，但如果你真的加入，我們就不能半途而廢。我的意思是，我們當然可以沿途停靠重整一下，但無論路上會發生什麼事，我們都不能放棄前行。

自股市創立以來，股市每次下跌與衰退後總是會百分之百恢復過來。往後也一樣，股市會繼續下跌、出現衰退、甚至陷入蕭條，市場就是這樣運行的，所以可別太吃驚了。每當人們對市場變差感到震驚時，我也總是，呃，很震驚。因為這就是他們當初加入的理由，而也許，當初應該要有人為他們講清楚說明白，就像我接下來會為你做的一樣。先讓我把醜話說在前頭，這樣要是之後股市一瀉千里，你就不會私訊問我該不該認賠殺出。（我可能會要你趁機多買一點。經驗豐富的投資者都會「逢低買入」，因為公司價值——也就

是股票——正在促銷。）

　　華爾街有一條不變的真理，同時也是唯一的一句：「買低賣高」。其他所有的洞見都只是某人的觀點，而且只是分析市場時所能用的眾多、許多方法之一。除了「買低賣高」外，不要將任何專家權威或分析師的話視為圭臬，因為沒有一句話是永遠正確的。那些試圖預測股市未來的人猜得再準，最終也只是猜測罷了。

　　「買低賣高」的問題在於，沒人真的知道低點和高點何時會出現。然而，還是有一些方法可以幫助你在試圖預測的過程中盡量減低風險。最常見的方法是：「定期定額投資法／平均成本法」（dollar-cost averaging）。基本上，這個方法是教你將預計投資的總金額分成幾小份並且分次投入，而非一次全數投入。為了便於計算，我們假設你想將1萬2美金（約新台幣36萬元）投入股市。由於你無從得知你進入市場的那一天會是最低點還是最高點，所以你決定不要在同一天把1萬2全部投入，改成每個月投入1,000美金，持續投入1年。這樣你每個月所買進的平均價格可能就可以抵銷掉高低點之間的價差。

　　定期定額投資法的核心觀念與我們迄今所談的戰術理念一致：自動化與長期累積。我不是在向你保證這個方法一定會成功，但它能助你把握成功的機會——而這是我們在華爾街所做的一切努力中，唯一能要求的回報。多不勝數的變因會自己發揮作用，從天氣導致佛羅里達州橘子農穫全毀，進

成為獨立小姐的滾錢心法：12個打造財富自由之路的簡單投資計畫

而擾亂期貨市場（將在下一章提到）；到半導體晶片短缺，導致納斯達克指數一團糟；又或者是恐怖攻擊摧毀一切。你永遠不可能掌控市場。最成功的投資人對這一點心知肚明，這也就是他們為什麼不會在危機發生時私訊我。

你是哪一型？

為了找出你進入股市的最佳方法，先從問自己這個基本的問題開始：你想當事必躬親型的投資人，還是佛系躺平型？不確定嗎？下面的表格分別說明了兩種類型的區別：

投入類型	
事必躬親型	**佛系躺平型**
監測並檢討帳戶績效	不查看
定期監測並檢討帳戶績效	不會定期查看
自己挑選投資標的	選擇事先配好的投資組合
獨立小姐自己來	選擇主動管理型投資
選擇折扣券商	選擇全方位服務券商

這是路上的第一個岔路。不管你選哪一條，都不代表你永遠就只能走這一條，你隨時可以繞道而行。但先讓我們找出你想要如何開始，因為這會關係到你要使用哪一家券商來管理你的投資，如果你還沒有固定合作對象的話。

事必躬親的姊妹們，你會想要選擇低費用的券商。你有很多選擇，包括：美林、億創理財、德美利（TD Ameritrade）、盈透證券（Interactive Brokers）、交易站

（TradeStation）、艾利投資（Ally Invest）以及第一證券（First Trade）。當中的一些公司，例如嘉信、先鋒領航和富達，也有推出自己的投資商品。人們經常問我推薦哪一家，而我的答案千篇一律：憑良心說，它們都差不多。實際上，這個問題攸關個人偏好。說真的，凡是你喜歡的，而且你願意一直使用下去的，就是最適合你的。同時，你也可以就它們各自的特點來評估：

❋ 帳戶最低金額／最低餘額。

❋ 交易佣金（應該要為零）。

❋ 促銷活動。

佛系躺平型的姊妹們，你會想要選擇提供全方位服務的券商。這種類型的例子有：美林證券、花旗理財（CitiFinancial）、摩根史坦利（Morgan Stanley）以及瑞銀證券（UBS）。提供完整服務的券商的優勢包含詳細的市場研究、為你和你的目標量身推薦產品、提供市場趨勢及稅法報告，以及能購買首次公開發行（initial public offering, IPO）的機會。當然，你得付錢才能享受這些好處，而這些券商所要求的帳戶最低餘額也高上許多。需要特別留意的項目包括：

❋ 交易手續費。

❋ 每年服務費與管理費。

❋ 獨家投資權限。

如果你的券商會收取交易手續費或是帳戶費，你應該換一家新的，有很多券商兩者都免收。

你可以將這些不同的券商想像成一間加油站的自助加油車道和代客加油車道。兩種車道幫你加的汽油都一樣，差別只在於是誰幫你加，券商的道理亦然。在大多數的情況下，兩種券商所銷售的是相同的投資商品，而我將在本步驟中帶你仔細了解。

你沒有義務要終身忠於任何一家券商，雖然，將多數資產集中於其中一家的確能獲得一些好處，畢竟每間公司都會格外優待它們的頂級客戶。假設你能投資的金額不高，折扣券商對你來說會是不錯的選擇。如果你確實有錢，但沒有時間主動研究並且再平衡你的投資，那麼你可以考慮選擇全方位服務的券商。

如果你對科技不太在行，最好考慮全方位券商。然而，如果你不怕新科技，那麼自動化投資理財顧問（robo-advisor）也許是不錯的選項。自動化投資理財顧問是一種介於全方位券商與折扣券商之間的混合體。你能獲得部分全方位券商的特點，例如自動化管理你的資產，只不過自動化投資理財顧問所採取的分析策略是由一組演算法及基本投資原則所制訂的，並非由真人客製化擬定。由於借助了技術的力量，這些公司的經常性開銷比全方位服務券商來得低（也就是那些雇用，嗯，真人的公司），連帶在費用上能提供的折扣較高。這些自動化投資理財顧問公司包含改善金融（Betterment）和財富前線。一些大型銀行也開始加入自動化投資理財顧問戰局，好比嘉信推出的智能投資組合、先鋒領航的個人化顧問以及富達移動（Fidelity Go）。同樣的，

你在選擇時應該多方比較費用，也要留意費用通常會隨著你投入的金額上升而下降。先下載該公司的應用程式，操作看看介面是否合你心意再判斷，也是個不錯的主意。你可能會發現其中一家的介面操作對你而言更直覺，讓你有動力真的點開它，和你那些增長中的美麗財富多多互動。

與基金來場火熱約會

「拉平，我想買基金，我該怎麼做？」疫情隔離期間我不斷收到這個問題，那時候多數人（也就是多數投資菜鳥）都被市場嚇壞了。

什麼是指數型基金？

巴菲特說，投資人所能做的最偉大的投資，就是把錢放進費用低廉的標普 500 指數基金裡。而只要史上最偉大的投資人一開口，我們就會乖乖聽話。所以，就讓我們來解讀這句話吧。

首先，因為你和其他一票投資人一起把錢聚在一起，因此指數型基金就定義上而言是一檔共同基金，只不過是費用較低的那種，因為它不是主動管理型的基金，也就是並非由真人挑選標的。[77] 沒錯，你現在可能已經明白了，市場上有無數種不同的共同基金，而指數型基金是一種以股票為基礎

---

77 2018 年被動管理型基金（好比指數型基金）的年度平均內扣費用為 0.15%，而主動管理型基金的平均內扣費用則是 0.67%。

的共同基金，被動追蹤一項指數，不涉及人為投入。

　　你問，那指數又是什麼？指數是一組由特定參數所挑選的股票組合。也就是說，當你聽見股市新聞播報：「道瓊指數在某某點，標普 500 指數在某某點，而納斯達克指數來到某某點」，它們所講的就是三種主要指標。舉例來說，道瓊工業平均指數（Dow Jones Industrial Average）簡稱道瓊指數（Dow），追蹤的是美國前 30 支最大的股票，包含蘋果、微軟和迪士尼。標普 500 指數（S&P 500）則是由 505 家 [78] 不同的大型股公司股票所組成，每間公司市值需達 100 億美金（約新台幣 3,000 億元）以上。標普 500 指數涵蓋了所有的道瓊指數股票，另外還多了 475 家公司，依資本額或市值計算的話共占美國股市總市值的 80%。納斯達克指數（NASDAQ）是一檔主要追蹤科技公司和網路相關公司的指數。其中涵蓋了 3,300 家公司，包含臉書、Alphabet（Google 的母公司）以及亞馬遜。

　　雖然這三檔指數追蹤的對象為美國大型企業，但市面上也有其他追蹤較小型公司的指數，包含羅素 2000 指數（Russell 2000）、威爾夏 5000 指數（Wilshire 5000）以及標普小型股 600 指數（S&P small cap 600）。你也可以透過摩根史丹利資本國際外國指數（MSCI EAFE）和摩根史丹利資本國際新興市場指數（MSCI Emerging Markets

---

78 對，我沒寫錯——標普 500 指數的確涵蓋 505 家公司。就好比十大聯盟是由 14 所學校所組成一樣。很怪，但千真萬確。身為一名善用標籤與便當盒分類法的收納控，這種做法傷了我的心。

Index）追蹤國際股票。我只是舉幾檔最受歡迎的指數為例。記住，我們曾在步驟七中簡單聊過債券基金，債券基金就定義上而言也算指數型基金，其中一個例子是彭博巴克萊全球綜合債券指數（Bloomberg Barclays Global Aggregate Bond，快速念十遍試試看！）

當你購買一檔指數型基金，你雖然不是買進實際的公司，但基本上是在買進所有這些公司的一小部分。巴菲特和我（我心中視我們為死黨）都喜歡指數型基金，因為它們比主動管理的共同基金便宜了 80%。由於指數包含了來自不同產業不同公司的一小部分，你也能藉此做到分散投資：假設指數內的一間公司倒閉了，其他公司會幫你撐著，所以它的投資風險也較低。由於不涉及大量的主動交易，也就不會增加資本利得，所以投資在指數型基金上也能享受實質的稅金優惠，除非有股票加入或退出特定指數，否則基金經理不太會介入，而這種情況也很少發生。

我不是要你遵循我的投資策略，畢竟我的目標與你的不同，但我個人偏好使用折扣券商，但又不想要一直花時間與心力鑽研股票。這就是為什麼我持有很多指數型基金，我可以月復一月自動買入，無視所有漲跌，並且對於我的投資長遠下來將跟著總體市場逐步成長深具信心。因為，如果你查過市場水準歷史資料，便能看出市場長期下來一直都在成長。一般來說，很少有投資人能擊敗市場，就算是那些備受讚譽的基金經理也一樣。而那些成功擊敗市場的人，他們所投注的時間跟我所付出的、或甚至願意付出的時間一比，實

在是誇張地多（如果我也這麼做，我就沒時間寫這些書了！）
因此，我自己進行了一番成本收益分析後（成本是指我花在
管理投資上的時間，拿去與我從中賺的錢相比），指數型基
金就是我的投資首選。

什麼是 ETF ？

指數股票型基金（exchange-traded fund,ETF）與指數
型基金的類似之處在於，它們都可以追蹤一檔指數 [79]（市面
上有好幾千檔指數），只不過 ETF 像股票 [80] 一樣可以全天候
交易，而指數型基金只能在每個交易日結束時以固定價格交
易。我指望你不會在中午失心瘋狂買一波，然後在下午兩點
鐘賣掉，所以這點應該沒有入場門檻低這項優勢來得重要。
ETF 可以提供你一個費用低廉的選擇，讓新投資者得以加入
戰局，通常每股只要不到 100 美金（你甚至可以透過自動化
投資理財顧問買入單位更小的零碎股），反觀指數型基金的
投資金額門檻最低可能會要求 1,000 美金以上。一般來說，
買賣 ETF 的風險比買賣單支股票來得低，因為它也內建了多
角化的投資組合。

---

79 ETF 所能追蹤的不止指數，也能涵蓋不同種類的資產，例如黃金、房地
　　產、可再生能源等等。

80 照理來說，這點對你而言應該無關緊要。你不太可能需要在交易日中立
　　即、馬上清算兌現，連一兩天都不能等。ETF 能夠在營業時間內交易這
　　點，造福的對象主要為專業的當沖客。

什麼是目標日期基金？

近來，共同基金市場中增長速度最快的寵兒是目標日期基金，有時又被稱為生命週期基金（lifecycle fund）。我們在步驟八中曾簡單提過它，但它不只是為了退休而設，你可以直接單買。基本上，你只要給券商一個目標日期，告訴她們你想何時將錢取出，無論是你退休的日子也好、蜜月也好，或是其他你選擇的日期也罷。接著券商就會努力配出合適的股票比例，放入該基金中。

目標日期基金聽起來似乎頗完美，但裡面藏著一些許多專家不會告訴你的問題，因為他們要不認為一、你的資質不足以去了解或是去關心基本常識以外的訊息，要不就是認為二、目標日期基金已經夠好了，絕對比你將全部身家投進你任職公司的股票來得強，也比什麼都不做來得好。關於金融界在向大眾介紹目標日期基金過程中最惹惱我的一點是，他們並未明確澄清這項產品所追逐的目標是**日期**，而非你在該日期能得到的**金額**。根據最近的一份調查顯示，超過半數的人以為這些基金不會虧錢，而當他們設定的日期到來時，他們就能神奇地在他們希望的時間點得到正是他們所想要的東西。我知道我這樣形容聽起來很瘋，不過這是事實。**沒有人能保證目標日期到來那天你會得到什麼。絕對沒有保證能賺錢這種事。**此外，每一檔基金的報酬率也並非都是一樣的。

我對目標日期基金第二在意的點是，它的運作邏輯假設，當你越接近目標日期，比起股票，你的組合中需要的是

更多的債券。通常，債券是比股票更安全的投資沒錯，所以這邏輯表面上聽起來合理——但倘若你點擊兩下展開這個概念，你會回想起來我們在步驟七中提過債券是如何運作的。還記得那個翹翹板嗎？利率上升時債券的價格會下降。目標日期基金將翹翹板的兩邊假設為股票和債券。此番假設並非無時無刻皆正確。就像 2008 年金融海嘯期間，股票和債券兩者都下跌，這表示假如你將目標日期設在那時候，你就會一屁股摔在地上。

我能理解為什麼當你聽見有人對你說「挑一個日期，剩下的交給我們」時會心動，這是一定的。但你要知道，目標日期基金比共同基金更貴（費用高達 2%，在我看來完全沒必要），而且才沒有廣告宣傳聲稱的那樣穩定。這就像我送給那些聘請一個沒有註冊投資顧問身分的財務顧問的人的建言：這麼做不是很理想，而且你不能忘記一個事實，那就是來自大銀行和券商的顧問都會忙著推銷他們自己的產品和書籍 [81]，我就說到這。但，有財務顧問還是總比沒有好。同樣的道理也適用於此，如果你面對選項不知如何是好，或者你真心不想在這段期間自己處理配置事宜，那麼買一檔目標日期基金還是比什麼都不做來得好。不過，它只稱得上基本款。它的運作邏輯是針對「普通」人的。我們有很多身分，但絕

---

81 金融界中所指的「書」不是指像我寫的這種書。這裡的書指的是他們所持有的投資。「談一下你的書」這句話在金融界的意思是，要投資組合經理談談自己持有的投資商品。當我邀請來賓上我主持的理財節目時，我們會在螢幕上公開揭露來賓所持有的投資，好讓觀眾自行判定來賓提供的建議是否公正。小小劇透：多半不是。

對不基本，也不普通。

什麼是市值型股票基金

另一種細分基金的方法是按照市值（market capitalization fund）劃分。主要可大致分為五類：

✽ 大型股價值型基金（large-cap value fund）與標普 500 指數類似，投資於總市值超過 100 億美金以上的公司，「價值」指的是那些公司的品質。「價值型公司」是指以低本益比（price-to-earnings ratios,PE）出售股票的公司，也就是說這些強健的公司股票正在以低於帳面價值的價格出售。這種基金通常較穩定，波動性較低。

✽ 大型股成長型基金（large-cap growth fund）所投資的公司不會配發股息，而是將收益重新投資回公司身上。你猜的沒錯，在華爾街，「價值」的相反是「成長」。這不代表那些公司需要那筆錢，或是正處於水深火熱之中，而是代表它們希望發展某些領域的業務，並希望利用它們賺來的現金為股東在未來賺進更多的錢。屬於大型成長型企業的公司包含臉書、蘋果、亞馬遜、網飛和字母控股（Alphabet）。[82]

✽ 中型股基金（medium-cap fund）投資於，你猜對了，中等規模的企業。順帶一提，華爾街所定義的中等規模企業的市值仍高達 20 億至 100 億美金。由於這類基金

---

82 這五家公司有個響亮的合稱叫做「FAANG」。（即使 Google 後來成了字母控股，投資人還是沒改口，而且還經常使用。）

投資的公司仍處於積極發展期，所以基金波動性高，不過連帶的回報也可能較高。

✱ 小型股基金（small-cap fund）由市值落在 2.5 億至 30 億的小型企業組成。（你懂的，那些只有區區 30 億的幼幼班⋯⋯。）這些公司才剛上市，所以投資它們更像是場賭注。

✱ 國際基金（international fund），很明顯，投資的標的是海外企業。這種基金與「全球基金」（global fund）不同，後者投資於全世界，其中也包含美國（大約 40% 的全球基金屬於這類具有美國風險的基金）。我喜歡將投資分一些到全球經濟上的這個概念，因為它能讓你嚐到其他市場增長的好處，此外，它也逼你至少在某種程度上關心發生於美國之外的事。然而，華爾街有句話說：「美國打噴嚏，全球就感冒。」這句話的意思是，假設今天美國市場衰退，別的國家也會產生連鎖反應。

漫步於華爾街時，了解市面上不同基金的差異以及它們的分類方式是很重要的，尤其當你不只是逛逛看看而已。我們將於最後一個步驟討論資產配置與分散投資。但你也可以在過程中就將這一點銘記在心，好讓自己不會過於偏頗，用金融術語來說，就是某個單一投資項目或某類型投資的「比重過大」或「比重過輕」。

別被費用給陰了

「拉平，你是在跳針嗎。挖災啦，記得確認費用。」好

吧，你是對的——我很抱歉我對於洗腦你這件事並不感到抱歉！這是為了你好。

共同基金的費用比較特殊，這就是為什麼我需要在這裡特別強調。如果共同基金是世界上最棒的投資，那自然另當別論。倘若真是那樣的話，我就不需要特別將它揪出來罵了？或者，也許它收的費用就值得了？嗯哼，但它不是。差遠了。

幾乎所有的（96％！）主動管理型共同基金都無法勝過大盤。沒錯，而且它們都是在晨星（Morningstar）這個最受歡迎的共同基金評級網站上被評比過的基金。你可以在這個網站上查閱那些在基金背後操偶、挑選投資標的的老兄們（很可惜，幾乎都是老兄）過去所有的業績紀錄。這些基金經理投入大把時間企圖研究出完美的自助餐菜色。但是，一旦你深入鑽研數據後，就會發現他們多半只是在畫大餅而已。

解碼費用

許多共同基金會像魔術師一樣，試圖用「看這裡！」轉移你的注意力，讓你忽略實際發生的事情，也就是它們偷偷收取的費用吃掉了你的收益。你可能覺得自己的「內扣費用／開銷比」（expense ratio）很低，或者甚至因為你買的是「免佣」（no load）共同基金，而覺得自己真是個會精打細算的消費者，千萬別上當了。

我不打算逼你為了弄清楚這些費用而讀 100 頁的附屬細則小字。首先，你得了解自己手頭現有的投資到底收取了哪些費用。像 personalfund.com 或 bankrate.com 這樣的網站

重要資訊

晨星的評級制度從 1（最差）到 5（最佳），是評定一檔共同基金成敗的決定性因素：75% 的投資都會押在 4 星及 5 星的基金上。良好的評級對共同基金公司來說非常重要，重要到若公司的其中一檔基金失敗了，它們基本上會在幕後偷動手腳，放棄那些慘烈的基金，轉而指望那些業績紀錄良好的基金。共同基金公司可不像街上那些仰賴 Yelp 評論的餐廳，網路評價對它們而言可是攸關一大筆錢，因此必須使出所有煙霧彈和障眼法，想辦法讓那些見星眼開的投資人不斷上門消費。我們對網路上充斥的許多造假評論早已不足為奇，同理，共同基金的做法自然也不是什麼天大消息。

能幫你解讀這些費用，同時，也能助你了解那些你未來也許有興趣的投資工具可能產生的費用。接下來，你得知道這些費用背後的意涵。就拿「內扣費用」為例，內扣費用就是基金的標價，通常介於 0.5% 至 1.5% 之間，平均約為 1.3% ——大約相當於旅館的住宿稅。就好比旅館也會以清潔費和設施使用費或其他任何名義偷偷收費，共同基金除了標價外也暗藏著其他費用。

下面這張小抄列舉了五種你該留意的常見費用：

✽內扣費用：包含行銷費用（12b-1）[83] 分銷費用和管理費。
許多基金的內扣費用維持在 1% 以內。

✽交易費用（transaction cost）：買賣基金時所產生的費
用。記住，共同基金涉及大量交易。公司如此做並非出
於善意，而是為了賺錢謀生。依據每家券商交易規模及
頻率的不同，再加上市場影響成本與點差成本（spread
cost），讓平均 1.4% 的交易手續費成為購買共同基金時
價差最大的費用（甚至超越內扣費用）。

✽軟錢費用（soft-dollar cost）：基金經理會從費用中酌
收一定比例，用來購買研究和報告等額外玩意。軟錢費
用通常低至 0.1 美分（約新台幣 0.03 元），不過加起來
仍不容小覷。

✽帳戶管理費（account fee）：單純用來讓帳戶維持
開通狀態的管理費。有些基金還會酌收基金轉換費
（exchange fee）或贖回費（redemption fee），視為
帳戶管理的一部分。

✽銷售佣金（sales charge / sales load）：你購買基金或
賣出基金時所收取的費用，通常以成交金額百分比計收。

總的來說，與其身陷主動管理型共同基金的評級、費用
與膨風遊戲中，不如將錢投入被動管理的基金裡，例如指數
型基金。由於指數型基金「追蹤市場表現」，所以它的表現
若不是更好，至少也能打平。「市場」是多數基金經理無法

---

83 譯註：美國證券管理委員會訂定 12b-1 條款，允許基金行銷的費用轉嫁
由基金本身支付，因此得名。

戰勝的對象。假設 2000 年代的金融危機再次爆發，讓你幾乎在一夜之間失去 10 年來的股市收益。現在，假如你手上有一檔低成本、低費用的投資，一定糟透了——但怎麼樣都比持有像是 3% 之類的高收費投資來得強。如果你在過去 10 年的一開始投入 10 萬美金，而費用「僅」需 3%，那麼光是費用一項就會吃掉你 3 萬美金。無論市場怎麼變化，基金經理永遠是贏家。

不過，請記住：在這個故事裡，你才是贏家。你才是女主角。而一位獨立小姐女主角不會將寶貴的時間浪費在擊敗討人厭的機率上。

今晚，我想來點股票

「妮可，我應該買 Zoom 嗎？」「你對買派樂騰（Peloton）有什麼想法？」「網飛現在正夯，每個被關在家裡的人都在看（至少疫情期間如此），我該買它的股票嗎？」疫情開始時，人人都在推特上搶問。（好吧，我的說法是有點誇張，但我的收件匣湧入很多這類購買「熱門」股票的問題。）對於所有聲稱這是她們首次踏入投資市場的人，我給的答案都是「不」。

另一方面，假如你是當沖客，平時整天在股市殺進殺出，那麼就去做吧。假如你特別偏愛哪家公司，或是你非常、非常密切關注某個領域，那麼我會給予祝福，讓你把部分——不是全部——的錢投入那裡，並且讓這筆資金留在那裡很長一段時間（差不多要等到疫情結束後那樣長）。

── 心路歷程 ──

比手鍊更珍貴

「我想用 300 美金買進股票代號 TIF 的股票，能買幾股就買幾股。」我在電話中對我的券商營業員說。

「沒問題，拉平小姐。那會是 6 股。」

「謝謝……啊等等，我要加倍，然後請直接從我的高收益儲蓄帳戶中扣款。」我說，試著在十月涼爽的空氣中讓呼吸平順下來。

「好的，那麼您想如何處理股利？」她問。

「自動滾入再投資。」我站在第五大道上不假思索地回答，被紐約的喧囂環繞。

一小時前，我收到一封令我心頭一沉的電子郵件。不是由我訪問過的哪個 CEO 或政治家或他們的手下發來的；也不是我的老闆或經紀人。是她 —— 我兒時遇到的壞女孩，那個多年前嘲笑我穿「馬汀護士」鞋的那個人。她這麼寫道：

親愛的妮可：

好久不見！上次我和我媽一起看電視，竟然看到你出現在電視上。太不可思議了 —— 看到我們當中的一個人成了大人物，實在太令人興奮了。

我現在暫時住在家裡思考下一步，同時也在布魯

米（Bloomie）百貨打工。如果你有空的話，我想聽你分享一些如何上電視的建議。你知道我從我們小的時候就一直想上電視。

愛你的，

她

當時我剛搬到紐約，除了我在 CNBC 全國廣播公司商業頻道主持的節目外，也開始更常在《今日秀》（Today）和 MSNBC 上露臉。收到這樣的信，理應在心裡大喊我、贏、了！嗯，後來的確有，但是那天當我滑著黑莓機（我知道、我知道）而她的名字突然跳出時，我彷彿又回到了 12 歲。我頓時感覺自己渺小又害怕。實情是，無論我們多麼功成名就、賺了多少錢，我們的內心深處仍然藏了一個脆弱的小女孩，一旦被觸發就會活過來。

而我被觸發了。我點開信件不久後，便跳上一台計程車，告訴司機：「我要去第五大道，五十六街和五十七街中間，謝謝。」

我的手掌開始冒汗，胸口怦怦地跳，腦中浮現她嘲笑我的山寨版靴子，笑我沒有漂亮的衣服，也沒有學校其他受歡迎的女孩人手一條的 925 純銀心型吊飾蒂芬妮手鍊。該死，我真的好想要那條手鍊。我知道成熟一點的心態應該要說：我早就放下了，誰會在意一條蠢手鍊呢？我明白。但當時的我不這麼覺得。

「就停在蒂芬妮門口就可以了，謝謝。」我說，然後下車衝向珠寶商旗艦店的大門口。

這是我第一次踏進這間店，所以停下來欣賞整個空間。挑高的天花板，木製的牆，四處妝點蒂芬妮藍，比我所想像的還要夢幻，唯一能勝過空間的只有周圍閃閃發亮的東西。我慢慢逛著整間店，彬彬有禮的店員陸續前來招呼，但我對她們說「我只是看看」。

「其實，」我終於鼓起勇氣向一名店員詢問，「我想找一條粗的銀手鍊，上面掛著一顆愛心，愛心上刻著 Tiffany & Co，有嗎？」

「請跟我來，小姐。」她說。

我看看手鍊，又看看店員，然後又將目光移到手鍊上。「多少錢？」

「大約是 300 美金，」她說。「您想試戴看看嗎？我也可以帶您去看看新上市的款式，或是我們頂級白金系列的手鍊？」

我盯著手鍊看。比我印象中來得小、來得輕。而我發現，即便在傍晚的餘暉映照下，它的光澤也不如以往。「不用了，先不買好了 —— 但我之後很快會回來看看你們的金飾系列。」

我就是在那時候跑出店外，轉而買進蒂芬妮的股票（股票代碼 TIF[84]）。這筆投資感覺明智多了，是幾

---

84 報導商業新聞時，報導人有義務揭露自己的投資，確保節目不會試圖以任何方式影響股市。我都有乖乖遵守。

> 年後的我依然會關心的──為了我的投資組合、我自
> 己,也為了那個不再那麼害怕的 12 歲小女孩。多虧那
> 600 美金的投資,如今我能買下的蒂芬妮手鍊多到一
> 隻手都戴不完。

　　所以,沒錯,把一些錢投入蒂芬妮或者別家對你意義非凡的公司股票然後放著不去碰(我暫時沒有賣掉的打算),是可以的。而倘若你打算這麼做,我希望你能在像是「公共的」(Public)[85] 這類的投資平台應用程式上操作,用起來還蠻簡單的。不過,倘若你三不五時就這麼做,那可就不好了。這更像是「特殊狀況」(例如,你懂的,如果你突然收到小時候霸凌你的人寄來的電子郵件。)別忘了,如果你未持有滿 1 年就賣出,就得支付短期資本利得稅(金額很高很煩的那種)。我們此刻的目標是要打造長期可持續的財富,而不是釋放內心那匹*華爾街之狼*。請記住,李奧納多‧狄卡皮歐(Leonardo DiCaprio)在電影中飾演的喬登‧貝爾福(Jorden Belfort)是一名公司職員(並幹了大量見不得人的勾當,不過那是題外話),所以他其實是一名「機構投資人」(institutional investor,其他大型機構包括保險公司或大學捐款基金。)從歷史上來看,機構投資人之所以能挺過像是網路泡沫等蕭條時期,是因為他們能以便宜的價格買到即將公開上市的股票,而且極可能在真的上市前就轉賣

---

85 「Public」應用程式中設有社群互動功能,我時常在上面分享實時投資
　　想法,如果你有興趣的話可以一起加入。

給別人或別間公司，以賺取利潤。你和我，親愛的，都只是「散戶投資人」（retail investor），因為我們沒有同樣的管道，而且我們也不是一天 24 小時都忙著看盤。

事情是這樣的，我喜歡關注每家公司的動態。我為此而活。但我想對你現實一點，助你成功。有我在，我不會讓你拿著一把小刀上戰場。你當然可以欣賞很多公司——甚至是瘋狂、熱情地喜歡，和我一樣——但那不代表你需要買進它們家的股票。你不必將辛苦賺來的錢投入到比賽中，也可以為你最愛的運動隊伍放聲歡呼；你可以不和你那完美的另一半結婚；而你也當然可以追蹤令你著迷的公司，但不必成為它們的投資人。不做到那一步，並不會讓你的仰慕減損一分一毫。而且實際上，它們很可能因為公司夠大的關係，根本早就存在於你的指數型基金裡面了，所以你依然能因它們的成功而受惠，儘管是間接的。

在我們繼續之前，我想就先前所說的趁股市打折時（逢低買進！）進場採購這一點進行澄清，因為這與購買單支股票有關。當今天我們談的是整體市場時，上述所說的確是個好點子。也就是說，假如市場下跌，我會加倍投入你平時就在執行的定期定額投資法，這樣就能趁價格明顯便宜時多買進一些。然而，若是單支股票，我會格外小心。假如一家公司股票下跌，它們是有機會扳回一城沒錯，你也有可能會因為在價格低的時候進場而大賺一筆。不過，它們之所以如此慘澹，也許不是沒有原因的（嗨，博達斯書店〔Borders〕、

百視達〔Blockbuster〕和玩具反斗城〔Toys-R-Us〕！）若真是如此，那麼你的錢也會跟著一蹶不振。這件事所帶給我們的教訓跟暢貨賣場一樣：打折不代表就該買。

牛和熊，老天啊！

我相信你一定聽過財經新聞在聊「牛市」（bull market）和「熊市」（bear market）。也許你也曾聽過有人「看多」（bullish）或「看空」（bearish）某樣事物。在華爾街動物王國中，要能記住哪個是哪個，最簡單的方法是：牛會衝鋒陷陣，所以是指市場上漲，或某項投資看起來態勢不錯。相反地，熊會冬眠，所以「熊市」來臨意指市場下跌，而當有人看空某樣事物——某支股票、市場，甚至是一個人——便是不看好該項事物的結果，或認為其表現停滯。

公司債券

簡單聊一下我在步驟七中短暫提到的公司債券。公司債券理論上是債券沒錯，但背後的發行者是企業，也就是我為何放在本章提及的原因。我在本章提到它，也是因為它的風險較高。一家公司缺錢的時候會發行債券，而缺錢的原因很多——想擴張、想聘請更多的人、想東山再起。當你買進一

間公司的債券，便是在幫那家公司完成這些心願，並且藉此換回你的錢，外加一點額外報酬（利息）。公司債券的回報通常比政府公債來得高，因為它的風險高上不少。如果你正在考慮購買公司債券，請深入了解它們的評級，負責評級公司債券的機構與負責政府公債的機構相同，例如標準普爾或是穆迪。與我在本步驟稍早提到的晨星相比，這裡的評級機制比較沒有那麼令人眼花撩亂。

時間－風險矩陣

投資的終極目標，是承擔最低風險的同時追求最高的報酬。我們永遠無從得知這個甜蜜點何時會到來，但可以將我們的時間曲線與不同投資項目過往的「風險概況」（risk profile）相比。回想一下幾年前瘋傳的「火辣－瘋狂矩陣」（crazy-hot matrix），嘲諷當男人遇上火辣及瘋癲程度不一的女人時會發生什麼事。我不是在說我同意那個矩陣影片的觀點，但我們可以用這個簡單的方法來思考兩個變量此消彼長、交互影響時的狀況。（我想聲明，我更同意「火辣－情緒無能矩陣」〔hot-emotional unavailability matrix〕影片的觀點，它說明了依據男人火辣程度及情緒無能程度的不同，女人會怎麼因應，實在準到爆。）：[86]

---

[86] 影片出自 YouTube 上的「女孩行為學」頻道（https://www.youtube.com/watch?v=YDq0qeOXoIA）。如果你需要從投資的世界暫離 4 分鐘休息一下，我非常推薦收看。

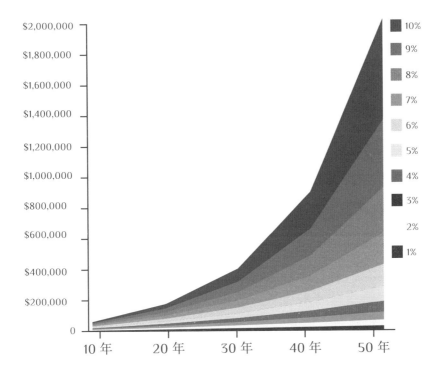

華爾街和整個投資世界的終極觀念就是：為了獲取期待的報酬而承擔計算後的風險。外頭存在著經得起時間考驗的核心原則，也有看似反常、實則有效的方法，你可以遵循這些法則去優化每次出手，用最低的風險換取最高的報酬。我知道這趟旅程絕對會讓你偶爾感到混亂又瘋狂，某方面來說確實如此。但就像在玩迪士尼樂園的蟾蜍先生瘋狂之旅一樣，無論發生任何事你都不會半路跳車。儘管遊樂設施的確有可能短暫出現故障，但它永遠會重新啟動。

總結

俗話說：目標日期基金真棒，因為別人都幫你處理好了。

噢，要是金融世界裡的一切都如此單純就好了。目標日期基金當然可以成為你退休儲蓄計畫中派得上用場的一部分，前提是你得明白未來並非百分之百能獲得回報，而且費用通常很高，以及它所奉行的策略是非常單一的。

俗話說：我超棒，因為我買了內扣費用超低的共同基金。

嗯哼，你採取的作法也許比什麼都不投資來得好，但，就算是那些評價五顆星的共同基金，往往也都無法戰勝大盤，它們收取的天價費用也可能會吃掉你三分之二的養老金。儘管廣告上所列的費用看似很低，但你可別忘了，它們可是為了自己的利益才那樣宣傳的。理想上，你付給財務顧問的費用和基金費用加起來最好別超過 1.5%。

俗話說：買進你所相信的公司的股票是樁好投資。

這個嘛，有可能。但是，在購買任何一家公司的股票前，請看看你是否已經，或者往後可以透過指數型基金的方式投資那支股票。如果你不行這麼做，或者它並未涵蓋其中，而且你出於個人因素非得擁有它不可的話，那麼請將投入的金額維持在淨資產中合理的範圍——「合理」的範圍是指，萬一你盡數賠光，你的生活和目標也不會受到影響。

步驟十一
最危險的生意

一窺最進階的資產類型

你可以將本步驟視為投資世界中的《時尚》（*Vogue*）雜誌。無庸置疑，裡頭的攝影作品驚為天人，造型雍容華貴。你想像自己穿上華服的模樣，你對每位設計師和他們天價的作品如數家珍。然而，當普拉達（Prada）的秋季系列中東風格長衫新上市，你不會衝去搶當第一位排隊購買的人。因為……到底誰會這麼做？

讓我簡單回答：沒多少人會這麼做，即使是超級富豪也一樣。刊登在《時尚》中的衣物及首飾多半是為了刺激慾望，而非真的能入手的單品。對於我們大多數的人來說，重點不是真的要去購買那些衣服，而是從它們的輪廓、色調及造型搭配中汲取靈感。同樣的邏輯也適用於那些風險最高的投資上，投資者會去認識並理解那些投資是如何運作的，甚至會以它們做為配置投資組合的靈感，但即使是那些最老練的投資者，也不會輕易出手持有它們。

在本步驟中，我會帶你踏進華爾街的暗巷，瞧瞧公開市場中那些更奇特、高風險的投資，包含大宗物資（commodity）、貨幣、不動產投資信託（real estate investment trust,REIT）、衍生性金融商品（derivative）以及加密貨幣（cryptocurrency）。途中還將行經風險更高的私人投資，包括創業投資（venture capital）、私募股權（private equity）、避險基金（hedge fund）、房地產及人壽保險（life insurance）。如此做的用意並非要你來者不拒，而是讓開始自行出發探索投資世界的你明白這些投資的存在。

公開市場風險型投資

任何一檔能在短期內提供高報酬率的投資，就會被視為風險型投資。想一想：一個人若是想選擇投資報酬率10%而非2%的投資，必得認定10%的投資風險會比2%高。要從事風險型投資必須同時具備經驗和風險管理的能力（避險與保護），尤其是因為，市場上想獲得最高報酬的不止你一人，還有許多的HFT專業人士。

HFT是什麼？這是高頻率交易（high-frequency trading,HFT）的縮寫，意指那些憑藉技術工具及微小市場變化進行大量交易以追求巨額獲利的公司。之所以向你介紹HFT，並不是說我們需要掌握那些公司的技術，更不是說我們要嘗試與她們競爭，而是為了明白這樣的公司確實存在，

並體認她們的優勢來自於用技術分析（technical analysis）預測投資模式及動向。我們甚至也沒打算加入戰局，反而要集中精力去分析與其相反的領域：基本面分析──或者說專注於整體經濟，透過能反映收益、支出、資產及負債的數據來觀察公司實力。你懂的，就是那些經得起時間考驗的老派玩意。這種策略注重的是會影響長期投資戰略的因素，而非為了短期收益進行套利（arbitrage），或是趁市場短暫波動而占便宜。

衍生性金融商品

衍生性金融商品市場的風評很糟，而且原因不難理解，因為2008年金融海嘯期間，正是因為銀行銷售如此複雜的投資產品，最終才導致自己和全球金融市場崩盤。傳統上認為衍生性金融產品屬於進階的投資類別，不只是以實價或現價買賣那麼簡單，代表產品有選擇權買賣（call/put option）或期貨（future）。交易這些投資代表你從傳統型投資人跨入了投機型投資人的範疇，因為萬一你賭注失敗，你損失的金額將高於當初所投注的金額。本金輸光光已經夠糟了，想像一下若賠掉的金額比本金更多，感覺如何？爛透了。

期貨

期貨契約的遊戲規則是，讓投資人藉由預測某檔投資未來的走勢而從中獲利（或損失）。如果之後契約價值上漲，

買方將受益，而賣方損失。當然，情況也可能完全相反：如果之後契約價值下降，那麼買方將承擔損失，而賣家獲益。

　　並非每家券商都有販賣期貨契約。對於有在販賣的券商而言，它會想仔細確保投資人很清楚期貨交易的風險。券商可能會針對想投入期貨市場的人設下最低淨值要求或最低買入金額限制。如果契約價值下跌，你可能會被追繳保證金（margin call），意味著你得投更多錢進入帳戶，才能確保帳戶不被關閉。

選擇權

　　選擇權所代表的意思跟這個詞本身聽起來差不多：可以選擇要不要在未來以某個特定價格買入一支股票或一件大宗物資的權力。假如期限一到，該商品的價格並不如投資人原先所願，投資人可以乾脆說「瘋了嗎，我開玩笑的」，不必一定要行使選擇權。

　　多數的期貨契約會讓你選擇要不要買一個，嗯，選擇權。選擇權分為兩種：買權（call option）和賣權（put option）。買權賦予你購買的權力。賣權則給你賣出的權力。期貨選擇權（futures option）的風險比期貨契約本身來得低，因為投資人有放棄行使的可能。期貨選擇權基本上就是付一筆押金，換取可以選擇要不要在某個日期買下某個期貨的權力。當然，選擇權到期時你可以選擇不買，不過如此一來你就會損失押金。

大宗物資

我剛開始播報商業新聞時得到的第一份工作是在芝加哥商品交易所（Chicago Mercantile Exchange,CME）的大廳，又稱「芝商所」。起初我以為這個地方是某種購物中心。但我很快便發現，這裡是交易大宗物資的地方，也就是以實體原物料為標的進行公開交易的場所，例如咖啡、棉花、石油、黃金、白銀、豬肚（！！）你沒聽錯，當初我聽見最後一項的時候還以為自己被耍了，但沒有……是真的有在賣。

一般人最常接觸到的大宗物資是黃金。黃金不像股票一樣會配息或是帶來收入，但是人們賭黃金是一種「保障」或是「避風港」，儘管黃金價格本身並未保證穩定。人們認為，假如某天紙鈔不存在了，黃金就成了浮木。我知道這聽起來有點殭屍末日的味道，但我可沒胡謅。我們將在下個步驟中討論許多投資人會在自己的投資組合中放入一點黃金的另一個原因，也就是用來保護資產不受通貨膨脹侵蝕。

其餘的大宗物資分為兩類：硬性商品及軟性商品。軟性商品指的是養殖或種植作物，例如玉米、小麥、牛肉、糖、棉花、咖啡及大豆。硬性商品指的則是鑽探或開採而來的資源，如原油、天然氣、鋁、黃銅、黃金、鈀、鉑及白銀。

一般來說，投資在黃金以外的大宗物資相對棘手，因為這些東西的價格取決於實際的供給與需求，而供需又受各種我們無法掌握的因素影響：水災、火災、地震、流行病及氣

候模式。老天爺啊。舉例來說，如果該年冬天超級寒冷，那天然氣的價格便會上漲（因為人們家中開暖氣的需求大幅上升），如果冬天異常溫暖，價格就會下跌（因為需求下降）。我有個要好的朋友是名氣象學家，我們經常熱烈討論（無論是在幕前還幕後）天氣是如何影響市場，而且影響程度比其他任何因素都要來得巨大。就是如此。不管你拿了再多商管和金融證書及 MBA 學位，一旦一場該死的乾旱來臨，你的投資便會陷入淒風苦雨之境（抱歉，我克制不住。）

有四種方法可以投資大宗物資市場：透過 ETF（沒錯，什麼東西都能包裝成 ETF）、選擇權、期貨，或者透過購買大宗物資本身（或買下生產該大宗物資的公司）。購買大宗物資本身是最簡單的方法，卻也是最難的方法，因為那代表你家得塞進金條、硬幣或巨量的玉米（呃，主要當然是金屬，但你明白我的意思。）這對我來說始終不是理想的做法，尤其當我因為公寓空間不足而不得不把毛衣塞進烤箱的時候。第二簡單的方法是去找生產某種大宗物資的上市公司，例如礦業的力拓集團（Rio Tinto Group）或專門加工小麥、玉米、可可和其他大宗農作的阿歇丹尼爾斯‧米德蘭公司（Archer-Daniels-Midland）。大宗物資 ETF 會將這些不同類型的公司股票湊在一起。

最棘手的大宗物資投資方式是透過選擇權或期貨契約。期貨能幫助供應商與製造商鎖定一個價格，保護自己不會被上述的突發天氣害慘。換句話說，某位農夫可能會想要一張

明年到期的期貨契約，以確保無論發生什麼事，他都可以用市價賣出收成。簡單來講，他們就是為了避免不確定性而鎖定價格。反過來談，某個生產大豆罐頭的製造商會希望能確保明年可以用某個固定的價格進貨大豆，這樣假如大豆價格上漲，生意就不會連帶遭殃。同樣的道理也適用於需要鎖定燃料價格以維持營運的航空公司。請記住：過去很長一段時間，這類交易只限充分了解這些商品的走勢及歷史的專業人士購買。投資大宗物資與其他投資不同，物資市場隨便一個超級細微的變動都能引發市場的巨大波動，也就是說會為每一位投資人（包含你）帶來巨大的收益——或是巨大的損失。

貨幣

雖然人們常視黃金為美金的避險工具，但你還是可以買入美金或其他貨幣。貨幣交易也被稱為「外匯」（foreign exchange / forex）交易，因為當一天將盡，貨幣真的只是紙而已，是徹頭徹尾的投機行為。交易大宗物資是在交易一批看得到也摸得著的商品——小麥、石油或我稍早提到的豬肚——而這些物資大概都比紙更具價值。但若交易的標的是貨幣，你便是在權衡那張紙的可能性，也就是說你必須非常密切關注地緣政治。

按數額計算，貨幣交易中進出的金額實際上是所有投資中最高的。貨幣市場每天的交易量足足為 4 兆美金（沒錯，是兆）。相比之下，紐約證券交易所的交易量「只有」2,000

億美金。此外，貨幣交易市場平日 24 小時於全世界開放（週末休息），不像一般股市只有在美國東部標準時間的週一至週五早上九點半至下午四點開放。貨幣交易與大宗物資一樣近期才民營化，允許「散戶投資人」（換句話說就是你和我）參與交易。

貨幣交易是以貨幣兌換貨幣的方式進行，例如歐元兌美金。交易最頻繁的貨幣只有八種（雖然聽起來並未比較簡單）：美金（USD）、日圓（JPY）、加幣（CAD）、歐元（EUR）、英鎊（GBP）、瑞士法郎（CHF）、紐元（NZD）、澳幣（AUD）。貨幣的價值由基本的供給與需求決定。當美金的需求上升——例如其他國家增加了對我國商品的進口——那麼美金價格就會上升；而當市面上美金數量過多，價格就會下跌。

在 Instagram 和網路上其他地方時常可見外匯買賣的廣告，那些廣告也許不是詐騙，但也讓貨幣交易聽起來過於輕而易舉。參與貨幣交易的新手投資人中，平均有 75% 的人最後空手而歸，而且還感覺自己被騙。貨幣交易本身並非騙局，不過它的遊戲規則是為內行人所設置的。如果你有興趣了解貨幣市場，並且期望從中獲利，請務必確實關注利率以及全球各地的政治局勢。

不動產投資信託

通常，當一個人財務準備不足、也不確定要選哪個城

市，卻執意要購買一間主要住宅時，我會建議他試試別的方法，既能接觸房地產世界中可能的收益機會，又不需實際照顧一棟房子。其中最熱門的替代方法之一就是不動產投資信託。不動產投資信託定義上屬於信託，但是和股票一樣公開交易。你可以買進一檔不動產投資信託共同基金、指數型基金或 ETF。你也可以向賽門物業集團（Simon Property Group，許多商場背後的老大）或是公共存儲（Public Storage）等類似的大型房地產公司買進單檔不動產投資信託。最低只要 25 美金就能參與投資。

我知道，你一定聽說過身邊某些認識的人曾用便宜的價格買下一棟房子、整修一番，然後轉手高價賣出、大賺一筆。真是恭喜！買一棟房子或買一個家，賭的是那棟房子或那個家將來會增值。當你今天買的是會創造收入的房地產，例如不動產投資信託或不動產投資信託指數型基金，你所能賺到的錢是雙重的。首先，你能在過程中獲得穩定收入——不動產投資信託有機會創造相當豐厚的利息——接著，假設房產增值，你賣出時便能從增值中獲利。還有一個額外好處：不動產投資信託與企業（例如股票背後的公司）不同，不需繳交公司所得稅，因此扣除管理費後，收益將以稅前的方式分配給投資人。

這麼好康的事，背後有沒有陷阱呢？這個嘛，因為不動產投資信託追蹤的標的是整個房地產市場，所以當房市景氣不好，不動產投資信託也會跟著遭殃。2007 年至 2008 年

房市泡沫期間，不動產投資信託相關的投資大跌了 20% 至 40%。真痛。此外，它還會受到利率漲跌打擊。因為利率低時，投資人通常會轉而去市場上找尋回報更高的投資，而利率高時，投資人也傾向會去投資債券或其他固定收入投資。不動產投資信託並不像一些人所認定的，是「債券的替代品」。它是股權的一種，且伴隨股權相關的風險，只是它的走勢與債券市場更接近。由於不動產投資信託與市場其他領域的連動程度通常低於平均，所以放在投資組合中會是一項不錯的避險工具。而且……你也不用為了不存在的房客修整草坪，或是花錢找別人來修！

加密貨幣

自從 2009 年比特幣（Bitcoin）問世以來，你八成聽過周圍的人對比特幣投資讚不絕口。如果你覺得整套邏輯聽起來太過科幻，我完全同意，不過即便它充滿科技感，讓人霧裡看花，其實道理沒有那麼複雜。

我會教你一些基礎知識，讓你能正確使用這些術語。比特幣的確是這一領域的領頭羊，但也只是加密貨幣的一種而已。其他的加密貨幣還包含以太幣（Ethereum）、萊特幣（Litecoin）和瑞波幣（Ripple）。市面上所有的加密貨幣約有兩千種之多，而那些以人人稱羨的比特幣為模型製造的加密貨幣被稱之為山寨幣（altcoin）。無論這些「幣」的名稱是什麼，它們都是看不見摸不著的無形數位貨幣——並

且需在區塊鏈（blockchain）上進行交易。區塊鏈是一個去中心化的數位系統，能記錄加密貨幣市場中的所有交易，而且不受任何政府管轄（也就是與法定貨幣或傳統貨幣完全相反，這也是為什麼有些人將其視為類似於黃金的「避風港」，能避開美金的波動風險。）

加密貨幣的一切運作都得仰賴加密技術（cryptography）或程式語言才能實現。加密技術在人類歷史上已存在很長一段時間，最明顯的應用應該是軍事用途，讓軍方透過密碼來保護機密訊息和指令。在加密貨幣的世界中，用撰寫程式碼進行加密的目的有三：執行加密貨幣的安全交易，控制新貨幣的產生，以及驗證貨幣的移轉。你能在比特幣基地（Coinbase）、雙子星（Gemini）或幣安（Binance）等交易所進行加密貨幣的買賣，買進賣出的方式與股票交易十分雷同。一些原先提供傳統貨幣轉兌服務的手機應用程式也紛紛投入加密貨幣領域，例如「Cash」這個應用程式。一旦你擁有了加密貨幣，最好的儲存方法就是放進錢包裡——我指的當然是數位錢包。由於加密貨幣市場不像傳統投資受到監管，因此時常成為駭客攻擊的目標。所以，請務必使用像是出走（Exodus）、琥珀金（Electrum）、分類帳（Ledger Nano）、安全（Trezor）等公司生產的錢包來保護你的加密貨幣。

心路歷程

我與加密貨幣之王的約會

「今晚很愉快，謝謝你。」我說。因為我的約會對象在我最愛的墨西哥餐廳點了甜點。

「我很享受今晚的時光，希望有機會能再約，」他說。我們的初次約會快結束了。

「一定要！先失陪一下，」我說，起身準備去洗手間。

他像個十足十的紳士一樣微微從椅子上起身回應，「沒問題。」

我在走去洗手間的路上伸展了一下下巴。由於今晚歡笑不斷，我笑得嘴巴好酸。這鐵定說明了今晚的約會很成功。我在吧台前駐足，要了一片薄荷葉（如果你身上沒有薄荷糖或口香糖能消除口氣，請記得這個小撇步。）我走向酒保時，注意到幾名男子從吧台盡頭的位置起身，朝我們的桌子走去。但我當時因為趕著去廁所而沒多想。

我走回我們的桌子時，那幾個人剛好離開，回到他們原本在吧台的位置。「他們是你朋友嗎？」我知道紐約很大，但也很小，所以才這麼問。

「哦，嗯，算是吧。我剛才只是在給他們一些東西，」他說，非常謹慎地選擇他的用詞。

「嗯？所以你今晚才認識他們？」我問，有點起了疑心，進入警戒狀態。他是在販毒嗎？他剛才是在給他們錢嗎？到底發生什麼事？！

「我是說，沒錯，我認識那些人。我剛才給他們的是我外套上的胸針，上面刻有我公司標識的那個，我忘記拿下來了。」他回答，彷彿這是全世界最正常的事。

「你的胸針？我沒看見你有別胸針。你就這樣送給他們了嗎？」我問道，此刻的我已經完全切換成記者模式。

「我跟你說，這件事說來話長，但你太聰明了，我也知道說謊瞞不過你。所以，實情就是：那些人是我的保鏢，他們過來是因為他們注意到我身上還別著公司的胸針，而他們不希望這裡的人看出我的身分。」他用真誠的語氣說，企圖讓我相信他沒在胡言亂語。

「你的保鏢？！你在開玩笑吧。」我說，心想他可能又在打趣挖苦，或是想逼得我繼續跟他聊天鬥嘴……回到這場約會還很有趣的時候。

「不是，是真的，我沒騙你。加密貨幣的世界很瘋狂，死忠的投資人會走到我這個公司執行長面前要求合照。不過是在幣圈的活動上啦，一般的場合不會這樣。我覺得很搞笑。不過我是有保鏢沒錯，因為我手上握有所有加密貨幣的密碼。」他說。

「所以，有人可能會為了密碼而綁架你囉？」我說，試圖釐清狀況。

「對，理論上有人可能會綁架我，然後搶走我們就算不值幾十億也值幾百萬的貨幣，而且警察不會管，錢也拿不回來。」

「但加密貨幣不是儲存在區塊鏈上嗎？」我以我當時對於加密貨幣的了解開口問道。我懂的只能稱得上基本。

「沒錯……你很了解……但如果有把槍抵著我的頭，那人還是能偷走密碼然後清算公司。」

我感覺我的臉瞬間失去血色。「槍？」我心想，但沒說出來。

「但是，妮可，那種事不會發生的。我知道聽起來很扯，但事情也不是全都那麼糟。我的保鏢人很有趣——下次帶你認識他們！我知道，這件插曲有點令人掃『性』。」他說，試圖轉換氣氛，拉回我們機智的談話上。

就在那時，女服務生過來關心我們晚餐吃得還滿意嗎。

我深吸一口氣，更像是一個暗示。

「要結帳了嗎？」他看著我問。

我點點頭，回頭瞥了吧台一眼。

隨著世界不斷發展，加密貨幣投資與傳統投資之間越來越相似。你可以利用經紀商提供的服務，像投資指數型基金一樣投資於加密貨幣的相關基金。但是，儘管加密貨幣為世界製造許多財富，它依舊是新來的孩子（截至本書寫作時僅有 10 歲），接下來一定會經歷成長的陣痛期。因此，我通常會建議大眾，投資在加密貨幣上的錢不要超過你淨資產的1%。倘若你投資的貨幣砸了，損失淨資產的 1% 還算可以承受的範圍。反過來說，假如這 1% 增長到比你全部的淨資產還有價值，你也不會扼腕錯失大好機會。

賣空／做空

　　上述我介紹的所有風險型投資，你都可以進行賣空（short sell），或是使出「遊戲驛站」（GameStop）那招。還記得那場網路大戰嗎？一群不知道從哪裡冒出來的鄉民，把大型金融公司打趴在他們自己的地盤上？這起事件起源於一些金融大亨認為遊戲驛站的股價將會下跌，於是有意「做空」，然而一群散戶投資人（也就是網路鄉民和一些普通人）買進股票讓股價上漲，最終讓大亨賠到拖褲。

　　那麼，到底什麼是做空呢？在金融界中，「空」的相反不是「高」[87]，而是「多」。當你「做多」（long）一支股票，背後的意思單純是你認為它會上漲所以買了它。而當你這麼做，你就是在遵循「買低賣高」這句格言。然而，當你「賣

空」某檔股票，意味著你認定它的股價之後會慘跌，所以你想要「買高」然後「賣低」。此外，你取得股份的方式也不是直接用買的，你是去借來的。

最好理解這套操作的方式，是把它想成借車。比方說，我向你借了你的車，而我一開出你家車道，就把這台車放上二手拍賣網賣了。為了便於計算，假設我賣出的價格是1萬美金好了。接著，我賭一年後一旦新款車型上市，這輛車的價格就會調降。一年後，假設價格真的降到了8,000美金，我就買一輛新的還給你，於是我就賺到2,000美金的價差。然而，假如那一年某位明星開著那輛車被拍到，導致我要把車還給你的時候那輛車的價錢已經飆到了10萬美金。那樣的話，我就賠了9萬美金！

基本上這就是遊戲驛站事件的始末。避險基金公司因為看衰它的股價走勢而借入股票，沒想到股價卻一飛沖天。記住，無論投資方是誰，規則都不會有所改變。股價最低只能跌到零，卻可以無止境地上漲。所以，當你做多，你有可能會失去所有投入的錢。然而若你賣空，最慘的狀況會比做多慘上許多，因為股價的漲幅是沒有上限的。我甚至可以說，這場遊戲是永無止境的。

私有市場

最富有的那群人所進行的交易中，並非所有交易都是公開進行的。與多數私人交易一樣，私人投資的性質本身就意

味著資訊透明度較低。不過，那些暗地進行的投資依然值得我們探索。針對你在公開市場上所持有的任何投資，私人投資是效果最直接的分散投資工具。

收藏品

我還在 CNBC 當主播時，曾針對另類投資做過一系列的報導，其中包含葡萄酒、汽車、馬、硬幣、古董、運動鞋、紀念品、土地及藝術品。投資在這些有形資產上讓部分投資人發了大財，但也讓其他的投資人大虧一筆——還浪費了大把光陰。要成為前者，你得先握有這些不同領域中的專業知識，而且往往需要人脈才能得到你夢寐以求的東西，例如經驗證明價格只會升不會降的大咖藝術家作品，或是一級酒莊所產的葡萄酒。

優點

✱ 較不易預測的市場有機會創造意料之外的收益，競爭者也會較少。

✱ 可能可以節稅，或者享有避稅、扣抵的好處。

✱ 具情感價值及家庭價值，能展現一個人的知識及品味。

缺點

✱ 市場透明度低，因此訊息可能不足，進而伴隨隱藏的風險。

✱ 依據另類投資類型的不同，有些類型可能伴隨負面的稅負影響。

✱ 內部運作方式複雜，往往得仰賴人脈。

與任何其他種類的投資相比，另類投資更像是一種熱情。好比說，如果你對藝術品情有獨鍾，那麼你八成會覺得，去挖掘、研究、購買藝術品比起處理其他資產要來得有趣得多。與一般人相比，受另類投資吸引的投資人有更高的機率會是控制狂。畢竟，一個人不可能控制得了全球市場，但是掌管梵谷畫作買賣的生殺大權，或是緊握貓王音樂版權不放，是有可能的。

　　關於 NFT，或稱為非同質化代幣這種被視為數位藝術[88]的投資，基本上和另類投資差不多。非同質化表示該作品是獨一無二的，也就是說，如果我給你一張小甜甜布蘭妮（Britney Spears）的簽名海報，而你給我一張貝比・魯斯（Babe Ruth）的球員卡，我們所擁有的就是不同的東西。但要是我給你一張 10 美金紙鈔，而你也給我一張 10 美金紙鈔，我們所擁有的就是「同質化」的東西。我寫這本書的時候，NFT 是個嶄新的領域，尚待深入挖掘及探索。嘿，我甚至也發行了一組「金錢勒戒」的 NFT 系列。[89]如果成功賣出，那麼我的團隊便能拿到一筆額外的錢。如果沒賣掉，至少我們做了一些數位手工藝，也玩得很開心。

---

88 每售出一個位於區塊鏈上的 NFT，原始創作者就能收到基本上相當於版稅的收入。

89 我正在帶你認識的這些金融術語不斷在進化、不斷在改變。就拿 NFT 來說，這是金融術語中相當近期才出現的詞。我也是最近才和其他人一起認識它。但這也是另一個我們之所以要紮實學好基礎知識的原因，因為這樣你才能隨著金融世界的創新逐步建立起你的知識體系。

創業投資

想找出下一隻獨角獸（估值超過 10 億美金的私人公司）真心是很誘人的一件事。我很懂這種感覺，因為我就是一位狂熱又激情的新創事業投資者。我喜歡坐在桌邊去評估及幫助快速發展中的科技公司。身為一檔創業投資基金的有限合夥人（limited partner,LP），你大可開張支票然後拍拍屁股走人，但也可以更深入公司營運，幾乎像是該公司的導師，而後者的角色我更喜歡。

多數創投基金會要求有限合夥人必須是「合格投資人」（accredited investor），也就是要求那人的年收入必須高於 20 萬美金（或與配偶的收入相加超過 30 萬），而且淨資產要超過 100 萬美金（不含住家房屋市價）。不同基金所要求的最低投資金額不同。監管機構之所以制訂這些最低財富限制，是認為篩選出的這群人更能夠清楚掌握這些投資可能涉及的風險，並且有能力承擔潛在的損失。最大的風險包含：一、資金缺乏流動性（換句話說，你的錢會被綁死好一陣子，而且股權很難出售）；二、新創公司要能突破新創階段開始獲利絕非易事，坦白講並不常見；三、如果基金中的公司無法實現獲利，那麼你不僅賺不到錢，還可能失去所有投入的錢。創投公司營運之所以會不穩定，最大原因是它們所投資的公司——多半是新創公司——不穩定所造成的。最優秀的新創事業投資人在投資時都會假設自己的錢終將有去無回，而當她們沒有賠錢時就會格外驚喜。

如果你還沒被嚇退，那麼，有非常多的方式可以讓你成為一名投資者。我之所以會成為鹵素創投（Halogen Ventures）的投資者，契機源於某次我與登山好伙伴每週固定的健行行程，而這位好伙伴恰巧是鹵素創投的普通合夥人，潔西・崔普（Jesse Draper）。如果你不巧沒有剛好在創投基金工作的登山好友，外頭也有許多為合格投資人「媒合」的基金網站，例如投資者俱樂部（FundersClub）、群眾募資（Crowdfunder）、智能選擇（iSelect）及股票禪（EquityZen）。也有網站是特別針對非合格投資人所設，舉凡天使列表（AngelList）、種子投資（SeedInvest）、股票郵政（SharesPost）與微型企業（MicroVentures）。要不然，如果有機會的話，你也可以直接投資新創公司，不一定要透過基金或網站，此舉將會使你成為一名天使投資人（angel investor）。天使投資或種子投資主要屬於個人投資，因此風險較高，但相對的回報也較高。這類型的投資人當中，多數人之所以會選擇去當創投基金的有限合夥人，是因為加入創投基金能夠接觸不同交易，以及能對欲投資的公司進行盡職調查（due diligence）。有一些公開上市的公司也有在投資新創事業，例如海格力斯資本（Hercules Capital，股票代號：HTGC）與地平線科技金融公司（Horizon Technology Finance，股票代號：HRZN）。

　　一般的創投基金所管理的資金超過 1 億美金，這些資金是由普通合夥人從少數幾位個人有限合夥人與機構有限合夥人那裡募來的，用來分配給好幾家新創公司。有些規模較大

的創投基金憑著過往輝煌的投資記錄吸引了不少排隊等著投資的投資人。如果你嚮往這個世界，希望成為其中一員，請盡量將你的投入維持在淨資產的 5% 以內。

重要資訊

創投基金公司會從投資人所投入的資金中抽成，還會從基金投資所賺進的利潤收取管理費及績效獎金。這種分潤模式被稱為「2/20」原則，意即創投公司收取基金總額的 2% 做為營運與法務費用，此外還會針對基金的所有投資獲利收取 20% 分紅。部分頂級的基金有時候甚至會採用「3/30」原則……純粹因為它們可以這麼做。

數據顯示，營收前 2% 的創投公司所創造的利潤，占市面上所有 1,000 多間創投公司總利潤的 95%。營收前四分之一的的創投基金的內部報酬率（internal rate of return, IRR）為 25%，而所有創投基金的內部報酬率中位數則是 12%。同時期的標普 500 指數報酬率約為 13%。這些數據說明了，投資於創投基金的績效很難贏過市場大盤。不過，樂趣肯定會比較高！

房地產投資

人們來找我諮詢房地產投資的頻率比起其他理財問題更高。顯然坊間正流傳一種觀念，認為當包租公、包租婆是邁向致富之路的萬靈丹。嗯哼，它的確是增長財富的其中一種方式——但肯定不是萬靈丹。

歷史告訴我們一件真理：你的小窩無法真的為你賺進什麼錢。假設你今天買下一間 20 萬美金的房子，5 年後以 30 萬美金出售。不過，屆時你還是需要一個新的落腳處，所以必須再買一間 30 萬美金的房子，而這間新房子八成跟你剛賣掉的那間很類似。除非你降低標準，否則往往是一場空。

那麼，如果你持有的是投資型房地產，會有賺頭嗎？我完全理解，比起一堆數字和報表，持有實實在在的有形資產更令人心動。但在你投身房地產投資前，請先衡量自己打算實際投入多少錢，以及希望賺到多少錢。下面是一位找我諮詢過的女性的小故事，值得你借鑑：

祖母留給我一筆 1 萬 5 千美金的遺產。我想我可以用很便宜的價格買下一棟法拍屋，然後將房子出租。那間房子市值 10 萬美金，而我以 5 萬美金的價錢買到了它，頭期款是 1 萬美金。每個月要繳的房貸約為 500 美金。當時我的表妹和她先生搬來城裡，所以我能以每月 700 美金的租金租給她們。租房給家人沒有傳言那麼糟。不過，買房後到出租前這段期間的準備工作實在有夠麻煩。表妹住在那裡的期間，我得請人修繕

並打理庭院，所以一個月大概只能賺 100 美金。她們搬走後，這整趟包租婆的經歷讓我發現自己原本的工作量就很重了，不適合當房東，所以我把房子給賣了。我盤算，這房子差不多是以半價買的，應該至少可以賣 7 萬 5 到 8 萬 5 美金左右。大錯特錯。我只賣到 5 萬 5 千美金左右。為了出售房子，我還多花了一點錢簡單整修一下，而且不得不配合買方提出的，唉，一大串改善清單。歹戲拖棚終於結束後，我估計自己應該有打平。我投入了大約 1 萬 2 兩千美金，賺了 1 萬 2 千 5 百至 1 萬 3 千美金左右，包含仲介費及其他一切費用。現在回頭看，這點微薄的利潤根本比不上我所投入的時間和心力。我真希望自己當初能把祖母留給我的錢投入到市場上安全的投資中。我相信能賺到的錢絕對不會比買房子少，或者更多，也許多不了多少，但至少能助我省下寶貴的時間。

當然，每一椿前車之鑑的背後都有另一件成功故事。風險和報酬該如何取捨，取決於你自己，而且不只得考慮你打算如何賺錢，也要考慮你打算如何運用自己的時間。如果你和剛才例子中的女士一樣購買的是法拍屋，請明白你可能得支付額外的房貸、稅單與未繳的物業費，都是購屋時不會揭露的資訊。此外，請計算房子的維修費用。熱水器和空調很枯燥，卻很昂貴。還要了解該州的法律。在許多地區，就算房客拖欠房租，想趕走她們幾乎是不可能的事。新冠疫情期間，租客被允許延遲繳租，延遲區間長達 1 年以上。這對租客來說是天大的好消息，但對於房東而言，許多人因此長達 1 年多沒收到半毛錢的租金。

保護你的資產

投資公司或房地產時，設立一家有限責任公司（limited liability company,LLC）並以公司名義持有是個不錯的主意。比爾・蓋茲和沃爾頓家族（沃爾瑪帝國背後的家族）兩者皆以將多數投資放在有限責任公司名下聞名。萬一你被起訴，創立一間法律實體能夠保護你的投資，進而保護你的財富，同時也許還可以節稅。

設立的方法很簡單：

1. 造訪州務卿[90]網站，或是找一位註冊公認會計師，也可以使用法律聲明（LegalZoom）、諾洛（Nolo）、火箭律師（Rocket Lawyer）等公司所推出的服務。

2. 決定你要如何運用這間有限責任公司，以及它是否對你的資產有幫助。好比說，許多房屋貸款是不允許房產以有限責任公司名義持有的，所以你可能會需要將房貸拿去再融資，才能繼續進行。

---

90 並不一定要是你自己所屬的州。懷俄明州和德拉瓦州為有限責任公司老闆提供了更多的好處及保障，因此成為設立新公司最熱門的地方。

3. 為你的有限責任公司取名。如果單純只是為了投資，那麼只要不是已經在該州被註冊過的名字，你想怎麼取都行。比爾・蓋茲的公司叫做卡斯凱德投資有限公司（Cascade Investments LLC），而沃爾頓的公司名稱更簡潔扼要，就叫沃爾頓企業有限公司（Walton Enterprises LLC）。

4. 你需要提交公司章程，並支付一小筆費用（平均為 100 美金）。

5. 申請一組雇主身分識別碼（employer identification number,EIN），差不多就像是公司的社會安全碼。

6. 設立一個銀行帳戶並放入資金，好用來資助你的投資。

就我個人來說，我寧願把時間拿去花在新創公司上，也不要追殺人們繳交房租。不過，我的蜜糖不一定就是你的蜜糖。也許房地產正是你的熱情所在，如果是這樣的話，把眼睛睜大，然後勇敢追求吧。[91]

懷著創造穩定被動收入的夢想打造一檔成功的房地產投資需要時間。你不可能一夕之間做到損益兩平，也不可能一

---

91 還有，請在過程中提早確認你有意買下的投資房產是否允許出租或經營 Airbnb，免得到時候買了卻苦無租客，進退兩難。呃，這是我一位朋友的親身經歷。

夕之間開始獲利。不過獲利是可能的，而一旦你開始賺錢，現金流便會大大增加。房地產投資最棒的地方是，你不會像在基金或市場上那樣賠光光。儘管當下的市值並不理想，但至少那棟房子或建築依舊屬於你。

人壽保險

人們對人壽保險的看法，與對汽車保險或房屋保險等其他類型保險的看法之間有很大的差異。後者的保險產品多半是為了在緊急狀況或災難發生時保護你。但壽險截然不同，人們通常將其視為一種投資。

壽險分為兩種：定期與終身。定期壽險（term life insurance）的年保費較低，但身亡後所給付給受益人的金額較高。舉例來說，一張 100 萬美金的保單每年需要繳的保費可能是 500 美金。如果你在 20 年後過世，你一共只支付了 1 萬美金，但你的繼承人將得到 100 萬美金。問題是：受益人很少請領。終身壽險（whole life insurance）的保費較高，但是具有現金價值，也就是會以固定利率增長。人們將這種壽險視為一種投資工具，因為你隨時可以用該保單借錢，而且增長方式為延稅增長（就像 401(k)，增長階段不需繳稅，提領時才要），此外，當你退休後還可以領取利息。

反對將終身壽險當成投資工具的人認為，這麼做能保證拿到的回報並不會比你在股票市場上所得的報酬高多少，如果真有回報的話。支持者則認為，股市的報酬是沒有保障的，

而且針對那些將其他退休工具都存滿的有錢人來說，終身壽險是可以用來讓財富延稅增長或盡量降低遺產稅的另一種方式。如果你認同這種觀點，那麼我會建議你也看看媒體經常稱之為「有錢人的羅斯」這項工具，又稱私募壽險（private placement life insurance,PPLl），其目的是讓你不需為養老金繳交所得稅，且一直持續到過世之後。毫無疑問，免稅能夠幫助你更快實現你的財富目標。不過，就像我在步驟八中介紹的年金險，產品的完整性最終還是取決於背後的保險公司。

我想用一個關於鹽[92]的故事總結這章。沒錯，鹽。鹽曾經是世界上價值最高的資產，勝於黃金，也勝於鑽石。許多戰爭因鹽而起 。但後來，它成了世界上滿街都是的商品，紅龍蝦（Red Lobster）連鎖海鮮餐廳的地板上有它，玩派對喝酒遊戲的女大生身上也有它蜿蜒的痕跡。今天，鹽之於世界的影響力相對無足輕重。對於當年為它爭得頭破血流的人來說簡直無法想像。然而，如果這種事會發生在鹽的身上——曾經是所有資產中最炙手可熱的**夢幻資產**——那麼也可能發生在其他任何商品身上。投資如人生：沒有什麼是永恆的。

---

92 我一直都為鹽的歷史深深著迷，所以當我朋友潔西告訴我她的基金「Halogen」（鹵素）的名稱來自於古希臘文中的「halo」（鹽）和「gen」（形成），組合在一起就是「鹽的產生者」，而且指的是六種化學週期表上能形成鹽的元素時，我的直覺告訴我，這家公司和我是天生一對。

總結

俗話說：投資黃金是你會在深夜廣告中看到的那種騙局。

持有實體黃金金條或金幣，與持有做為可交易大宗物資或是大宗物資基金中一部分的黃金，是有所區別的。歷史資料證明，持有無須嚴加保管的黃金是一種具避風港功效的投資，也是為了抵抗通貨膨脹風險的手段。

俗話說：我有一個聰明的朋友靠比特幣大賺一筆，我必須跟進！

你當然可以隨心所欲加入比特幣戰局，或是加入任何一種你內心的獨立小姐所渴望的投資。比特幣只是你所能購買的眾多加密貨幣當中的一種而已。整個幣圈只有 10 年歷史，所以倘若你真的決定投入，投資金額不要超過你淨資產的1%。

俗話說：投資新創事業只是矽谷那邊的遊戲。

好吧，在矽谷、洛杉磯矽灘（Silicon Beach）或紐約矽巷（Silicon Alley）進行的新創事業投資真的不少。不過，網路上有許多為合格投資人及非合格投資人設立的網站，讓你無論身在何處都能成為新創事業的投資人。

步驟十二

掌控大局

如何建立並保護你的投資組合

透過本書前面所講的內容，你已經學到如何整頓自己邁向致富，進而享受隨之而來的種種自由。好好照著計畫走，遵循每步驟所羅列的指示實際採取行動——不要只是讀過去——就能助你達成獨立小姐目標，我敢保證。然而，我不只希望你變有錢。我希望你保持有錢，一輩子。我希望你不只能得到一切，還要能保有一切。此外，沒錯，說了這麼多，我其實也是在為你的長期成功投資——所以，讓媽媽驕傲吧。

我真希望我能告訴你財富的積累是有起跑線和終點線的。可惜並沒有。財富的積累是一種操練，而正如任何一種操練，你一旦偷懶，自己便能感覺得到。優良的理財技巧與習慣很難建立，但透過為自己設置自動化系統，讓自己融入投資管理的節奏，日後即使你想偷懶也會變得困難——而且也更容易堅持下去。

你認為是什麼原因讓很多超級有錢的人選擇繼續努力工作？我認識一些富豪，他們之所以像窮人一樣拚死工作，是因為他們真心享受這場遊戲，而且非常想贏。金融體系本身就是一場遊戲，但不是只有天賦異稟的人才能出人頭地。現在，你手上已經有了工具，也摸熟了規則，即將展翅高飛。在這最後的步驟中，我將助你搭上直升機（也許是你自己的直升機！）俯瞰你的財務全局。在那裡，我會教你如何繼續往上再創財富巔峰，而且不單只是一味地增加，更是要守護其價值。

煥然一新的你，煥然一新的價值

　　恭喜！女孩，你已經脫胎換骨。過去的你和其他數百萬美國人一樣都是這樣理財的：賺錢、繳稅、存錢、繳稅。如今，嶄新的你已然具備獨立小姐觀念，重新調整了理財步驟：賺錢、繳稅、存錢、繳稅、花錢、投資、再投資。

　　多數人要不是依循父母鋪好的路處理財務，要不就是隨波逐流：努力工作，拿出一半辛苦錢繳稅，將剩下的錢以低到不行的利率存起來，然後繼續被課稅。這種做法對他們顯然效果不彰，八成也對你無效，要不然你就不會翻開這本書了。你應該培養的，是以下這個不太傳統但更富足的心態：努力增進財務智商，攤開你那美麗的資產負債表，優先充實上面的資產欄位。

煥然一新的淨資產

計算淨資產能讓人信心大振，特別是當你表現優異的時候。讓我們簡單複習一下，計算淨資產的方式很簡單，只要將你至今累積的資產（經過步驟一到步驟十一，我希望你的資產又多了一些！）減去負債（房貸、學生貸款、汽車貸款、信用卡債等等）就行了。這種計算方式說明了，你不必收入百萬也能當個百萬富翁。事實上，多數「百萬富翁」的收入遠遠不到 100 萬，銀行帳戶裡也沒躺著 100 萬現金。他們的（好幾）百萬是由不同種類的資產所組成，相加起來就成了一組強大且穩定的投資組合。他們將手上現有的錢重新配置組合，讓錢為她們賺進更多的錢。為了確保你的淨資產表現走在正軌上——也就是持續上升——每年計算一次是個不錯的點子。不必一直掛念著它，只要設置一個行事曆提醒就可以了（也許我需要接受介入性治療來管管我的行事曆提醒病，但我就是得再設一個。）

我之所以一再提起山姆大叔的理由是，人們售出或兌現資產時經常會被課徵大量的稅，導致淨資產縮水。這也就是為什麼你必須在一開始擬定投資策略時就將稅務考慮進去，不能事後再說。美國人每年平均要拿出 4 到 5 個月的工資去繳稅。一旦你把假期也計算進去，幾乎是你每年工作月的一半！其實大可不必如此。由於我們美國採用的是累進稅制（賺越多繳越多），多繳稅似乎是個奢侈的煩惱。但像是房地產稅和贈與稅這種財富稅，足以成為侵蝕你財富的元兇。

慈善事業

即使你沒有錢可以捐獻，貢獻你最寶貴的資產（時間）也能帶來莫大的好處。不過，若你確實有錢，錢的效用便能與你所能獲得的影響力相得益彰。正如柴契爾夫人的名言所說，「如果那個慈善的撒馬利亞人空有一副好心腸，沒人會記得他。他之所以會被記得是因為他有錢。」

幫助慈善機構有三大好處：一、能幫助他人；二、研究證明幫助他人能令自己更快樂；三、能為你省下更多的稅。讓我們點擊兩下仔細查看第三項好處——也就是節稅——你最好留意以下六件事：

1. 捐贈對象需為合格的慈善機構或團體，也就是美國國稅局 501(c)(3) 條文所規定的免稅組織。

2. 捐獻前，問清楚捐款中可扣稅的額度為多少。

3. 留下捐款紀錄，保留組織開立的收據和顯示該筆款項的銀行對帳單或信用卡帳單。如果你是直接從薪水中捐贈，請留下該筆薪資單。

4. 如果捐款超過 250 美金，請向組織申請一封明載捐款金額的確認信，信中也要說明你是否有從中獲利（希望是沒有）。

5. 如果捐贈超過 500 美金，而且是以非現金的有形方式捐贈，例如衣服或食品，甚至是車，就必須填寫 8283 表格申報。如果超過 5,000 美金，請找人估價。

6. 別忘了，當志工也算！不是指你所付出的時間，而是從事志願服務時間的一切支出，例如油錢或大眾運輸交通費。

我相信不用我說你也知道，「付出」是人生中重要的一部分。但如果你願意聽我多嘴兩句，在金錢這方面我是真心相信吸引力法則。當你向世界貢獻越多，回饋到自己身上的就越多。你付出什麼，就吸引什麼。

我們身邊不乏有錢卻小氣的人，以及沒錢卻大方的人。慷慨與否取決於一個人的心態，而非銀行帳戶上的數字。富有且慷慨是我們所要奮鬥的目標。

打造你的投資組合

在前面每個步驟中，我或多或少都提過這個原則，但現在我要再說一遍以示強調：分散投資、分散投資、分散投資。分散投資就是如俗話所說，要你別把所有雞蛋放在同個籃子裡，也就是別全押在單一項資產上，轉而分散去不同種類的投資。這麼做的原因在於，萬一其中一顆雞蛋破了，你還是能煎出一盤可口的蛋捲。你懂的。有太多變數和意外會影響單一公司、產業和世界的表現，進而搞砸你的資產。這種事情不是**有可能會**發生，而是**一定會**發生。而當它發生時，一個多角化的投資組合可以保護你。

資產配置

　　分散投資是投資界眾所皆知的道理。最大的問題是：要怎麼分配？簡單一點的回答是：種類越多越好，而那意味著你要持有很多種不同類型的資產（前面六章所提到的股票、債券、現金、房地產、大宗物資等等都是很好的標的）並且承擔各種不同程度的風險（就像前面六章依據風險遞增等級劃分資產一樣）。

　　若要詳細回答，答案會與這個問題有關：在你人生現階段，要將多少的金額放在哪裡比較好？隨著生活發生變化，你的資產配置也會跟著改變。因此，雖然這問題聽起來是個重大的決定，請記住，配置的方式是可以調整的。

　　傳統的規則認為，你應該隨著年齡增長而逐漸將資產從更積極（風險更高）的部位轉到比較保守（風險較低）的地方。我已經跟你分享過一個經典的配置方式，還記得嗎？將你的年齡當成應該持有的債券或固定型收益的百分比，而剩下的錢則應該放在股票或股權裡。也就是說，假設你現在 35 歲，你的資產配置可能如下：

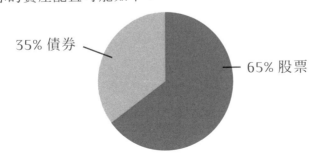

一個保守型投資組合的配置大致如下：

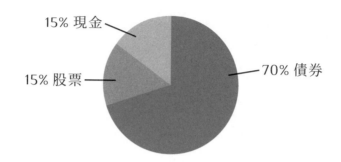

15% 現金

15% 股票

70% 債券

一個中等風險投資組合的配置大致如下：

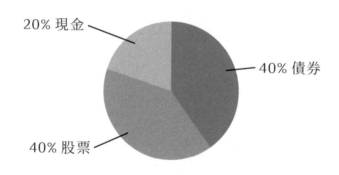

20% 現金

40% 債券

40% 股票

一個積極型風險投資組合的配置大致如下：

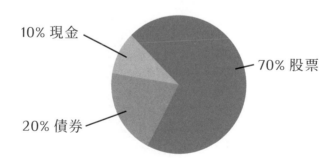

10% 現金

70% 股票

20% 債券

瑞・達利歐的全天候投資組合

市面上有一套更具體的熱門投資組合，名為全天候投資組合（all weather portfolio）。這個模型由全球最大的避險基金公司「橋水」（Bridgewater Associates）的創辦人瑞・達利歐（Ray Dalio）首度提出。達利歐被視為是我們這個時代最成功的投資者之一，當他一開金口，投資人便洗耳恭聽。下面是瑞的全天候投資組合配置方式：

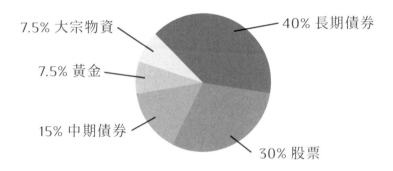

根據瑞的說法，有四種因素會影響資產價值：
1. 通貨膨脹。
2. 通貨緊縮。
3. 經濟增長。
4. 經濟衰退。

瑞表示，這四項因素又會導致四種不同的經濟「季節」：
1. 高於預期的通貨膨脹（物價上升）。
2. 低於預期的通貨膨脹，或通貨緊縮。

3. 高於預期的經濟增長。

4. 低於預期的經濟增長。

　　經年累月下來，他的投資組合實際上已經「走過了四季」。經過策略回溯測試後發現，這個投資組合有85%的時間是賺錢的。即使是大蕭條期間，它也「只」損失了20%，反觀標普500指數損失了65%。至於其他市場大幅下跌的時間點（1973年和2002年），瑞的配置反而還在大盤虧損中賺錢。從歷史上來看，這檔特定的投資組合撐過了牛市、熊市、市場衰退以及其他所有在中間擺盪的過程。如果你想自己嘗試配出一組全天候投資組合，別太擔心，你可以去找券商或財務顧問商量，購買不同檔涵蓋上述資產類別的ETF就能做到。

巴菲特投資組合

　　我喜歡的另一個投資組合，據說是巴菲特交代後事時留給妻子和信託基金的指示：「把10%……放在短期政府公債中，90%放進費用極低的標普500指數型基金。（我建議買先鋒領航。）我相信這樣長期執行下來，信託基金的表現將優於大多數雇用高收費經理的投資者，無論是退休金基金、機構還是個人。」

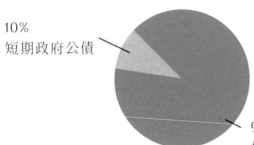

10%
短期政府公債

90% 股票（費用低廉的
標普 500 指數型基金）

再次強調，達利歐和巴菲特的投資組合只是一個大致的輪廓。你大可依據你所持有的特定資產自由調整，最終依照自己的需求、時間表和目標來制訂屬於自己的框架，同時將個人偏好及風險承受度納入考慮。

我的終極目標是希望你能睡個好覺，所以如果你現在很焦慮，請尊重此刻的感覺。忘掉我，忘掉雷，忘掉巴菲特。如果你真的怕到尿褲子，就別去高空跳傘，你身邊的人會感謝你的。也許有一天，你還是會害怕，但不會再怕到尿褲子了，到了那時，就套上飛行裝、拉上拉鍊，縱身從那台該死的飛機上一躍而下吧——但如果那天並不是今天，也沒關係。

請記住，我在步驟二中曾提到，確定性是馬斯洛需求理論中的頭等大事。別輕忽了這種本能。不過，需求理論中也包含了不確定性和多樣性，所以也別忽略了那些。沒錯，打造投資組合是個絕妙的兩難。

再平衡

我剛才說，資產配置不是設置過一次以後就一勞永逸，意思是你最好定期重新平衡你的投資組合。再平衡的意思很簡單，就是依據你的投資表現、市場變化及人生變動而調整資產配置。

讓我們再舉全天候投資組合來說明。以下是你該如何重新平衡特定投資組合的做法：

1. 看看你的投資組合自從上次查看以來發生了多大的變化。哪些投資項目增長了，需要修剪一下？哪一項縮水了，需要增加一點？

2. 增加投資或賣出，將配置調回你當初設定的比例（40%長期債券，30%股票，15%中期債券，7.5%黃金，7.5%大宗物資。）假設你的股票價值增長了（耶！）那麼，你得增加其他項目的投資，好讓股票降回30%的水準，或是售出一些股票，將更多的錢轉去其他資產類別，讓它們維持平衡。

再平衡這個概念與灌木的維護過程很類似。如果你想讓灌木永遠保持一定的高度，那麼你就需要在它長高的時候修剪它，讓它回歸原本的高度。或者，你可以在附近種植其他植物，好讓它**相較之下**維持同樣的大小。你可以按月、按季或按年設定一個再平衡時間表。一般來說，假如你的資產較目標比例增長或減少超過5%，就是該略做修整的時候。我個人喜歡在年底的時候徹底檢視我的資產配置，趁機微調一下。（我斗膽再次建議你為此設置一個行事曆提醒！）

重要資訊

對利息斤斤計較

定期進行資產再平衡時，最好上網搜尋你名下計息帳戶的最新利率，例如你的貨幣市場帳戶和其他約當現金帳戶。銀行為了保持競爭力會不斷調整利率高低，如果其他地方有明顯更優惠的利率，就換一家。忠誠度是很重要沒錯，會影響你與銀行的長期關係，但是錢越多，銀行也會更關心你。換去對你有利的地方吧。

保護你自己

你在這十二步驟中是如此努力，不只理清了自己的財務狀況，更進一步使財富增長。我希望你為自己感到驕傲，我就非常為你驕傲！現在起，你最好別讓任何人染指這些得來不易的資產。

嫁給自己

每次有女性對我吐露她擔心未來的配偶會要求她簽署婚前協議，無論那人是我的客戶、朋友還是讀者，我都會大叫：「棒呆了！」通常，她一開始都會一臉困惑，但我會接著解釋，建議她應該善加利用這個提議。重新看待婚前協議。她

並未強迫你做任何事。婚前協議是很棒的安排，如果他沒提議，你反而應該要提。你重視自己，你重視自己的價值，而且你想要保護它。如果你問我，我會說這很了不起。如今女性普遍晚婚，意味著我們會帶著更多財產步入婚姻，因此該守護的資產也越多了。

除了能保護你的資產和智慧財產權，婚前協議還有另一個值得你簽署的原因，那就是債務。婚姻關係中所共享的不只資產，債務也是。而親愛的，我們壓根不想和任何債務沾上邊。

我知道有人嫌婚前協議太不浪漫。畢竟，婚姻不應該是永恆的嗎？我是百分之百的浪漫派。做為一名浪漫主義者不是什麼無藥可救的事。不過，反過來說，無藥可救的生活也一點都不浪漫。我有幾個朋友一結婚就高調燒毀婚前協議證明以示浪漫。當然，就算燒掉，協議仍然有效，但如果你屬於沒有離婚的那 50% 伴侶，協議永遠不會派上用場。然而，如果你屬於以離婚收場的那半邊，簽署婚前協議能讓你對資產如何分配握有發言權，不會任由你所屬州的法律條文宰割。尤其如果你有孩子，這點便格外重要。

為自己保險

你可能已經保了一些基本的保險，例如車險、屋主／租客保險以及健康保險。（我傾向找有信譽的保險經紀人買保單，但你也可以自己上網找保險公司買──當然，必須是值

得信賴的公司！）隨著你的財富逐漸增長，有一些其他的保險項目可以考慮：

* **傘護式責任保險（umbrella insurance）**：這種保單能涵蓋房屋險與汽車險保障不到的範圍，用來支付受傷、財產損失、部分訴訟與一些需負擔個人責任的情況。舉例來說，我買了一個 200 萬美金的傘護式責任保險，將我的受保範圍擴大到這個金額。我每年需要在現有的保險支出上額外多付 500 美金。

* **專業責任保險（professional liability coverage）**：最常見的例子是醫療事故保險，保障涉嫌犯錯而遭起訴的醫生。任何行業都可以有這種保險，特別是一些最容易捲入訴訟的職業，包含醫生、建築師、律師、房仲、工程師和資訊科技顧問。

* **商業責任險（business liability coverage）**：依據業務性質的不同，市面上有許多不同的保單提供多樣的保障。好比說，業主綜合保險（business owner policies）在中小企業間很受歡迎，因為這張保單將財產、責任及其他種類的保障合而為一。如果你在董事會任職，就算是非營利組織的無薪成員，你可能會想看看董監事及經理人責任保險（directors and officers insurance），它可以在你面臨個人訴訟時發揮保護功效。

重要資訊

　　如果你身上某一部位對你的事業至關重要，一旦發生意外你就無法謀生的話，你便可以為它投保。外科醫師也許會為雙手投保，而運動員可能會為雙腿投保。我的聲音和臉都有保險。名人非常認真看待這種事。海蒂‧克隆（Heidi Klum）為自己的腳投保了 200 萬美金（一條腿 200 萬！）。艾美莉卡‧弗瑞娜（America Ferrera）的笑容投保了 1,000 萬美金。麥莉‧希拉（Miley Cyrus）的舌頭投保了 100 美金。而桃莉‧芭頓（Dolly Parton）的「女孩們」（她那傲人的 40DD 罩杯雙峰）則投保了將近 400 萬美金。

信託你自己

　　我明白：死亡，或是喪失行為能力，也許不是你最喜歡思考的事情，更別說開口討論它。這就是財務顧問之所以將這類討論委婉稱為「遺產規劃」的原因。但是，若你有什麼三長兩短，或是過世（記住，我們只不過是彼此返家路上的同行者），保護你的家人免於被課徵巨額的稅金或費用是個不得不提的話題。

　　超級富豪們早在真的必要之前就已做好萬全準備，全都

是為了讓他們的親人少付一點遺產稅、贈與稅與遺囑認證，因為讓法院審視並瓜分你的資產（更別提將財產公開，富豪們並不樂見）是一段漫長且昂貴的過程。但請讓我澄清一點：不是只有超級富豪才需要做遺產規劃。我知道信託這個詞讓人聯想到的形象淨是《花邊教主》（*Gossip Girl*）裡那些拿信託基金的富二代，但那只是極端的案例。為了對得起我們賺的錢，也對得起我們的家人，我們這些窮得多的人——正在成為超級富豪路上的人——可以透過提前規劃來做到。

如果你還沒立好遺囑，應該去立一個。如果你有孩子，或是計畫很快就會生幾個，那麼你更應該馬上動作。（如果你不知道遺囑裡要寫些什麼，想尋求建議，請回去看我在《老娘有錢》裡舉的例子。）一旦你搞定遺囑，你應該設立一個或多個以下所列舉的信託：

* **遺囑信託**（testamentary trust）：基本上就是一份遺囑，詳細說明你死後希望如何分配財產。

* **資產保護信託**（asset protection trust）：這種信託可以防止債權人在未來奪取你的財產。

* **生前信託**（living trust）：與遺囑不同，生前信託可以在你還活著的時候就開始保護你和家人。

  ✓ **可撤銷生前信託**（revocable living trust）：在你過世之前可以隨時更動或撤銷。

  ✓ **不可撤銷生前信託**（irrevocable living trust）：不能更動，但對財產的保護更高，更適合像是容易因涉嫌過失被告的外科醫生。

✓ 授予人保留年金信託（grantor retained annuity trust, GRAT）：一種以最少的稅金向家庭成員贈與大筆金錢的方式。設置信託時要繳稅，但之後家庭成員就可以免稅提領。這也是在許多新創公司創辦人間最受歡迎的方式，如此一來就可以在他們成名之前將稅負降到最低。

✓ 故意缺陷不可撤銷信託（intentionally defective irrevocable trust, IDIT），又稱故意缺陷授予人信託（intentionally defective grantor trust, IDGT）：聽起來相當可疑，但其實它是故意在結構上設置一個缺陷，好讓信託設立者贈予金錢給家庭成員時可以免繳遺產稅，也無須被債權人瓜分，還能確保家庭成員的配偶無法在離婚後染指這筆錢。

市面上有非常多種的信託類型，一定有可以滿足你的特定需求與家族結構的選項，而且還能以不到 300 美金的價格直接在法律聲明（LegalZoom）或信託 & 遺囑（Trust & Will）等網站線上便宜申辦。你不需要出生在一個有信託基金的家庭才能辦理信託基金，親愛的。

窮丫鬟心態	富豪心態
不簽婚前協議	主動提議簽署婚前協議
只有基本的保險	為你的事業和資產規劃完善保險
只有立遺囑	有遺囑也有信託

終極資產

我希望此刻的你已然明白，這本書的重點從來就不是錢。不是，而是自由。你的自由。

許多研究證明，有三項主要因素能讓我們感到幸福——體驗、利社會性支出（這是一個花俏的心理學用語，意思是「與人相處」）及時間。也許金錢無法直接為你買到幸福，但它可以為你創造更多體驗，增加你為他人的付出，並將你不想做的事情外包出去，好讓你獲得更多最為寶貴的資產：時間。金錢能幫你買到你需要的幫助、工具和資源，讓你更自由地投資在自己和所愛之人身上。金錢能讓你離那些確實能為你帶來幸福的事物更近一步。

我曾度過一段黑暗的日子，無論是私生活上還是財務上，而我相信你也有過。我們都有。我曾經在物質和精神上都一貧如洗，我發誓我絕對不要再經歷一次。不，我不是說我今後不會再有黑暗的日子，因為一定會有。但是，我絕不會再讓自己活在匱乏之中，不管是物質上還是精神上。

生命中，我們能控制的對象只有一個：我們自己。這句話的其中一個意涵是，我們能決定自己如何思考。我可以向你發誓，無論未來遇到何等絕望的狀況或遭逢什麼衰事，我絕對不會再擁護任何除了豐盛和富足以外的心態。我永遠不會去乞求別人的施捨，無論是有形的或情感上的。別人要如何對待我、世界要如何對待我，我都無從置喙——但我可以決定自己要如何回應。

所以，雖然錢買不到平靜，但我買得起心理治療；雖然錢買不到出色的表現，但我買得起課程；雖然錢買不到健康，但我買得起很棒的健保；即使錢買不到文化、友誼、光陰、睡眠或胃口，但我買得起兩張我與閨蜜的頭等艙機票飛去巴黎，住進一間床鋪又鬆又軟的好飯店，每天吃可頌當早餐，讓我的助理留守並打理一切。

我希望你能與我同行（只是一種比喻——但如果你想的話，要跟我一起去巴黎也可以！）更由衷希望你能在各方面都過上富足、充實的人生。我希望你能從生活的金錢壓力中釋放出來，用任何你渴望的事物取代：旅行、冒險、保母、狗狗保母、美食、最棒的醫生、一棟房子、一輛車、孩子、另一個學位或其他任何你所能想像的；我希望你能為你所愛的理念慷慨解囊；我希望你能贊助研究計畫，讓世界變得更美好；我希望你在職涯上能做出滋養靈魂的決定；我希望你偶爾能瘋狂一下、搞怪一下、狂野一下；我還希望你每隔一陣子能穿著睡衣在家耍廢一整天；我希望你能過上獨立小姐的生活，由你定義的生活。

我無法許你一個無憂無慮的人生，因為那樣的人生並不存在。我只能給你工具，讓你遇到困難時能臨危不亂，而人生總是無常。該如何運用這些工具，只能靠你自己。我可以教你如何賺錢，但只有你能讓自己從中獲得滿足。

關於說故事，我唯一會的方法就是誠實地說。所以，這就是了：這是我目前為止的人生故事。我向你揭露了我一路以來面臨的許多問題，也分享了我對成就的追求，希望這麼

做能激勵到你，讓你跟我一起笑，甚至是笑我也可以。我在書的開頭就向你發誓過，只要能讓你一想到錢就笑，我願意犧牲小我、完成大我。最重要的是，我要你記住，不是只有你的人生不完美。這是終極機密：沒有一個人的人生是完美的，就算（也許尤其）是那些看似如此的人。你越早領悟這點，並且越快能理直氣壯地、全然坦率地接受這個事實，你就會越靠近你想要的生活。

那麼，獨立小姐，你的故事是什麼呢？

總結

俗話說： 賺錢、花錢、繳稅、存錢、繳稅。

賺錢、繳稅、存錢、繳稅、花錢、投資、再投資。

俗話說： 我才不要簽婚前協議，太不浪漫了！

我知道很多女人會這麼說，但請你別當那種女人。奪回話語權，奪回你的力量。你應該是發起簽署婚前協議的那個人，以保護你迄今所積累的所有驚人資產。畢竟，愛自己才是最浪漫不過的事。

俗話說： 金錢買不到幸福。

你當然沒辦法走進一間商店然後拿幸福去結帳，不可能。網路上也沒在賣。但是，錢可以讓你買到資源、工具和幫助，讓你離幸福最廣為人知的要素更進一步：體驗、助人與時間。金錢可以讓你買到追求幸福的自由——還有什麼比這點更強大的呢？

致謝

　　獨立小姐之所以獨立不是因為她們獨自行事，而是因為她們背後有強大的後盾幫助她們茁壯，幫助她們成為自己，也成為團隊或社群中的一分子。沒有這些人，我就不會是今天的獨立小姐。

　　感謝我最厲害的圖書經紀人 Steve Troha（史蒂夫・特羅拉），感謝你一直以來都是對《老娘有錢》、《老娘有權》、《做你自己的英雄》、《成為獨立小姐的滾錢心法》最引以為傲的人。我們不止提高了標準，我們還創立了標竿。我們已經走了很遠，史蒂夫先生，但好戲才正要開始。

　　感謝 Sara Kendrick（莎拉・肯德里克）以及了不起的 HarperCollins（哈潑柯林斯）管理團隊，謝謝你們相信我，也相信我為了金融科普所背負的使命。我的做法也許有點特立獨行，但是只要我們一起，就能協助女性成為最棒、最獨立的她們自己。也許無法帶來世界和平，但我們絕對正在改變世界，而這並非一無是處（請原諒我使用雙重否定）。

感謝 Jami Kandel（傑米 · 坎德爾）和 Hilary Hansen（希拉里 · 漢森），我超讚的公關團隊，謝謝你們幫我實現我的瘋狂想法，將我的金錢觀傳遞給主流大眾。你們幫助我出現在我的地盤以外的地方，這種以突襲方式出席財經節目的做法一次又一次地影響了許多女性的人生。

感謝 Jared Greenwald（傑瑞德 · 格林沃爾德）和 ICM 團隊，我表現超凡的經紀人。謝謝你們幫我拓展我的影響力，而且不只是透過所有我希望的方式，還有許多我並不知道自己其實想要的方式。

感謝我的華盛頓演講者協會（Washington Speakers Bureau）團隊，謝謝你們接受我這個似乎是團隊當中唯一不是前總統的人。每次收到你們寄來的電子郵件我都感到無比驚喜，也無比榮幸。和你們一起工作讓我意識到冒牌者症候群永遠不會真的消失。

感謝我的 iHeart 團隊與《金錢勒戒》（Money Rehab）節目夢幻隊，感謝摩根 · 拉沃伊（Morgan Lavoie）、凱瑟琳 · 羅（Catherine Law）、麥克 · 柯斯塔雷利（Mike Coscarelli）、克莉絲蒂娜 · 艾弗雷特（Cristina Everett）、米歇爾 · 蘭茲（Michelle Lanz）、曼格什 · 哈蒂庫杜爾（Mangesh Hattikudur）以及威爾 · 皮爾森（Will Pearson），謝謝你們相信我有主持每日節目的能力。我很感激你們傾聽我的聲音，我無法想像世界上有任何人願意這樣做。還要謝謝我們節目的吉祥物，我們的狗狗幣[62]，佩妮，謝謝你讓生命變得如此有趣。

62　譯注：一種源於小狗迷因的加密貨幣

感謝跟我一起主持《不能說的祕密》的傑森・費佛，我的商業老公。謝謝你對我在幾杯玫瑰酒下肚後想到的點子說「好」，讓我們真的開了一檔她說的理財節目。謝謝你總是很自然地反駁我的意見，即使你是錯的。

感謝所有我最愛的獨立小姐：莎拉・祖瑞爾（Sarah Zurell）、莎哈爾・史考特（Shachar Scott）、史蒂芬妮・亞伯拉罕（Stephanie Abrams）、拉薇尼亞・埃里克（Lavinia Errico）、克蘿伊・柯斯卡瑞黎（Chloe Coscarelli）、林妮・希爾加特（Leanne Hilgart）、特蕾西・迪努茲歐（Tracy DiNunzio）、寶菈・薩特（Paula Sutter）、蘭蒂・祖克柏（Randi Zuckerberg）、塔瑞安・紹森（Taryn Southern）、莎瑞・埃奇斯（Sari Eitches）、海倫娜・派恩（Helene Pyne）、克麗斯塔・威廉斯（Krista Williams）、蘇珊・亨德里克斯（Susan Hendricks）、貝雅・沃契（Baya Voce）、珍妮弗・米勒（Jennifer Miller）、克麗斯蒂・里德（Kristy Reed）、蒂芬妮・傑克曼（Tiffany Jackman）、薩賓娜・安德森（Sabrina Andersen）、莉娜・霍爾（Lena Hall）、西塔・赫索格（Hitha Herzog）、蘇西・斯帕諾斯（Susie Spanos）、蒂安娜・思勒（Deanna Siller）、蘿娜・巴納奎德（Rhona Banaquid）、梅蕾迪斯・羅琳斯（Meredith Rollins）、蕾貝卡・明可弗（Rebecca Minkoff）

艾莉莎・利希特（Aliza Licht）、葛麗絲・晉（Grace Jin）、伊莉莎白・史蒂芬（Elizabeth Stephen）、卡羅琳・史蒂芬（Caroline Stephen）、索妮・萊斯（Soni Rice），謝

成為獨立小姐的滾錢心法：12個打造財富自由之路的簡單投資計畫

謝你們啟發了我。

感謝艾倫 · 拉平（Ellen Lapin London Crane），我的雙胞胎手足兼靈魂姊妹，你是我最信任的知己。沒有你，我連一個都生不出來，更遑論四個。這麼多年來，你總教我在徬徨時去動一動、流流汗，然後問自己，「艾倫會怎麼做？」每次得出的答案永遠是正確的。

感謝喬 · 桑柏格（Joe Sanberg），我的伴侶、我的共同創辦人，謝謝你和我一起作夢、一起造夢。你是我最安全的歸屬，也是我最偉大的冒險。我沒有因你而完整，也沒有被你拯救，但因為有你在我身邊，我的人生變得比我所能想像的還要美好。

我還要感謝我自己，那個自豪地說自己是獨立小姐的人，儘管很少人理解那其實並不意味著你必須獨自面對一切。謝謝你堅強地獨自前行時，也懂得適時謙虛依賴他人。你已經超越了 18 歲妮可對你所懷抱的一切夢想與期許。

合格投資人（Accredited Investor）：依據美國證券交易委員會規定，因淨資產超過 100 萬美金，或是年收入高於 20 萬美金（與配偶的收入合併計算的話得高於 30 萬），而有資格承擔一定風險資格的投資人。

存款自動轉帳服務（ACH Transfer）：意即媒體交換自動轉帳服務（Automated Clearing House），是一種直接從銀行帳戶轉出或轉入款項的方式，通常用於繳費。

可調整利率房貸（Adjustable-Rate Mortgage）：一種利率隨市場利率改變的的房屋貸款。

聯盟行銷收入（Affiliate Income）：推薦某公司商品所賺取的收入，特別是在社群平台上。嗨，各位網紅們！

年齡加權（Age-Weighted）：一種確定提撥退休金制度，公司會提撥更高的金額給年紀高的員工，這些員工通常收入也更高。

山寨幣（Altcoin）：任何不是比特幣的所有加密貨幣。市面上存在上千種的山寨幣。

　　天使投資人（Angel Investor）：於新創公司創立初期提供資金的個人投資者。

　　年金險（Annuity）：每年給付一筆固定金額的契約。

　　總費用年百分率（Annual Percentage Rate, APR）：一種借貸時的利率表現方式，包含借貸產生的總成本與費用。

　　年化報酬率（Annual Percentage Yield, APY）：考慮複利影響後計算出的存款收益率。計算收益時，使用年化報酬率會比總費用年百分率更精準。

　　套利（Arbitrage）：可說是一種穩賺不陪的獲利方式。先以低價購買一項資產，然後立刻轉手高價賣出，藉此獲利。

　　資產配置（Asset Allocation）：將資產分配到股票和債券等不同類型的資產上，用以平衡風險與報酬的一種分散投資方法。

　　資產管理規模（Assets Under Management）：投資公司替客戶管理的資產總值。

　　定期自動轉帳（Automatic Bank Account Transfer）：無須額外動作就能將錢定期從一個帳戶移動到另一個帳戶的一項銀行服務。

　　資產負債表（Balance Sheet）：一張基本的財務報表，能顯示某人所擁有的以及所積欠的。

　　破產（Bankruptcy）：個人或企業的負債超出還款能力時會啟動的一道法律程序。

基點（Basis Point）：0.01%，在金融市場中廣泛用於描述利率與報酬率的單位。1.00% 等同於 100 個基點。如果利率漲到 1.01%，便可說是提升了 1 個基點。

　　比特幣（Bitcoin）：一種數位貨幣，也稱為加密貨幣，由名為中本聰的人於 2008 年發明。每筆交易都會被記錄在名為「區塊鏈」的數位鑰匙上。

　　區塊鏈（Blockchain）：一種記錄加密貨幣交易的數位鑰匙。

　　部落格收入（Blog Income）：在個人部落格上藉由廣告或業配貼文所賺取的收入。

　　債券 ETF（Bond ETF）：一種投資標的為債券的指數股票型基金（類似共同基金）。

　　債券指數基金（Bond Index Fund）：一種投資於債券的共同基金，企圖追蹤債券市場指數表現。

　　損益平衡點（Break-Even Point）：當收益與成本打平，沒有利潤也沒有損失時的值。

　　經紀商（Broker）：於買賣雙方之間促成交易的個人或機構。

　　經紀存單（Brokered CD）：由銀行發行但由證券經紀商販售的定期存單。

　　資金消耗率（Burn Rate）：在不計算金流流入的情況下，一定時間內所需花費的金額。

　　業主綜合保險（Business Owner Policies）：業主負債及損失時為其提供保障的保單。

選擇權買賣（Call/Put Options）：選擇權是一種衍生性金融商品，賦予你在預定的時間以預定的價格買賣一項資產的權利，且無須承擔相對應的義務。買權為買入的權利，賣權為賣出的權利。

資本利得（Capital Gains）：買賣股票或房產等資產時所產生的價差報酬。

市值（Capitalization）：一間公司在股票市場的總市值，計算方式為將總股份乘以每股股價。

投資績效分成（Carried Interest）：又稱附帶權益，意指普通合夥人從私人投資合夥關係中分得的利潤，目的是用於激勵，課稅時視為資本利得而非利息。

現金管理國庫券（Cash Management Bill）：由財政部所發行的短期固定收益國庫券，用以補足暫時性的資金短缺。期限從幾天到三個月都有。

定期存單（Certificate of Deposit, CD）：只要在約定時間內不提領出來，即可享有高於一般存款利率的一種儲蓄帳戶。

大宗物資（Commodity）：原物料及農作物，例如玉米、大豆、白銀與石油。

年複合成長率（Compound Annual Growth Rate, CAGR）：某投資項目納入複利影響後所計算出的平均年成長率。

複利（Compound Interest）：將上次所配發的利息疊加進本金，再進行新一期的利息計算。如果用於存錢是好事一椿，若應用在欠錢的一方，那可就大事不妙了。

消費者物價指數（Consumer Price Index, CPI）：美國勞動部基於固定商品之價格變動所計算出的整體價格水準指標。研究員每個月會跑遍全國的商店進行物價調查，藉此算出指數，並廣為周知。

票面利息收入（Coupon Payment）：債券發行人向債券持有人所支付的固定款項。很久以前是以紙本的形式發放，人們會在付息日時穿戴整齊上銀行兌現，如今皆改為電子化支付。

交叉測試（Cross-Testing）：透過檢視退休時的預估收益，評估退休金制度是否偏袒於高收入員工的方式。

貨幣（Currency）：就是錢啊，親愛的！一般來說，講到貨幣時通常所指涉的是外國的錢。

當沖客（Day Trader）：當天多次買進與賣出股票，希望從些微價差中獲利的投資者。

債務收入比（Debt-to-Income Ratio）：每月必須償還的債務金額除以每月總收入。

確定給付制（Defined Benefit Plan）：向退休員工支付特定金額的一種退休福利計畫，支付金額由退休時的薪資而定。

通貨緊縮（Deflation）：物品價格持續走低一段時間。聽起來是件好事，實際上並非如此，因為人們不敢投資，企業也不敢雇用員工。

差量（Delta）：兩樣事物間的差異，就像一條河分岔後中間形成的三角洲。在商業領域中，差量通常表示價格的改變，因此1美金與3美金的差量即為2美金。

蕭條（Depression）：經濟持續衰退多年。經濟大蕭條指的則是 1930 年代一段失業率高居不下、經濟問題嚴重的時期。

衍生性金融商品（Derivative）：以另一種證券的價值為標的而衍生的一種契約，例如選擇權和期貨。

下跌（Dip）：價格暫時下降。

董監事及經理人責任保險（Directors and Officers Insurance）：一種保護公司或非營利組織重要職員及董監事的責任保險。

折扣券商（Discount Brokerage）：交易費用較低或者零費用的證券經紀商，僅提供部分服務。

分散投資（Diversification）：就是你奶奶說的，「不要把雞蛋放在同一個籃子裡」，意即藉由持有多種投資標的讓自己不會在單一投資上承擔過多風險。

股息收入（Dividend Income）：所持有的股票可能會配發的錢，前提是該公司選擇以現金形式與股東分享部分利潤。

股息（Dividends）：部分公司從利潤中撥付給股東的錢。

《陶德－法蘭克華爾街改革與消費者保護法案》（Dodd-Frank Wall Street Reform and Consumer Protection Act）：2008 年金融海嘯後，為了改革金融行業規範而於 2010 年制訂的法案。

平均成本法（Dollar-Cost Averaging）：透過每期分次投入特定金額購買股份或共同基金的投資法，目的為抵銷市場高低點之間的價差影響。有時被稱為「定期定額投資法」。

網際網路泡沫（Dot-Com Bubble）：1990 年代末，第一批網際網路公司的股價大漲，不過，當人們發現當中只有少部分是貨真價實的正派公司，股價便於 2000 年崩盤。

道瓊工業平均指數（Dow Jones Industrial Average）：一檔由美國前 30 大上市公司股票所組成的市場指數，由道瓊公司管理。

不利因素（Downside）：導致情況可能出錯的原因。

存續期間（Duration）：衡量債券價格如何受利率波動影響的一種方式。一般來說，存續期間越長，債券價格的波動性就越高。

有效利率（Effective Annual Rate, EAR）：涵蓋一切成本及費用的借貸成本，並且納入複利影響。

勞動收入（Earned Income）：工作所賺的錢。

情緒智商（Emotional Intelligence, EQ）：對自我情緒的覺察力、控制力及表達能力的一項衡量指標。情緒智商高的人通常擅長處理人際關係。

雇主身分識別碼（Employer Identification Number, EIN）：美國國稅局所配發的一組號碼，用於記錄公司的稅務事宜，功能類似於個人的社會安全碼。

股權（Equity）：所有權的別稱，同時也是股票的同義詞，意即對一間公司的所有權。

第三方託管（Escrow）：在交易完成前將現金、證券或其他財產交由信託代管。

成為獨立小姐的滾錢心法：12 個打造財富自由之路的簡單投資計畫

指數股票型基金（Exchange-Traded Fund, ETF）：與共同基金一樣能讓一大群人購買一項共同投資，不過指數股票型基金更靈活，可以全天候進行交易。

聯邦存款保險公司（FDIC）：負責監管銀行的行政機關，在銀行倒閉時能為存款提供保障。我很慶幸 2008 年金融海嘯時有聯邦存款保險公司在。

聯邦基金利率（Fed Funds Rate）：聯邦準備銀行為銀行隔夜拆款所支付的利息。

聯邦準備理事會（Federal Reserve）：簡稱為聯準會，是美國的中央銀行，負責監管銀行、研究經濟形勢並制訂利率。

受託人（Fiduciary）：為資產所有人管理資產的人，在法律上有責任要以資產所有人的最佳利益行事。

財務顧問（Financial Advisor）：能提供財務建議的專業人士。

金融業監管局（FINRA）：負責監管證券經紀商及股票交易的組織。

金融科技（Fintech）：致力於研究如何運用科技讓理財變得更簡單的新興領域。

定額年金險（Fixed Annuity）：規定年限內或餘生中，每年向受保人給付固定金額的一種契約。收益多寡視投資利率而定，通常作於退休後的收入使用。

固定收益（Fixed Income）：按照固定利率支付報酬的一種證券，通常是指債券。

固定指數年金險（Fixed Index Annuity, FIA）：在規定的年限內每年向受保人給付固定金額的一種契約。投資報酬多寡視股票市場指數而定。

抗震避險（Flight to Safety）：景氣低迷時將資產從風險較高的投資移到較安全的投資。

外匯（Forex）：不同國家貨幣之間的匯兌。外匯交易員的工作是買進賣出全世界的各種貨幣。

前端比（Front-End Ratio）：又稱房貸收入比，也就是將每月房貸金額除以每月總收入後所得出的值。

全方位服務券商（Full-Service Brokerage）：會向顧客收取服務費用，但也提供大量理財建議的證券經紀商。

基本面分析（Fundamental Analysis）：藉由分析某項投資的業務價值及預期增長，試圖評估該項投資價值的一套系統。

期貨（Futures）：一種衍生性金融商品，賦予你在預定的時間以預定的價格買進或賣出一項資產的義務。期貨基本上是一種契約，讓你現在就為一項未來才交貨的商品鎖定某個價格。

普通合夥人（General Partner）：發起私人投資合夥關係的個人或公司。普通合夥人選擇投資標的，承擔大部分的風險，但同時也獲得大部分的收益。

配置原則（Glide Path）：投資組合中的不同資產隨著時間而調整配置比例的方式，特別會發生在準備退休的階段。

全球基金（Global Fund）：投資範圍為世界各國股票（包含美國在內）的一種共同基金。

金融海嘯（Great Recession）：指 2007 年至 2009 年之間，因世界各地多家金融機構倒閉而引發的全球經濟衰退期。

毛額（Gross）：尚未扣除相關成本前的價值。

避險（Hedge）：針對可能造成投資失利所採取的保險行為。購買保險產品本身即是避險的一種方式——屋主保險就是一種避險——或者你也可以創建自己的投資組合，讓自己在情況不妙時能受到保護。

避險基金（Hedge Fund）：一種企圖在指定的風險水準下獲得最大回報的基金投資商品。這類基金通常僅供淨值高的個人和機構投資者購買。

高收益（High Yield）：指一檔投資的回報高於平均，通常是因為該投資的風險也高於平均。

高頻率交易（High-Frequency Trading）：避險基金和大型公司所採取的一種電腦化交易，目的是為了於極短的時間內進行大量交易。真的很短，比你眨一次眼的時間還短。

所得稅（Income Tax）：政府依據你申報的收入金額所課徵的費用。

指數（Index）：一種衡量市場收益的方式。指數會挑選一組具代表性的項目（股票市場指數的代表項目是股票，物價指數的代表項目則是大眾民生用品），然後觀察這些項目的價格走勢。

指數型基金（Index Fund）：一種投資於某市場指數中所有股票的共同基金，目的是讓基金績效能與該檔指數中的所有股票的表現一致。

個人退休帳戶（Individual Retirement Account, IRA）：一種採確定提撥制的退休儲蓄計畫，讓不受雇主方案保障的勞工能以免稅的條件提撥退休金。

首次公開發行（Initial Public Offering, IPO）：私人企業向公開市場發行股票的過程。

智商（Intellectual Intelligence, IQ）：學習、推理、計畫與解決問題的能力。

利息收入（Interest Income）：由儲蓄帳戶或任何你借出的款項所獲得的利息。

利率風險（Interest Rate Risk）：利率變化對債券價格造成的風險。當利率上升，債券價格便會下降。

利率（Interest）：持有金錢的成本，以百分比表示。利率是你從儲蓄中所賺到的錢──也是你要為借款支付出去的錢。

無本金房貸（Interest-Only Mortgage）：一種每月只需攤繳利息的房貸。如果你身上背著無本金房貸，最好擬訂償還本金的計畫，否則你恐怕會很慘。

內部報酬率（Internal Rate of Return, IRR）：數學上而言，這是個讓未來現金流的現值等同於投資價格的報酬率，通常用於評估私人投資合夥事業的績效。

國際基金（International Fund）：一種投資於總部設於美國以外的公司股票的共同基金。

　　投資顧問業務代表（Investment Advisor Representative, IAR）：在證券經紀商或註冊投資顧問旗下工作並提供投資建議的人。投資顧問代表必須拿到金融業監管局的許可才能執業，能提供何種投資建議也依所持有的許可種類而定。

　　投資期限（Investment Horizon）：投資時預先設定的期長，也就是在賣出前打算持有多久。

　　個人退休帳戶（Individual Retirement Account, IRA）：一種採確定提撥制的退休儲蓄計畫，讓不受僱主方案保障的勞工能以免稅的條件提撥退休金。

　　大額存單（Jumbo CD）：存款要求比一般定期存單高出許多的一種存單，通常所提供的利率也高出許多。

　　大型股（Large-Cap）：大型市值股的簡稱，意指市值最高的那些上市公司，例如微軟、臉書和蘋果。

　　大型股成長型基金（Large-Cap Growth Fund）：一種共同基金，投資對象為成長速度高於經濟總體表現的大型上市公司。

　　領先指標（Leading Indicator）：暗示市場未來走向的一項經濟統計數字，例如失業救濟申請新案及製造業訂單。

　　授權收入（Licensing Income）：授權他人使用自己版權或專利材料所獲取的收入。

　　生命週期基金（Lifecycle Fund）：一種依據不同生命階段所需之風險及報酬不同而設計的共同基金。一般來說，這種基金在早年會選擇風險較高的投資，當持有人接近退休年齡時則轉去能產生收入流的投資項目上。

生活水準通膨（Lifestyle Creep）：開始把奢侈品當成必需品的時候。你曾經因為自己能買得起一張公車定期票卡就開心不已，如今你沒有一台新的 BMW 汽車就不能去上班。事情真是這樣嗎？

有限責任公司（Limited Liability Company, LLC）：一種美國的公司結構，允許股東將公司收入併入個人稅金申報，同時享有公司的責任保護，是私人投資合夥事業中最常見的形式。

有限合夥人（Limited Partner）：私人投資合夥事業的投資者，其所承擔的風險較小，相對的能獲得的收益也較少。有限合夥人為事業提供現金，但不負責做投資決策。

流動存單／無罰款定期存單（Liquid/No-Penalty CD）：一種在到期日前提前提領也無須繳納罰款的定期存單。

變現（Liquidate）：拋售。全部兌換成現金！

流動性事件（Liquidity Event）：藉投資獲利並且兌現的時機。也許是出於你自己的選擇，也可能是別人的選擇──好比一間公司被出售。

生前信託（Living Trust）：兩人之間生前訂定的信託，例如父母與孩子。酷炫一點的稱呼是「Inter Vivos」信託。（譯注：Inter Vivos 是拉丁文中「活人之間」的意思）。

長期資本利得（Long-Term Capital Gain）：賣出持有超過 1 年的資產所獲得的利潤。這些利潤適用的稅率比短期資本利得低。

總體（Macro）：大局、重大事件、世界的宏觀視角。

追繳保證金（Margin Call）：若你的帳戶瀕臨重大損失，

券商會要求你存入現金或證券，若無法補齊，你的倉位將會被強制清倉。

市場風險（Market Risk）：又稱系統性風險，意即待在市場中所需承擔的風險。如果市場上出現會影響一切的危機，你也會被波及。

機動利率存單（Market-Linked CD）：一種報酬率與某檔股票市場指數連動的定期存單。

到期日（Maturity Date）：無須繳納利息罰款就能終結存單的日期。

企業管理碩士（MBA）：一種學位，授予給那些於金融學、會計學、行銷學與管理學領域進修的學生。

媒體收入（Media Income）：藉由上電視、廣播、有聲節目等媒體所賺取的收入，在平面媒體或部落格露出也算。

中型股基金（Medium-Cap Fund）：投資於中等規模上市公司的共同基金，這些公司的規模通常小於標普 500 指數中的公司。

個體（Micro）：世界的微觀視角，意指那些微小的、日常的例行活動與普通事件。

貨幣市場基金（Money Market Fund）：一種利率高於傳統儲蓄帳戶的儲蓄帳戶。若提供單位是銀行，則享有聯邦保險；若提供單位是券商的話就沒有聯邦保險，但利率通常較高。

貨幣市場帳戶（Money Market Savings Account, MMA）：一種利率高於一般儲蓄帳戶的銀行帳戶，通常設有較高的開戶門檻。

貨幣購買退休金計畫（Money Purchase Plan）：一種讓人們申購年金險的退休儲蓄計畫，申購者能在退休後獲得給付。

　　直銷收入（Multilevel Marketing Income）：代表他人銷售產品或服務所獲得的收入。在直銷體系中，參與銷售的人不僅能從自己的交易中抽取佣金，也能從任何他們招募進來的下線銷售中抽佣。

　　共同基金（Mutual Fund）：一種集體投資，由許多人一起投入資金，而後交由專業經理人管理。有佣基金會向新投資人收取前期費用，免佣基金則免收取前期費用。

　　納斯達克（NASDAQ）：美國最主要的股票交易所之一，全名是全美券商協會自動報價系統（National Association of Securities Dealers Automated Quotation）。

　　國家信用合作社管理局（National Credit Union Administration）：聯邦政府行政機關，負責監管信用合作社並於信用合作社倒閉時提供存款保障。

　　負攤還貸款（Negative-Amortization Loan）：一種可以不付清每月利息的貸款方式。沒付清的利息會被加回本金計算。可怕！

　　淨值（Net）：扣除所有相關成本後的價值。

　　新可比型計畫（New Comparability）：一種退休儲蓄計畫，在此計畫下，企業為年長與收入較高的員工提撥的款項較多，為年輕與收入較低的員工提撥的款項較少。

　　選擇權（Option）：選擇權是一種衍生性金融商品，賦予你在預定的時間以預定的價格買賣一項資產的權利，無須承擔

相對應的義務。買權為買入的權利，賣權為賣出的權利。

　　過度舉債（Overleveraged）：背了太多債務。

　　加碼（Overweight）：以高於投資組合平均水準的比例投入到某特定資產中。

　　票（Paper）：商業票據的簡稱，屬於超短期貸款，有時甚至短至一夜。期限短意味著該張票據的風險非常小。公司會用票據確保手頭擁有支付大筆款項所需的現金。此外，當然也是這段文字被印製的地方（譯注：paper 也是「紙張」的意思）。

　　票面價值（Par Value）：一張債券的面額，通常是 1,000 美金。

　　工資保障計畫貸款（Paycheck Protection Program Loan, PPP Loan）：新冠疫情流行期間針對企業提供的貸款，只要借款人維持雇員人數，就可以免除這些貸款。

　　薪資儲蓄計畫（Payroll Savings Plan）：部分雇主會提供的一項儲蓄計畫，此計畫讓員工能直接從薪水中撥款進行儲蓄。

　　退休金（Pension）：一種退休後能繼續獲得收入的員工福利。

　　歐豬五國（PIIGS）：葡萄牙、義大利、愛爾蘭、希臘與西班牙的債券市場。這幾個國家的經濟狀況在金融危機期間十分嚴峻。

　　購屋支出（PITI）：本金、利息、稅金與保險，以上四項可被計入每月房貸還款的支出。

房貸利率點數（Points）：可以在申請房貸時為了降低還款利率而額外支付的一筆費用。每一點的費用為貸款總額的1%。

投資組合（Portfolio）：持有人手上所有的投資與金融資產。

本益比（Price-to-Earnings Ratio, PE Ratio）：將公司股價除以每股盈餘，用以衡量上市公司價值的一種方法。

房價租金比（Price-to-Rent Ratio）：又稱租價比，是將房屋成本除以類似房產之年度租金所得出的值。

本金（Principal）：貸款或儲蓄帳戶的基底金額。

按比例（Pro Rata）：依照比例採取不同措施。

損益表（Profit and Loss Statement）：一項財務分析，旨在呈現賺了多少錢、賺來的錢又分別支出多少在不同的項目上。

盈利收入（Profit Income）：在我的定義中，這項是從副業賺取的錢，要與別種收入分開計算。

公開上市公司（Publicly Traded Company）：在公共證券交易所上發行股票，讓任何人都能買賣股份的公司。上市公司必須公開揭露財務資訊，這些文件中多半含有非常精彩的內容。

報酬率（Rate of Return）：某項投資在一段時間內所增加的價值，即包含股息或利息在內的一切收入除以期初價值。換句話說，就是以百分比的方式表示一項投資的利潤。

房產類比（Real Estate Comps）：針對大小、品質及位置相仿的房屋，就其價值進行對照。

不動產投資信託（Real Estate Investment Trust, REIT）：可以將此想像成房地產的共同基金。投資者將資金投入基金，該基金的投資標的為公寓、商辦大樓與其他收益型房產。

再平衡（Rebalancing）：調整投資組合使其回歸資產配置目標比例，或是根據配置原則調整的過程。

經濟衰退（Recession）：經濟活動放緩。通常以國內生產總值連續兩個季度下滑當作衰退發生的訊號。

再融資（Refinance）：申請條件更優惠的新房貸，並用它來償還當前的房貸。

註冊投資顧問（Registered Investment Advisor, RIA）：提供投資建議並於證券交易委員會登記在案的人。證券交易委員會負責監管註冊投資顧問的工作，但並不承擔核可或背書責任。

租金收入（Rental Income）：讓他人使用房產所獲得的金錢。對多數人來說，就是指公寓房客或 Airbnb 客人所繳交的租金。

轉售收入（Resale Income）：透過實體二手拍賣、網路拍賣或是高檔拍賣行出售不再使用的物品所獲得的收入。

剩餘收入（Residual Income）：已完成之作品（特別是出演電影或電視節目）的佣金或其他報酬。

散戶投資人（Retail Investor）：以個人身分尋求券商服務的客戶。與其相對的其餘券商客戶包含大型退休基金或捐贈基金。

投資報酬率（Return on Investment, ROI）：某項投資在一段時間內所增加的價值，即包含股息或利息在內的一切收入除以期初價值。

風險（Risk）：事情出錯的可能性，是用來評估某項目獲利之機會與缺陷的一項分析要素。

羅斯 401(k) 帳戶（Roth 401(k)）：由雇主所提供的一種確定提撥制退休福利計畫，參加計畫的勞工提撥時需繳稅，但領取時不用。此外，參加此計畫的雇主得以從利潤中供款。

版稅收入（Royalty Income）：販售智慧財產權（例如書籍或歌曲）所產生的收入。

55 歲條款（Rule of 55）：美國國稅局規定，如果民眾在年滿 55 歲那年或之後離開職場，無須支付罰金就可以提領自己的 401(k) 帳戶和 403(B) 帳戶金額。

七二法則（Rule of 72）：評估一筆投資需要多久才能翻倍的方法。將 72 除以年報酬率（用整數運算，而非百分比），就能得出資金翻倍所需的大約年數。

標準普爾 500 指數（S&P 500）：由五百家美國上市企業股票所組成的市場指數，旨於呈現美國股市整體表現，由標準普爾公司管理。

儲蓄帳戶（Savings Account）：銀行所提供的一種基礎產品，回報率極低，但由聯邦擔保，開戶門檻通常很低。

儲蓄債券（Savings Bond）：銷售對象為個人，主要功用為儲蓄的一種美國政府債券。

儲蓄俱樂部（Savings Club）：可為特定事物存錢的一

種銀行帳戶。許多人會以此來準備度假所需的開銷。

次級市場（Secondary Market）：資產發行後的交易。

證券交易委員會（Securities and Exchange Commission, SEC）：美國政府行政機構，負責監督金融市場，確保投資訊息公開透明，好讓民眾能判斷是否要進行投資。

EE 系列債券（Series EE）：儲蓄債券中的基本款，以面值的半價出售。一張 50 美金的 EE 系列債券售價為 25 美金，到期日價值為 50 美金。

I 系列債券（Series I）：利率會隨通貨膨脹率變動的儲蓄債券。

短期資本利得（Short-Term Capital Gain）：賣出持有 1 年或未滿 1 年的資產所獲得的利潤。

短期資本利損（Short-Term Capital Loss）：賣出持有 1 年或未滿 1 年的資產所承擔的損失。

單利（Simple Interest）：單就本金金額計算的利息。

小型股基金（Small-Cap Fund）：投資於小型上市公司股票的共同基金，其中一些很可能是投機型公司。

社交儲蓄俱樂部（Social Savings Club）：一群人聚在一起，定期將錢投入資金池，這些資金會按照既定時間表返還給成員。這可以是種很棒的儲蓄方式，但也可能帶來令人心碎的下場。

演講收入（Speaking Income）：透過演講活動賺取的收入。

股票（Stock）：公司的所有權，通常分割為可供買賣的股份。

沉沒成本（Sunk Cost）：永遠拿不回來的錢，所以在權衡選項時應該忽略不計。

供給與需求（Supply and Demand）：經濟學中決定價格的基本力量。如果供給足夠，能讓每個想買的人都買得到，且不會剩下分毫，價格就會達到均衡。

扣除額（Tax Deductible）：在計算所得稅時可以用來減少應稅收入的費用。

技術分析（Technical Analysis）：藉由查看價格走勢中的供給與需求變化來評估投資價值的一套系統。

期限（Term）：債券到期之前的時間長度。

貨幣時間價值（Time Value of Money）：金融學中的一項基本概念，用來說明現在擁有的錢比未來同等金額的錢更值錢。理由很簡單，因為你無法動用未來的錢。如果願意暫時放棄這筆錢的使用權，就能透過投資在未來獲得更多的錢。

抗通膨債券（Treasury Inflation-Protected Securities, TIPS）：由聯邦政府發行的一種債券，利率固定，本金則隨通貨膨脹而變化。如此一來，無論日後價格水準如何，你都保證能獲得回報。

無避險（Unhedged）：對於可能出錯的部分完全沒設保護措施的一檔投資組合或金融資產。

價值（股）公司（Value Company）：相較其營收狀況及資產而言，股價偏低的上市公司。

變額年金險（Variable Annuity）：投資於一系列證券的年金保單，因此每年所支付的金額會隨著證券的回報多寡而上下波動。

賦益期程（Vesting Schedule）：在能享有百分之百的退休福利之前，某人每年有權享有的福利百分比。典型的賦益期程為：到職第 1 年享有 20% 福利，第 2 年 40%，第 3 年 60%，第 4 年 80%，滿 5 年後便完整符合賦益資格，能享有全部的退休福利。

殖利率曲線（Yield Curve）：顯示相同品質的債券於不同時期的利率變化圖表，可被視為一項經濟指標。

殖利率（Yield）：將利息收入或股息收入除以本金所得的百分比收益率。

401(k) 退休福利計畫（401(k)）：由雇主提供的一種確定提撥制退休福利計畫，讓員工可以用免稅的方式提撥自己的退休基金，也讓雇主得以從利潤中供款。

403(b) 退休福利計畫（403(b)）：為非營利組織員工所設立的退休帳戶，讓員工可以用免稅的方式提撥退休金。

第 1031 條交換延稅法案（1031 Exchange）：避免為不動產投資繳納資本利得稅的方法。作法為：出售一間投資型不動產，然後用售出所得款項去買另一間。

2008 年金融危機（2008 Financial Crisis）：美國與其他國家的大型金融機構倒閉所導致的嚴重經濟衰退，主要肇因於金融機構過度發行房地產貸款。

參考資料

"U.S. Bank Survey Says Women Are Leaving Money and Influence on the Table," U.S. Bank, March 5, 2020, https://www.usbank.com/newsroom/stories/survey-says-women-are-leaving-money-and-influence-on-the-table.html.

"Household Work Shared a Little More Evenly," Sverige Radio, August 31, 2011, https://sverigesradio.se/artikel/4673288.

Drew Weisholtz, "Women Do 2 More Hours of Housework Daily Than Men, Study Says," Today, January 22, 2020, https://www.today.com/news/women-do-2-more-hours-housework-daily-men-study-says-t172272.

Cher, in a 1996 interview with Jane Pauley, https://www.youtube.com/watch?v=dZsL5R_CR-k.

Janna Herron, "Millennials Still Lean on Parents for Money but Want Financial Independence, Survey Says," USA Today, April 18, 2019, https://www .usatoday.com/story/money/2019/04/18/millennial-money-why-young-adults-still-need-support-parents/3500346002/?mod=article_inline; Richard Fry, "It's Becoming More Common for Young Adults to Live at Home—and for Longer Stretches," Pew Research, May 5, 2017, https://www.pewresearch.org/fact-tank/2017/05/05/its-becoming-more-common-for-young-adults-to-live-at-home-and-for-longer-stretches/?mod=article_inline.

成為獨立小姐的滾錢心法：12個打造財富自由之路的簡單投資計畫

Maria Vultaggio, "Most Americans Lack Savings," Statista, December 18, 2019, https://www.statista.com/chart/20323/americans-lack-savings/.

Jack VanDerhei, "Retirement Savings Shortfalls: Evidence from EBRI's 2019 Retirement Security Projection Model®," EBRI, March 7, 2019, https://www.ebri.org/retirement/publications/issue-briefs/content/retirement-savings-shortfalls-evidence-from-ebri-s-2019-retirement-security-projection-model.

Amanda Dixon, "Survey: 21% of Working Americans Aren't Saving Anything at All," Bankrate, March 14, 2019, https://www.bankrate.com/banking /savings/financial-security-march-2019/.

Andrea Romano, "Millennials Are Going on the Same Vacations Because They're Too Tired to Research," Travel & Leisure, March 13, 2019, https:// www.travelandleisure.com/travel-tips/travel-trends/millennials-scroll -fatigue-tired-of-researching-vacations.

Kathryn Kattalia, "On Average, Women Spend 399 Hours Shopping a Year, Survey Finds," Daily News, March 4, 2011, https://www.nydailynews.com/lifestyle/average-women-spend-399-hours-shopping-year-survey-finds-article -1.116819.

"This Is How Much Americans Spend to Host Parties," New York Post, November 5, 2019, https://nypost.com/2019/11/05/this-is-how-much-americans-spend-to-host-parties/.

Marie Ennis-O'Connor, "How Much Time Do People Spend on Social Media in 2019?" infographic, Medium, August 8, 2019, https://medium.com/@JBBC/how-much-time-do-people-spend-on-social-media-in-2019-infographic-cc02c63bede8.

Matthew Needham, "How Much Time Do Successful Investors Spend Each Day Following Trends and Charts and Other Stock Related Information?" Quora, July 31, 2016, https://www.quora.com/How-much-time-do-successful-investors-spend-each-day-following-trends-and-charts-and-other-stock-related-information.

參考資料

Ben Carlson, "How Much Time Should You Spend on Your Finances?" A Wealth of Common Sense, October 24, 2019, https://awealthofcommon sense.com/2019/10/how-much-time-should-you-spend-on-your-finances/.

"How Much Time Does the Average American Spend on Personal Finance?" The Ascent, A Motley Fool Service, October 11, 2019, https://www.fool.com /the-ascent/research/average-american-time-personal-finance/; Ben Carlson, "How Much Time Should You Spend on Your Finances?"

Jim Wang, "Average Income in America: What Salary in the United States Puts You in the Top 50%, Top 10%, and Top 1%? (Updated for 2021)," Best Wallet Hacks, updated January 27, 2021, https://wallethacks.com/average-median-income-in-america/.

Sterling Price, "Average Household Budget," Value Penguin, updated April 26, 2021, https://www.valuepenguin.com/average-household-budget.

Alexandria Bova, "The Minimum Salary You Need to Be Happy in the Biggest Cities," Yahoo! Finance, November 8, 2019, https://finance.yahoo.com/news /minimum-salary-happy-biggest-cities-100000022.html.

"Saltwater Fishing Boats for Sale," Boat Trader, https://www.boattrader.com/boats/type-power/class-power-saltfish/.

"Saltwater Fishing Boats for Sale," Boat Trader.

"Louis Vuitton Bag Price List Reference Guide," Spotted Fashion, updated December 2020, https://www.spottedfashion.com/louis-vuitton-bag-price-list-reference-guide/.

Search on Tradesy, https://www.tradesy.com/i/louis-vuitton-keepall-37022-60-duel-brown-monogram-canvas-weekendtravel-bag/27367863/.

Brian Resnick, A Psychologist Explains the Limits of Human Compassion," Vox, September 5, 2017, https://www.vox.com/explainers/2017/7 /19/15925506/psychic-numbing-paul-slovic-apathy.

成為獨立小姐的滾錢心法：12個打造財富自由之路的簡單投資計畫

"Millions, Billions and Other Large Numbers," Antidote, February 1, 2018, https://www.druide.com/en/reports/millions-billions-and-other-large-numbers

Federal Income Tax Calculator, https://smartasset.com/taxes/income -taxes#i4NtpcOrGo.

Anna Zakrzewski, Kedra Newsom Reeves, Michael Kahlich, Maximilian Klein, Andrea Real Mattar, and Stephan Knobel, "Managing the Next Decade of Women's Wealth," BCG, April 9, 2020, https://www.bcg.com/publications/2020/managing-next-decade-women-wealth.

Lois P. Frankel, Nice Girls Don't Get Rich: 75 Avoidable Mistakes Women Make with Money (Grand Central Publishing, 2005).

Jim Rasmussen, "Billionaire Talks Strategy With Students: Columbia University Group Hears From Famous Alumnus Berkshire Hathaway," Omaha World-Herald, January 2, 1994.

Megan Leonhardt, "American's Spend Over $1,000 a Year on Lotto Tickets," CNBC, December 12, 2019, https://www.cnbc.com/2019/12/12/americans -spend-over-1000-dollars-a-year-on-lotto-tickets.html.

Tennessee Williams, Cat on a Hot Tin Roof (New Directions Publishing), p. 55.

"Ram Dass Quotes," https://www.ramdass.org/ram-dass-quotes/.

Karlyn Borysenko, "Burnout Is Now an Ocially Diagnosable Condition: Here's What You Need to Know About It," Forbes, May 29, 2019, https://www.forbes.com/sites/karlynborysenko/2019/05/29/burnout-is-now-an -officially-diagnosable-condition-heres-what-you-need-to-know-about-it/?sh=203c05cf2b99.

Margaret Thatcher, television interview, 1986, https://www.youtube.com/watch?v=QDF6blmU3co.

國家圖書館出版品預行編目（CIP）資料

成為獨立小姐的滾錢心法：12 個打造財富自由之路的簡單投資計畫 / 妮可 . 拉平
(Nicole Lapin) 著 ; 艾平譯 . -- 初版 . --
臺北市：大塊文化出版股份有限公司 , 2023.09
368 面 ;　公分 . -- (smile 199)
譯自：Miss independent : a simple 12-step plan to start investing and grow your
own wealth

ISBN 978-626-7317-68-6（平裝）

1.CST: 個人理財 2.CST: 投資

563　　　　　　　　　　　　　　　　　　　　　　　　112012842

LOCUS

LOCUS

LOCUS

LOCUS